Frielingsdorf · Aggression stiftet Beziehung

Karl Frielingsdorf

# Aggression stiftet Beziehung

## Wie aus destruktiven Kräften lebensfördernde werden können

Matthias-Grünewald-Verlag · Mainz

verlags gruppe engagement Der Matthias-Grünewald-Verlag ist Mitglied der Verlagsgruppe engagement

Die Deutsche Bibliothek – CIP-Einheitsaufnahme

**Frielingsdorf, Karl:**
Aggression stiftet Beziehung : wie aus destruktiven Kräften lebensfördernde werden können / Karl Frielingsdorf. –
Mainz : Matthias-Grünewald-Verl., 1999
ISBN 3-7867-2160-2


Umschlag: Harald Schneider-Reckels & Iris Momtahen, Wiesbaden, unter Verwendung eines Gemäldes der Malgruppe der Schule für Körperbehinderte, Hochheim
Satz/DTP: Manfred Werkmeister
Druck und Bindung: Fuldaer Verlagsanstalt

ISBN 3-7867-2160-2

# Inhalt

# 1. Einleitung

Das Wort „Aggression“ wird in unserem Sprachgebrauch meist negativ verstanden. Man verbindet mit diesem Begriff in der Alltagssprache Gewalt, Hass, Streit und Krieg und spricht in diesem Zusammenhang abwertend von einem „Aggressor“, dem Anstifter und Täter einer Schädigung. Ausdrücke wie „vor Wut schäumen“, „vor Zorn explodieren“, „jemandem an die Gurgel gehen“, „eine Mordswut haben“, „auf jemanden losgehen“, „jemanden umlegen“ verstärken diese einseitig negative Deutung. Ein feindseliger Chef, ein angreifender Bullterrier oder eine streitsüchtige Kollegin gelten als äußerst unerfreuliche Erscheinungen von aggressivem Verhalten im täglichen Leben.
Aggressionen wirken sich auch psychosomatisch aus und zeigen entsprechende Reaktionen: Wem ist nicht schon einmal vor Wut der „Kamm geschwollen“ oder wer hat nicht schon „eine Stinkwut“ gehabt und „rot gesehen“ bis hin zu der zornigen Regung „Ich könnte dich umbringen“. Den Aggressionen scheint eine Kraft innezuwohnen, die den Menschen „zum Tier“ werden lässt. „Der Mensch ist dem Menschen ein Wolf“ („homo homini lupus“), in diesem Verständnis kommt ein urmenschlicher Wesenszug zum Ausdruck, der bedrohlich wirkt und Angst einflößt: Der Mensch scheint auf Grund negativer Veranlagungen der Feind des anderen Menschen zu sein. Die weltweiten kriegerischen Auseinandersetzungen, die wachsende Gewalt in der Öffentlichkeit und im privaten Leben, über die uns die Medien täglich berichten, nähren diese Sichtweise und lassen Aggression und Aggressivität in einem schlechten Licht erscheinen.
Dieses einseitige Verständnis von Aggression im Sinne von Feindseligkeit, Gewalt, Schädigung und Zerstörung spiegelt sich auch in der psychologischen Literatur der letzten dreißig Jahre wider. Schon die Titel im Literaturverzeichnis zeigen, dass es sich hier fast ausschließlich um Aggression und Gewalt, um destruktive Aggressionen handelt. Die Autoren fragen nach den Ursachen der Aggression, schildern deren krankmachende und zerstörerische Folgen für den Menschen und suchen nach Möglichkeiten der Prävention und Reduktion von Aggression und Gewalt (Bierhoff 1998). Es gibt nur wenige Autoren

(z.B. Schellenbaum, Tillich, Thompson, Klessmann), die die Aggression ganzheitlich verstehen und ihr lebensfördernde Seiten abgewinnen, um eine langfristige Lösung der Aggressionsproblematik zu finden.

Hier kann eine *interdisziplinäre Zusammenarbeit* zwischen Psychologie und Anthropologie weiter helfen, wie sie bereits seit Jahrzehnten in der Konflikt- und Friedensforschung und in der Pastoralpsychologie praktiziert wird (Baumgartner 1990). Psychologie und Anthropologie können sich, jede auf ihre spezifische Weise, bei dem gemeinsamen Bemühen unterstützen, das aggressive Verhalten der Menschen besser zu verstehen und konstruktive Lösungsmöglichkeiten für den Abbau von Gewalt zu finden. Die psychologischen Analysen und Vorschläge zur Reduktion von Aggression und Gewalt sind z.B. für die Praktische Theologie bedeutsam, um auf diesem empirischen Hintergrund zu einem tieferen Verständnis des Problemfeldes „Aggression und Gewalt" zu kommen.

So fragt die Psychologie in ihren verschiedenen Schulen nach den Ursachen des aggressiv-gewalttätigen Verhaltens und findet dort intrapsychische, interpersonale oder auch sozialpsychologische Erklärungsansätze. Bei extremen Formen von Gewalt in politischen und religiösen Denksystemen und Ideologien wie z.B. in den Konzentrationslagern des Nationalsozialismus, im Völkermord in Burundi oder im ehemaligen Jugoslawien spielen noch andere Ursachen und Beweggründe eine wichtige Rolle. So z.B. die Tatsache, dass in solchen Fällen die Gewalttäter von ihren Vorgesetzten und ihrer Umgebung nicht bestraft, sondern für ihre Brutalität gelobt und befördert wurden.

Wenn Skinheads und neonazistische Jugendbanden Ausländer misshandeln, Häuser anzünden, Ferienlager überfallen und Friedhöfe schänden, dann setzen sie die traditionellen ethischen Maßstäbe außer Kraft. Ihre Gewalttaten entstammen einer selbst geschaffenen Ideologie mit entsprechenden Regeln und Prinzipien. „Ohne Rücksicht auf Verluste" setzen sie diese um und sei es, dass sie dafür „über Leichen gehen" müssen. Dabei wird der Einzelne von der Verantwortung suspendiert: Er kann beliebig Gewalt ausüben im Namen der Ideologie bzw. der Gruppierung, für die er kämpft. Bei den Nationalsozialisten wurde der Holocaust mit Begriffen wie „Kristallnacht" oder „ethnische Säuberung" beschönigt. Auf diese Weise wurde versucht, der hier ausgeübten Gewalt mit ihrer Massenvernichtung den Stachel des Anstoßes und Ärgernisses zu nehmen. Eine ähnliche Wendung ins Gegenteil geschieht im sogenannten „Heiligen Krieg“, der jede Gewalt und Brutalität „im Namen Gottes“ erlaubt, bis hin zur Selbstvernichtung, die noch durch das Versprechen des Paradieses schmackhaft gemacht und geheiligt wird.

Bei den hier auftauchenden Fragen nach Ideologien, nach religiösen Motivationen oder nach dem zu Grunde liegenden Menschenbild ist die Psychologie auf die Zusammenarbeit mit der Philosophie und Theologie angewiesen. So fragt die Anthropologie nach der ursprünglichen Bedeutung von Aggression, die neben den zerstörenden auch die lebensfördernden und beziehungsstiftenden Kräfte der Aggression beinhaltet. Weiter fragt die Anthropologie nach den geistesgeschichtlichen Wurzeln und nach der Entwicklung des Phänomens „Aggression“ in unserer Kulturgeschichte, die u.a. zu dem heutigen, einseitigen Verständnis von Aggression beigetragen haben.

In diesem Buch werden sowohl die psychologischen als auch die anthropologischen Fragestellungen berücksichtigt. Einerseits stütze ich mich dabei auf mehr als 700 Lebensskripts von religiös sozialisierten Frauen und Männern, die sich in Einzelarbeit und /oder in Gruppen mit ihren Erfahrungen mit Aggressionen und Beziehungen auseinandergesetzt haben. Anderseits werden anthropologische Grundfragen nach dem Ursprung, der Bedeutung und dem Stellenwert von Aggression und Beziehung im menschlichen Leben aus Sicht der christlichen Anthropologie und der biblischen Schöpfungslehre gestellt.

Ein *Ziel dieses Buches* ist, das einseitig negative Verständnis von Aggression zu überwinden und positiv zu ergänzen. Wir bringen Aggressionen nicht automatisch mit Gewalt in Verbindung, sondern verstehen Aggression als Lebensenergie, die sowohl lebensfördernd als auch lebenshindernd eingesetzt werden kann.

Wenn wir auf die *ursprüngliche Bedeutung des Wortes Aggression* zurückgehen, finden wir das lateinische Wort „aggredi“ = „ad-gredi“. Aggredi bedeutet: Auf jemanden zugehen, herangehen, in Beziehung zu jemanden treten. Diese Wortbedeutung nennt nicht schon die Wirkung, die das Zugehen auf andere hat und ist deshalb zunächst wertneutral. Denn es steht ja nicht von vornherein fest, ob dieses Zugehen

auf einen anderen Menschen eine positive Begegnung wird, ob hier vielleicht eine gute Beziehung entsteht, oder ob dieses Zugehen zu einem zerstörerischen Angriff wird.
Aus diesem Grunde habe ich als Titel für dieses Buch „Aggression stiftet Beziehung – Wie aus destruktiven Kräften lebensfördernde werden können" gewählt.
Wir verstehen also Aggressionen in diesem Buch als Lebenskraft des Menschen, als Lebensenergie, die der Mensch für sich und andere(s) verwenden kann. So ist Aggression nicht mehr nur ein Gegen-einander, sondern kann genauso gut die Richtung des Auf-einander-hin und des Zu-einander von Menschen sein.
Für christlich orientierte Menschen, die glauben, dass der Mensch nach dem Bild Gottes geschaffen wurde, ist der innere Lebenskern, aus dem der Mensch auch seine aggressiven Kräfte schöpft, heil und gut. Jeder Mensch vermag letztlich in Freiheit über sein Handeln und den Einsatz seiner aggressiven Energien zu entscheiden und trägt dafür persönlich die Verantwortung. Die mir geschenkten Lebensenergien kann ich also in den Aggressionen *lebensfördernd und beziehungsstiftend,* aber auch *zerstörend und schädigend* einsetzen, sei es in der Beziehung zu mir selbst, in der Beziehung zu anderen Menschen, zur Umwelt und zu Gott. Ich kann lernen, konstruktiv mit meinen Aggressionen umzugehen und damit gute und heilsame Beziehungen zu gestalten.
Das gilt trotz der meist negativen Elternbotschaften, die wir über Gefühle im Allgemeinen und Aggressionen im Besonderen in der religiösen Erziehung übernommen haben.
Da das Thema „Aggression und Beziehung" sehr *komplex und vielschichtig* ist, können wir in diesem Buch nur ausgewählte Aspekte berücksichtigen. Von der Vielfalt, die sich in unseren Aggressionen und Beziehungen verbirgt, erzählt eine chinesische Weisheits-Geschichte im Bild des Wassers.

„Einen Weisen im alten China fragten einmal seine Schüler: ‚Du stehst nun schon so lange vor diesem Fluss und schaust ins Wasser. Was siehst du denn da?'
Der Weise gab keine Antwort. Er wandte den Blick nicht ab von dem unablässig strömenden Wasser. Endlich sprach er:

‚Das Wasser lehrt uns, wie wir leben sollen. Wohin es fließt, bringt es Leben und teilt sich aus an alle, die seiner bedürfen. Es ist gütig und freigebig.
Die Unebenheiten des Geländes versteht es auszugleichen: Es ist gerecht.
Ohne zu zögern in seinem Lauf, stürzt es sich über Steilwände in die Tiefe. Es ist mutig.
Seine Oberfläche ist glatt und ebenmäßig, aber es kann verborgene Tiefen bilden. Es ist weise.
Felsen, die ihm im Lauf entgegenstehen, umfließt es. Es ist verträglich.
Aber seine Kraft ist Tag und Nacht am Werk, das Hindernis zu beseitigen. Es ist ausdauernd.
Wie viele Windungen es auch auf sich nehmen muss, niemals verliert es die Richtung zu seinem ewigen Ziel, dem Meer, aus dem Auge. Es ist zielbewusst.
Und sooft es auch verunreinigt wird, bemüht es sich doch unablässig, wieder rein zu werden. Es hat die Kraft, sich immer wieder zu erneuern.
Das alles, sagte der Weise, ist es, warum ich auf das Wasser schaue. Es lehrt mich das rechte Leben'" (Zitiert aus: Glauben leben, 7/8 (1997), 234)

Wie der Weise im Schauen auf das Wasser, will dieses Buch die Aggression und die Beziehung anschauen und ihnen nachsinnen.
Vielleicht wird dabei den Lesern und Leserinnen der eine oder andere lebensfördernde und beziehungsstiftende Aspekt klar, der in Aggressionen liegt. Ich würde mich freuen, wenn Sie nach der Lektüre des Buches in Ihren eigenen Aggressionen mehr die lebensfördernden und beziehungsstiftenden Kräfte entdecken und sie in Ihrem Leben entsprechend einsetzen könnten.

Das Buch im *Überblick:*
Zunächst werden im 2. Kapitel der anthropologische und geistesgeschichtliche Hintergrund für die einseitig negative Sicht der Aggressionen kurz beschrieben und die wichtigsten Aggressionstheorien skizziert.

Im 3. Kapitel stehen die Elternbotschaften über Gefühle, Aggressionen und Beziehungen und ihre Folgen im Vordergrund, die mehr als 700 Frauen und Männer in ihren Lebensskripts niedergeschrieben haben.
Das 4. Kapitel beschreibt konkret einige Möglichkeiten, wie Aggressionen lebensfördernd und lebenshindernd in Beziehungen eingesetzt und gelebt werden können: 1. in der Beziehung zu mir selbst; 2. in der Beziehung zu anderen Menschen; 3. in der Beziehung zur Umwelt; 4. in der Beziehung zu Gott.
Das 5. Kapitel enthält die Quintessenz des Buches und beschäftigt sich mit der Aggression als einer Voraussetzung für die Liebe.
Leserinnen und Leser, die sich darüber hinaus zum Thema „Aggression und Beziehung" informieren möchten, finden ein ausführliches Literaturverzeichnis am Ende des Buches.
Zum Schluss danke ich Agnes Lanfermann MMS für die tatkräftige Unterstützung beim Entstehen des Buches.

# 2. Aggression und Beziehung, was ist das?

## 2.1. Was ist Aggression?

Das Wort *Aggression* stößt bei vielen Menschen zunächst auf Ablehnung und Widerwillen. Die wachsende Gewalt im öffentlichen und privaten Leben, die Religionskriege und die Völkermorde in aller Welt verbinden die Begriffe Aggression und Aggressivität mit Gewalttätigkeit und Brutalität.

In diesem Kapitel wollen wir zunächst auf die *eigentliche Bedeutung* des Wortes „Aggression" zurückgehen. Vom lateinischen Wort *„aggredi"* = „ad-gredi" stammend, bedeutet Aggression: „herangehen", auf jemanden „zugehen", „sich einem anderen nähern", „in Beziehung treten".

*Wir verstehen Aggression* als ein emotional initiiertes, aktives Verhalten, das gerichtet oder ungerichtet sein kann. „Als naturale Antriebskraft gehört Aggression zur Grundausstattung des Menschen. Sie bedarf zwar der Steuerung, ist aber zugleich für seine humane Entfaltung unentbehrlich" (Korff, 232f.). So wären die menschlichen Handlungsantriebe ohne die Aggressionen nicht zu verwirklichen. Allerdings müssen die Aggressionen auch in den emotionalen Zusammenhang des menschlichen Lebens integriert werden, weil sie sonst destruktiv wirken. Durch die rationale Überprüfung der aggressiven Antriebsimpulse auf das Ziel, z.B. die Beziehung, hin, können die Aggressionen konstruktiv und lebensfördernd eingesetzt werden. Das kann durch Regeln geschehen, nach denen Auseinandersetzungen geführt werden oder Beziehungslernen geschieht.

Von der ursprünglichen Wortbedeutung her ist nicht von vornherein klar, mit welchen Gefühlen, Motivationen und mit welchem Ziel Aggressionen als aktives „Aufeinander-Zugehen" verbunden sind; ob es sich dabei um eine positive Begegnung oder um einen zerstörerischen Angriff handelt. Die so verstandene Aggression kann z.B. mit Gefühlen wie Ärger, Angst, Wut und auch mit Gefühlen wie Freude, Sympathie oder Liebe verbunden sein.

Ein Beispiel: Angenommen, Sie stehen in einer Schlange vor einem Bankschalter. Plötzlich erhalten Sie von hinten einen Schlag auf die

rechte Schulter. Auf dieses „Herangehen", auf diese Aggression, können Sie unterschiedlich reagieren. Wenn Sie den Schlag als einen Überfall erleben, reagieren Sie wahrscheinlich mit Schrecken, Angst und Panik. Erfahren Sie den Schlag als freundschaftlichen Klaps auf die Schulter und entdecken einen guten Bekannten hinter sich, den Sie lange nicht gesehen haben, stellt sich Freude und Sympathie ein. Empfinden Sie den Schlag als eine Ungeschicklichkeit und Unachtsamkeit, erleben Sie zunächst vielleicht Ärger und dann nach der Entschuldigung des anderen Wohlwollen und Verständnis. Interpretieren Sie den Schlag auf die Schulter als Unverfrorenheit und Frechheit, werden wahrscheinlich Ärger, Wut und Empörung hochkommen. Erleben Sie den Schlag als kumpelhafte Anbiederung, werden Sie vielleicht Ablehnung, Ekel und Ärger spüren. So kann dasselbe aggressive Verhalten sehr unterschiedliche Reaktionen auslösen, je nachdem wie der Schlag auf die Schulter empfunden und gedeutet wird.
Über den *Ursprung der Aggressionen* gibt es verschiedene, oft kontroverse Theorien. Alle enthalten wichtige Aspekte, die zum Ganzen einer Aggressionstheorie beitragen können.
Es gibt zwei Grundtheorien über die Entstehung und Auswirkung der Aggressionen.
Die *psychobiologische* Richtung (Lorenz, Portmann sowie Freud und die Psychoanalyse) sehen die Aggressionen als angeborene und endogene Faktoren an. Dieses psychodynamische Modell nimmt den Energiebegriff der klassischen Physik auf, der besagt, dass man keine Energie einfach verschwinden lassen kann. Sie bleibt und sucht sich einen Ort. Ist dieser Ort gefüllt und kann er keine weiteren aggressiven Energien mehr aufnehmen, dann bedarf die aggressive Triebenergie eines Ventils. Die Lösung in diesem „Dampfkesselmodell" liegt darin, dass die aggressiven Energien frühzeitig, bevor es zum „Überdruck" mit Explosionsgefahr kommt, hinaus gelassen werden auf ein anderes „Objekt" hin, so dass sie z.B. im Sport ausgelebt werden können (Sublimierung).
Die *lerntheoretische Schule* gibt den Bezug auf den endogenen Trieb auf und schaut auf die äußeren Bedingungen und die Rolle des Lernens und der Erfahrung bei der Entwicklung aggressiven Verhaltens. „In der Sicht der sozialen Lerntheorie ist der Mensch weder von inneren Kräften getrieben noch hilflos von Umwelteinflüssen bedrängt.

Psychologisches Funktionieren lässt sich am besten verstehen als dauernde reziproke Interaktion zwischen Verhalten und seinen kontrollierenden Bedingungen“ (Bandura, 43f.). Auf dem Weg der Verhaltensformung ist es möglich, mithilfe entsprechender Belohnungs– und Bestrafungsstrategien auf dem Hintergrund von bestimmten Verhaltensmodellen einen wünschenswerten Umgang mit Aggressionen zu erlernen.
Die *Frustrations-Aggressions-Hypothese* (Dollard, Miller, Sears) sieht die Aggression als eine Konsequenz von Frustration. Für sie ist Aggression eigentlich reaktiv, d.h. „sie ist eine Folge der Verhinderung unmittelbarer Trieberfüllung“. Als solche ließe sich „Aggression dann auch durch Überwindung aller Frustration schaffenden äußeren Ursachen überwinden“ (Korff, 232).
W. Doise unterscheidet vier *Erklärungsebenen* für das bessere Verständnis menschlichen Verhaltens, die H.W. Bierhoff auf die Aggressionstheorien anwendet:
– *Intraindividuelle Erklärungen:* Theorien, die intrapsychische Ursachen für aggressives Verhalten heranziehen, z.B. eine hohe physiologische Erregung oder Ärger.
– *Interpersonale Erklärungen:* Aggressionen entstehen aus mißverständlicher Kommunikation oder unterschiedlichen Interpretationen derselben Handlungen.
– *Intergruppale Ebene:* Aggressionen zwischen unterschiedlichen Gruppen oder Gruppenmitglieder sind aggressiv gegeneinander, weil sie unterschiedlichen Gruppen angehören.
– *Ideologische Ebene:* „Gesellschaftliche Ideologien legen fest, welche Handlungen erlaubt oder gar erwünscht sind und begünstigen oder verhindern damit auch die Entstehung von Aggression und Gewalt“ (Bierhoff, 4f.).
Ausführliche Darstellungen zu diesem Thema findet man u.a. bei Bierhoff, 2–25 u. 88–106; Klessmann 1992, 36–62; Berkowitz, 27– 36). In diesen Theorien zur Entstehung von Aggressionen kommt leider der positive Aspekt von Aggression als lebensfördernde und beziehungsstiftende Antriebsenergie zu kurz. Agression wird zu einseitig destruktiv gesehen. Für uns ist es wichtig, dass alle diese Theorien wesentliche Aspekte zum besseren Verstehen von Aggression entfalten, jedoch letztlich keine von ihnen eine ganzheitliche Aggressionstheorie darstellt.

M. Klessman hat in einem modifizierten Diagramm von Valzelli die wesentlichen Faktoren, die zur Entstehung von Aggressionen beitragen, zusammengefasst (Klessmann 1992, 59f.).

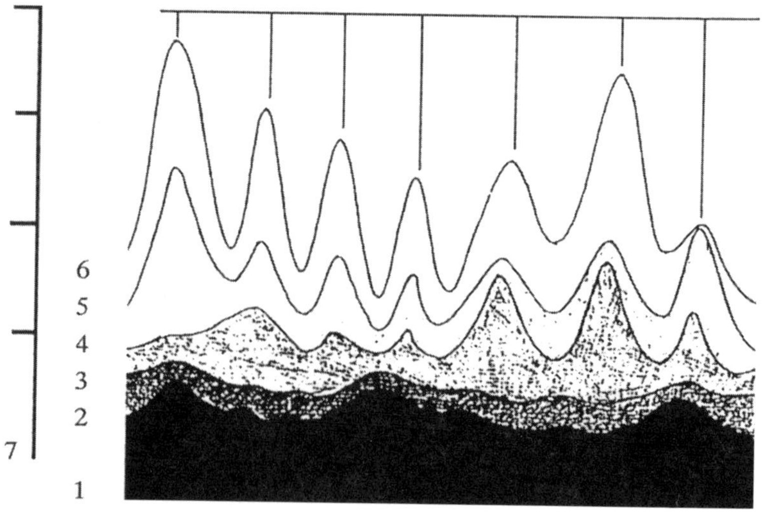


1. Neuroanatomisches Netzwerk
2. Genetische Ausstattung
3. Neurochemische Bedingungen
4. Hormonelle Bedingungen
5. Lernprozesse durch Erziehung, Verinnerlichung der sozialen Regeln, Anpassung an die Umwelt etc.
6. Kognitive Ein- und Zuordnung des jeweiligen Geschehens

*Abb. 2: Modifizierte Konstruktion eines aggressiven Profils mit seinen Komponenten*

In dem Diagramm wird noch einmal deutlich, dass Aggressionen weder rein biophysikalische noch allein sozial bedingte Phänomene sind. „Wir sind ihnen weder hilflos ausgeliefert noch können wir sie durch geeignete Erziehungsmaßnahmen völlig aus der Welt schaffen… Aber sie sind formbar und für verschiedene Zwecke einsetzbar. Deswegen ist es von besonderer Bedeutung, die möglichen positiven und kreativen Funktionen von Ärger und Aggression ebenso zu verstehen und darzustellen wie ihre gefährlichen und destruktiven Wirkungen“ (Klessmann 1992, 60f.).

In diesem Zusammenhang ist es hilfreich, die *Entstehung* der lebensbehindernden und zerstörerischen Aggressionen näher zu betrachten (Besems 1980). Auf Schädigung oder Zerstörung ausgerichtete Aggressionen sind nicht der Ausgangspunkt, sondern die Folge eines Prozesses. Normalerweise liegen den Aggressionen in der Tiefe Verletzungen zu Grunde, aus denen sie sich langsam entwickeln. Jede Verletzung bringt Schmerzen mit sich. Kann der Schmerz, aus welchen Gründen auch immer, nicht angemessen ausgedrückt werden, entsteht Ärger, die psychische Dimension der auf Schädigung ausgerichteten Aggression. Kann dieser Ärger keinen Ausdruck finden, so dringt er in die tieferen Schichten des Menschen ein und ruft u.a. körperliches Unwohlsein hervor, das gewöhnlich in Form der Wut zu Tage tritt. Wenn die in der Wut enthaltene Energie nicht in Bewegung gesetzt wird, entsteht die Aggression, die ein konkretes „Objekt" sucht, woran sie sich ausagieren kann. Geschieht dies nicht, wird die Richtung der Aggression umgekehrt, gegen sich selbst, in die so genannte Autoaggression.
Eine Wandlung der Aggressionen in ihre lebens– und beziehungsfördernde Dimension ist dann möglich, wenn ich die Stufen der Aggression in *umgekehrter Reihenfolge* noch einmal durchlaufe. Dabei muss ich darauf achten, dass ich die damit verbundene Energie und ihre Richtungsorientierung jeweils wahrnehme und auf den „richtigen" Weg bringe. Das bedeutet, dass ich bei der Autoaggression da ansetze, wo ich mich durch Aggressionen selbst schädige oder verletze, die eigentlich anderen gelten. Hier ist es notwendig, nach innen zu schauen und zu spüren, gegen wen sich eigentlich meine Aggressionen richten. Ist mir das klar, dann kann ich die Aggressionen nach außen richten, indem ich z.B. Steine auf ein stellvertretendes „Objekt" werfe, darauf schlage, die Energien körperlich ausagiere.
Danach kann ich neben dem Gefühl der Befreiung noch ein körperliches Unwohlsein spüren, das sich psychisch im Ärger ausdrückt. Ich bin erschöpft und erleichtert, spüre aber immer noch Ärger. Hier kann jede körperliche Bewegung helfen, z.B. laufen, körperlich arbeiten, Sport etc., damit ich zu einem größeren Gleichgewicht komme. Wut und verbleibender Ärger können z.B. auch in Wutbriefen, die laut gelesen werden oder in Schimpfen und Fluchen bzw. in stellvertretenden körperlichen Auseinandersetzungen ausagiert werden.

Meist kommt danach Schmerz und Trauer hoch, oft vermischt mit Tränen, die andeuten, dass sich etwas löst. Der Blick wird frei für die Verletzung, die der Aggression zu Grunde liegt, sei sie nach außen oder nach innen gerichtet. Hier kann dann der Prozess des Verstehens und der Versöhnung ansetzen, in dem die Aggressionen nicht mehr schädigend, sondern heilsam und lebensfördernd eingesetzt werden.
Wie bereits angedeutet, verstehen wir Aggressionen auch als einen Ausdruck von *Lebensenergien,* die in jedem Menschen vorhanden sind. Aggression ist eine positive Kraft, eine Antriebsenergie, die aus der inneren Lebensquelle des Menschen gespeist wird. Im Unterschied zur ungebündelten und eruptiven Wut kann die Aggression zielgerichtet und komprimiert werden (Besems, 30ff.). Diese aggressive Lebensenergie macht den Menschen lebendig und aktiv, mit ihr gestaltet er kreativ seine Lebenswirklichkeit. Wir brauchen diese Antriebskraft immer wieder, wenn wir unsere potentiellen Möglichkeiten in Tun umsetzen.
Im existentiellen Sinne bezeichnet *Tillich* diese aggressive Lebenskraft als „power to be", d.h. als Trieb jedes lebendigen Wesens, sich mit zunehmender Intensität und Extensität selbst zu realisieren (Tillich, 36).
Mit dieser aggressiven Lebenskraft verwirklicht der Mensch zunächst sich selbst. Sie gibt ihm die Möglichkeit, sein Leben in die Hand zu nehmen. Er entwickelt Selbstständigkeit und kann zu einer autonomen Persönlichkeit werden. Die innere Lebenskraft zeigt ihre wahre Stärke in *Krisensituationen* und bei großen Herausforderungen.
Das aggressive Potenzial ist ebenso notwendig, um die Welt zu erforschen und *die anderen Menschen als Du* zu entdecken, um dann auf dieses Du zuzugehen und Beziehungen anzuknüpfen.
In der Beziehung zu Gott ist die Aggression ein wichtiger Impuls auf unserer Suche nach einer Begegnung mit Ihm, nach dem Gott, der in uns wohnt und gleichzeitig als Du im „Außen" unseres Selbst zu finden ist.
Wir vermögen unseren aggressiven Lebensenergien unterschiedliche Richtungen zu geben und sie verschieden wirken zu lassen. Wir können sie lebens- und beziehungsfördernd einsetzen. Wir können sie aber auch destruktiv-zerstörerisch gegen uns selbst und andere richten. Oder wir können sie einfach brach liegen und ruhen lassen. Das

verursacht auf Dauer einen Energiestau, der sich dann vielleicht an unpassender Stelle Raum und Luft verschafft.
Daraus ergibt sich die Aufgabe, Wege zu finden, wie wir unser aggressives Lebenspotential lebensfördernd und beziehungsstiftend einsetzen können.
In diesem Sinne schreibt C. Thompson: „Aggression ist keinesfalls notwendig destruktiv. Sie kommt aus einer angeborenen Tendenz zu wachsen und das Leben zu meistern... Nur wenn diese Lebenskraft in ihrer Entwicklung behindert wird, verbinden sich Elemente von Ärger, Wut oder Hass mit ihr und werden schließlich zu erbarmungsloser Aggression" (Thompson, 179).

## 2.2. Einige mit der Aggression verwandte Begriffe: Ärger, Wut, Zorn, Hass, Feindschaft, Groll

Da die mit der Aggression verwandten Begriffe wie Ärger, Wut, Zorn, Hass und Groll häufig vermischt und synonym gebraucht werden, möchte ich eine kurze Klärung und Abgrenzung der wichtigsten Begriffe vornehmen.
*Ärger* ist vor allem ein *psychisches Unwohlsein,* das sich u.a. in einer lauteren Stimme, in Fluchen, Schimpfen, Drohgebärden und heftigen Bewegungen äußern kann. Die körperliche Erregung (z.B. Erröten, Schweißausbruch, drohende Gebärden, erhöhte Pulsfrequenz etc.) muss „einer bestimmten psychologischen und kognitiven Einschätzung und Zuordnung unterworfen werden, um als spezifisches Gefühl – und nicht nur als diffuse Erregung wahrgenommen zu werden" (Klessmann, 1992, 24; Bierhoff, 5f.).
Neben dieser Verbindung der physiologischen Erregung mit einer psychischen Einschätzung der aktuellen Situation, spielt auch das *soziokulturelle* Element eine Rolle: „Die Einschätzung und Zuordnung sowohl der physiologischen Erregung als auch der auslösenden Situation sind bestimmten vorgegebenen gesellschaftlichen Regeln und Normen unterworfen, also nicht völlig Ausdruck individueller Spontaneität und Freiheit" (Klessman 1992, 25). So ist Ärger eine Mischung aus Leidenschaft und einem kontrollierbaren Ausdruck. Kann der Ärger nicht geäußert werden, wirkt die Kränkung weiter und der Ärger schlägt plötzlich in Wut um.

*Wut* ist zunächst ein mehr körperliches Unwohlsein, ein leidenschaftliches Gefühl, das einfach „heraus" muss. Das geschieht meist unkontrolliert, eruptiv und wenig zielgerichtet und äußert sich z.B. in lautem Türzuschlagen, im Zertrümmern von Geschirr, im Treten gegen einen Schrank u.a.m. Wut ist ein Zustand „hoher affektiver Erregung mit motorischen und vegetativen Erscheinungen, der sich als Reaktion auf eine Beeinträchtigung der Persönlichkeits- oder Vitalsphäre aus einem aggressiven Spannungsstau entwickelt" (Tisch, 2572).

Nach einem Wutausbruch tritt meist wieder eine Ruhepause ein, ohne dass allerdings das eigentliche Problem gelöst ist: mit der dahinter liegenden Verletzung und Ohnmacht (ohnmächtige Wut) heilsam umzugehen.

*Zorn* ähnelt in seinem spontanen Anteil der Wut (Zornausbruch), kommt aber im Gegensatz zu den Begriffen Ärger und Wut in der Alltagssprache weniger vor. In Ausdrücken wie „heiliger Zorn" oder Zorn Gottes ist er insgesamt archaischer und dem literarischen und religiösen Bereich vorbehalten (Klessmann 1992, 26). Im Unterschied zur oft unkontrollierten Wut vollzieht sich Zorn mehr überlegend, ist zielgerichtet und wägt bewusst mehr die Konsequenzen für sich selbst und die Umwelt ab.

*Groll und daraus erwachsene Feindschaft* sind keine spontanen Gefühlsäußerungen wie Wut und Zorn, sondern *länger andauernde Zustände,* die sich z.B. aus einem unterdrückten Ärger entwickeln können. Es ist möglich, dass sie auf Dauer alle anderen Gefühle überdecken. Wenn sie nur noch auf die Schädigung anderer Menschen ausgerichtet sind, werden sie zu *Hass.*

## 2.3. Unterschiedliche Formen von Aggression

Wenn wir von dem zunächst *wertfreien Begriff „Aggression"* ausgehen, können wir folgende Weisen von Aggressionen unterscheiden, die in ihrer Richtung und Wirkung unterschiedlich sind: Die *zerstörerischen* (destruktiven) Aggressionen, die *unterdrückten* Aggressionen, sowie die *lebensfördernden und beziehungstiftenden* (konstruktiven) Aggressionen. Wir verdeutlichen sie am Modell des Autofahrens.

## Zerstörerische (destruktive) Aggressionen

Die *zerstörerischen* Aggressionen sind durch ihre schädigenden Auswirkungen gekennzeichnet. Hier wird die Energie ohne Rücksicht auf das Wohl und die Grenzen des Gegenübers „zum Ziel" gebracht. Diese Aggressionen können ihre zerstörerische Wirkung *nach außen* in sinnloser Wut, in chaotischen Kraftakten, in willkürlicher Unterdrükkung bis hin zum Mord ausüben. Das geschieht in Privatfehden und Völkerkriegen, in Folterungen, in Wortfechtereien, im „Fertigmachen" von anderen Menschen ebenso wie im Mobbing am Arbeitsplatz.

Die zerstörerischen Aggressionen können sich auch in subtileren Formen äußern: z.B. in „spitzen" Bemerkungen, in „beißender" Ironie, in „schlagenden" Worten, in „Kränkungen", in „Sticheleien", in der schamlosen Neugier des Schlüsselloch-Journalismus, in der Verachtung oder im Auslachen und Verspotten anderer Menschen.

Hiermit setzen diese Aggressionen einen zerstörerischen Teufelskreis in Gang: Sie ziehen Hass und Feindschaft, Unverständnis und Unversöhnlichkeit, Verletzungen und Kränkungen nach sich, die bei den Geschädigten wiederum destruktive Aggressionen hervorrufen können nach dem Motto: „Wie du mir, so ich dir." Die Kräfte, die eigentlich dem Leben dienen sollten, werden „gegen" das Leben verwandt und können sogar in letzter Konsequenz zum Nicht–Leben, d.h. zum Tode führen.

Menschen, die ein solches destruktives Aggressionsverhalten entwikkeln, haben als Kinder oft Gewalt und und Drohbotschaften erfahren: „Wenn du nicht brav bist, schlag ich dich tot"; „du darfst nur leben, wenn du dich anpaßt und nicht aufmuckst". Aus diesen Kindern wurde häufig mit Gewalt der Trotz und Eigenwille herausgeprügelt. Sie haben gelernt: „Wenn die anderen stärker sind, passe dich an und ducke dich. Wenn du selbst stärker bist, unterdrücke die andern, hau drauf und schikaniere sie. Halte sie klein und lebe auf ihre Kosten."

Häufig setzen die Betreffenden ihre Aggressionen nicht direkt in einer Auseinandersetzung mit den Kontrahenten ein, sondern agieren sie destruktiv an Untergebenen aus. Dies geschieht in unterschiedlichen Beziehungsgefügen, z.B. wenn Eltern ihre zerstörerischen Aggressionen an ihren Kindern auslassen oder Lehrer an ihren Schülern. Es feh-

len die konstruktiven Zwischentöne des aggressiven Verhaltens, das zum Leben führt.
Vergleichbar ist dieses zerstörerische Verhalten mit dem eines Autofahrers, der sein Auto „auf viele PS hochfrisiert" hat und rücksichtslos mit überhöhter Geschwindigkeit durch die Stadt fährt. Er beachtet keine Ampeln, keine Fußgänger, keine Verkehrsschilder, die nach seiner Meinung nur für die anderen gelten. Er fährt ohne Rücksicht auf Verluste und lässt eine Spur der Verwüstung zurück: schrottreife Autos, verletzte Menschen, Angst und Schrecken.
Eine andere Weise, die zerstörerischen Aggressionen auszuleben, ist die der *Autoaggression:* Menschen richten ihre Energie destruktiv nach *innen* gegen sich selbst. Eine solche *Selbstzerstörung* kann bis zum Selbstmord führen, der im Volksmund auch ein „verhinderter Mord" genannt wird. Diese Menschen haben in der Kindheit meist folgende negativen Elternbotschaften gehört: „Du bist wertlos";" du bist ein Nichtsnutz"; „ach, wärst du doch nie geboren"; „du bringst mich noch ins Grab"; „geh mir aus den Augen" etc. Vielleicht haben sie bei Vater oder Mutter erlebt, dass das Leben sinnlos und eine unerträgliche Last ist, nicht lebenswert.
Solche Menschen verachten sich und ekeln sich vor sich selbst. Auch wenn nur relativ wenige Menschen ihr Leben durch Suizid beenden, so gibt es verschiedene selbstzerstörerische Methoden, wie man sich langsam aber sicher dem Tod nähern kann: durch tot-trinken, tot-essen, tot-hungern, tot-schuften, zu Tode langweilen etc. Auch psychosomatische Störungen oder neurotische Verhaltensweisen können autoaggressive Reaktionen sein.
Im *religiösen Bereich* wird dieses autoaggressive Verhalten z.B. in einer „negativen Askese" oder in einer „falschen Demut" sichtbar, wo Menschen sich „um des Himmelreiches willen" selbst kasteien und in einem so genannten Opferleben ihre unterdrückte Wut selbstzerstörerisch gegen sich selbst richten.
Dieses destruktive Verhalten gleicht dem Verhalten eines Autofahrers, der seinen Wagen in die Garage fährt, das Tor schließt, den Motor anmacht, in den Leerlauf schaltet und auf Vollgas stellt. Alle Energien des Wagens werden sinnlos eingesetzt. Sie bleiben im Dunkel, im Rauch und Gestank stecken, setzen nichts ins Bewegung. Der Autofahrer gibt Vollgas und „vergast" sich dabei selbst. Er zerstört sich und den Wagen.

## Unterdrückte Aggressionen

Unterdrückte Aggressionen fallen auf den ersten Blick nicht besonders auf. Doch je weniger sie beachtet werden, desto mehr können sie wirksam sein. Menschen mit unterdrückten Aggressionen machen nach außen eher einen friedlichen und vorsichtigen, freundlichen und zurückhaltenden Eindruck. Bei näherem Hinschauen zeigen sich allerdings auch die Auswirkungen der unterdrückten Aggressionen in ihrem Verhalten: Sie wirken gehemmt, ängstlich, verklemmt, verkrampft, antriebsschwach und uninteressiert. Sie machen den Eindruck von Nachgiebigkeit, sind übervorsichtig, einfallslos und entscheidungsschwach. Zur Bekämpfung und Unterdrückung der eigenen Lebensimpulse und Energien benötigen sie viel Kraft. Aggressionen gelten für sie als unerlaubt oder verboten, nicht schicklich oder unangemessen. Deshalb müssen sie unter Kontrolle gehalten und mit allen Mitteln „beherrscht“ werden. Dies ist auf Dauer sehr anstrengend und kraftraubend. Menschen, die ihre lebensfördernden Aggressionen unterdrücken, gleichen dem Diener im Evangelium, der sein Talent in der Erde vergräbt, weil er Angst vor seinem Herrn hat (Mt 25, 14ff.).

Lebensgeschichtlich gesehen haben ihnen die Eltern meist verboten, ihre Aggressionen zu äußern: „Aggressionen sind nicht vom Guten“ oder gar „Sünde“; „Aggressionen zeigt man nicht, weil sie zerstören und zum Streit führen“; „Aggressionen sind in sich schlecht und schädlich“.

Unterdrückte Aggressionen wirken sich auch körperlich aus: „Entweder man nimmt ein leises Zittern wahr, eine mühsam zurückgehaltene Wut, das nervöse Flattern, die zusammengebissenen Zähne, die hinter Überfreundlichkeit versteckte Wut, die Kälte in der Stimme…; da kocht einer vor Wut, aber der Deckel ist fest zugeschraubt. Oder man bemerkt eine merkwürdige Lahmheit, Blaßheit, Unlebendigkeit, Erschöpfung, Müdigkeit, Ausgelaugtheit, Traurigkeit, Starrheit“ oder Lähmung. Damit einher geht häufig ein introvertiertes Verhalten und eine depressive Grundstimmung (Lambert, 14ff.).

Solche Menschen sind mit einem Autofahrer zu vergleichen, der in seinem Wagen sitzt, Vollgas gibt und gleichzeitig die Fuß- und Handbremse betätigt. Die Lautstärke des Motors lässt die großen Kräfte und Gegenkräfte ahnen, die im Auto wirksam sind. Allerdings verpuffen die meisten Energien, da sie nicht in Bewegung umgesetzt werden. Das Auto und der Fahrer bleiben bei allem Energieaufwand unbeweglich. Das Ganze endet in Erschöpfung, Kraftlosigkeit und Stillstand.

### Lebensfördernde (konstruktive) Aggressionen

Die lebens- und beziehungsfördernden Aggressionen wirken als kreative, aufbauende und gestaltende Kräfte, die Leben und Beziehung anstiften und letztlich auf Liebe ausgerichtet sind, die wiederum neue Energien freisetzt. Erfüllt von dieser Lebens- und Liebesenergie vermögen Menschen ihre Kräfte für sich selbst und für andere einzusetzen. Sie sind entscheidungsfreudig, gehen Konflikten nicht aus dem Wege, sagen ihre Meinung und sind doch einfühlsam und anpassungsfähig. Sie besitzen ein gesundes Selbstbewusstsein und kennen ihre lebensfördernden und zerstörerischen Anteile, und sie sind in der Lage, damit umzugehen. Sie haben sich mit ihrer eigenen Lebens- und Glaubensgeschichte auseinandergesetzt und haben ihre negativen Elternbotschaften in eigene, positive Leitsätze umgeschrieben, die ihnen helfen, ihre Aggressionen lebensfördernd einzusetzen. Sie sehen ihr Leben in Beziehung und sind geprägt von einem Glauben, der über das Irdische hinausweist. Aus dem „Prinzip Hoffnung" lebend, lehnen sie einen lähmenden Pessimismus ebenso ab wie einen blinden Optimismus.

Sie haben gelernt, in kleinen Schritten auch die Zwischentöne der lebens- und beziehungsfördernden Aggressionen zu sehen und zu leben, z.B. in persönlichen Beziehungen, in Freundschaften, in der Ehe, in der Beziehung zur Umwelt und in der Beziehung zu Gott.

Ein Mensch, der seine Aggressionen so konstruktiv einsetzt, gleicht einem Autofahrer, der ein umweltfreundliches Auto fährt, der seinen Wagen gut kennt und ihn pflegt. Er setzt die PS-Energien seines Autos ein, um Neues zu entdecken, sich frei zu bewegen, und er steuert bestimmte Ziele an. Er lädt Menschen zu gemeinsamen Reisen ein und bildet Fahrgemeinschaften. Er nutzt den Wagen, um Waren zu transportieren. Auf seinen Fahrten ist er aufmerksam und passt sein Tempo den Gegebenheiten an, wie z.B. Steigungen, Abfahrten, Kurven, Signalen, Schildern und eventuell auftauchenden Hindernissen.

So steht er weder unter „Überdruck", den er auf das Gaspedal überträgt und dadurch wertvolle Energien vergeudet. Noch fährt er mit „Unterdruck", den er in ein langsames Dahinschleichen umsetzt. Sein Autofahren ist angemessen und stimmig, wenn er die freigesetzten Energien situationsgerecht und verantwortlich für sich selbst, die anderen und für die Umwelt und ihre Zukunft einsetzt.

## 2.4. Was ist Beziehung?

### Aggression und Beziehung

In welchem Verhältnis stehen Aggression und Beziehung? Das traditionelle Verständnis sagt, dass Aggressionen Beziehungen eher stören oder gar zerstören.
Wenn wir jedoch die ursprüngliche Bedeutung der Aggression als „Herangehen" und „Zugehen" auf andere betrachten, dann ist Aggression geradezu *beziehungsstiftend.* Denn Beziehung entsteht, wenn zwei Menschen aufeinander zugehen, ihre Lebensenergien einer auf den anderen ausrichten und wenn sie diese in gegenseitigem Geben und Empfangen teilen. Beziehung meint, sich aufeinander „beziehen".

In Platons „Symposion" erzählt Aristophanes von der Erschaffung des Menschen als Kugelwesen. In dieser Geschichte sagt er Wesentliches über das Verhältnis von Aggression und Beziehung im menschlichen Leben aus.
Zuerst, so erzählt Aristophanes, „gab es drei Geschlechter von Menschen, nicht wie jetzt nur zwei, männliches und weibliches, sondern es gab noch ein drittes dazu, welches das gemeinschaftliche war von diesen beiden, dessen Name auch noch übrig ist, es selbst aber ist verschwunden. Mannweiblich nämlich war damals das eine, Gestalt und Benennung zusammengesetzt aus jenen beiden, dem männlichen und weiblichen, jetzt aber ist es nur noch ein Name"... „Ferner war die ganze Gestalt eines jeden Menschen rund, sodass Rücken und Brust im Kreise herumgingen. Und vier Hände hatte jeder und Schenkel ebenso viel wie Hände, und zwei Angesichter, und vier Ohren, auch zwei Schamteile, und alles Übrige wie es sich hieraus ein jeder weiter

ausdenken kann…“ Diese Wesen waren sehr mächtig und gewaltig an Kraft und Stärke, so dass die Götter ängstlich beratschlagten, wie sie diese Giganten entmachten könnten. Zeus machte den Vorschlag, den Kugelmenschen in zwei Hälften zu teilen, denn „so werden sie schwächer sein und doch zugleich uns nützlicher, weil ihrer mehr geworden sind, und aufrecht sollen sie gehen auf zwei Beinen“ (Platon, 190a–191b).
Seit die ursprüngliche Kugelgestalt des Menschen in zwei Teile getrennt ist, setzen diese beiden Teile alle Energien ein, um wieder zusammenzukommen, ebenso das Männliche und Weibliche ins Mannweibliche. Dieses Streben, „durch Nahesein und Verschmelzung mit dem Geliebten aus zweien einer zu werden … dieses Verlangen eben und Trachten nach dem Ganzen heißt Liebe“ (Platon, 192e–193a).
Ähnliche Gedanken wie in Platons Symposion finden sich u.a. auch im Alten Testament: „Es ist nicht gut, dass der Mensch allein bleibt“ (Gen 2,18). Und darum „verlässt der Mann die Gemeinschaft mit Vater und Mutter, und er bindet sich an seine Frau und sie werden ein Fleisch“ (Gen 2,24).
Hier ist in einem Mythos begründet, was wir im täglichen Leben erfahren: Aggressionen und Beziehung gehören zusammen. Die Aggression ist die Lebensenergie, die zum anderen Menschen strebt, um mit ihm zusammen zu sein. Als inneres Streben, als Sehnsucht, als Lebenskraft sucht sie die Liebe zum anderen Menschen als Lebenserfüllung. Auf diese Weise ermöglichen Aggressionen Beziehungen in ihrer Vielfalt.

## Wie können wir Beziehung verstehen?

Ganz allgemein ist Beziehung eine Verbindung, ein Verhältnis zwischen zwei Subjekten, die sich in unterschiedlichen Kommunikationsformen äußern können. Hier geht es vor allem um *zwischenmenschliche* Beziehungen, die konstitutiv für das Leben des Menschen als soziales Wesen sind. In unserer von Individualismus und Selbstverwirklichung geprägten Zeit wird das Wort „Beziehung“ eher statisch verstanden und lässt die vormals mitgemeinte dynamische Dimension des „Aufeinander-Beziehens“ mehr in den Hintergrund treten. In den meisten Lexika und Nachschlagewerken sucht man vergeblich nach einer Definition von „Beziehung“.

Die humanistische Psychologie betont, dass die Entwicklung der Persönlichkeit und das Entstehen von Wertgefühlen nicht zuletzt durch die Begegnung mit anderen geschieht. Rogers z.B. nennt Echtheit, einfühlendes Verstehen und emotionale Wertschätzung als Bedingungen, damit eine Beziehung gelingt. Im Kapitel über Beziehungsstörungen werden wir sehen, wie sehr eine Beziehung von der Dynamik der aufeinander gerichteten Lebensenergien lebt und von einem ausgewogenen Verhältnis von Nähe und Distanz abhängt.
Die *christliche Anthropologie* betont, dass der „Mensch daraufhin angelegt ist, mit Gott und in ihm die Fülle und Vollendung des Lebens zu finden und zu teilen. Das tiefste Wesen des Menschen ist also *relativ*" (Greshake, 34), d.h. er steht trotz aller Eigenständigkeit als freies Geschöpf letztlich nicht in sich, sondern er ist und verwirklicht sich in der Beziehung zu Gott und seinen Mitmenschen. Augustinus drückt diese Einsicht treffend aus: „Du hast uns auf dich hin erschaffen, und unruhig ist unser Herz, bis es ruht in Dir."
Dieses Grundverständnis von Beziehung findet sich heute in der *Beziehungstheologie und Beziehungsethik* wieder (Pompey 1986, 179 ff.). Der christliche Gott unterscheidet sich von den monotheistischen Vorstellungen dadurch, dass seine letzte Seins-Wirklichkeit in der trinitarischen Beziehung besteht. Es ist eine liebende Beziehung zwischen den drei Personen Vater, Sohn und Geist (1Jo 4,8), in der alles Heil und jede Erlösung in dieser Welt ihren Ursprung hat. Durch die Erschaffung der Welt und insbesondere des Menschen schafft Gott sich ein „Gegenüber" und eröffnet somit eine weitere Beziehungsmöglichkeit. Auch den Menschen erschafft Gott als ein Beziehungswesen, das ihm und seiner Beziehungsmöglichkeit ähnlich ist, wie es im ersten Schöpfungsbericht der Bibel beschrieben wird: „Gott schuf also den Menschen als sein Abbild; als Abbild Gottes schuf er ihn. Als Mann und Frau schuf er sie" (Gen 1,27).
Der Mensch ist also auch in seiner Beziehungsfähigkeit Gott ähnlich. Doch der Mensch ist auch frei, dieses Potenzial anzunehmen und lebensfördernd oder -zerstörend einzusetzen.
Da das Wesen dieser Beziehungswirklichkeit des Menschen in Analogie zur innertrinitarischen Beziehung Gottes die Liebe ist, setzt sie Freiheit voraus, „d.h. die Verweigerung der Beziehung, das Nein, muss potenziell immer auch möglich sein, damit das Ja ein echtes Ja ist"

(Pompey 1986, 196). Eine erzwungene Beziehung ist keine liebende Beziehung. Die liebende Beziehung Gottes und des Nächsten ist ohne freie Zustimmung nicht möglich.
Wie die Offenbarungsgeschichte berichtet, „misstraute der Mensch seinem Partner Gott, konnte die Liebe zu Gott nicht durchhalten, nicht glauben, dass Gott ihm alle guten Lebensmöglichkeiten der Beziehung zu sich, zum Nächsten, zur Schöpfung bot. Die Menschen wollten selber erkennen – im Sinne von erfahren und erleben –, was gut und böse für sie ist, und glaubten, Gott hätte ihnen etwas vorenthalten (Gen 3, 1–24).
„Die Folge dieser Beziehungsstörung zu Gott war die Beziehungsstörung des Menschen zu sich, zum Nächsten und zur Schöpfung. An dieser Urtat der Menschen wie an den Folgen dieser Urtat haben alle Anteil (Un-Heils-Zusammenhang)“ (Pompey 1986, 196).
In der Ablehnung der Beziehung zu Gott und zur eigenen gottähnlichen Beziehungsfähigkeit wurzelt die Sünde, die Schuld und Unheil mit sich bringt. Diese fundamentale Beziehungsstörung zu Gott wirkt sich bis heute aus in Feindschaft und Hass, wo Menschen ihre aggressiven Lebensenergien nicht beziehungsstiftend, sondern zerstörend einsetzen, indem sie sich bekämpfen, verletzen und töten.
Trotz dieser existenziellen Beziehungsstörung zwischen Gott und Mensch infolge des Ungehorsams (Gen 3,1ff.), in dem der Mensch selbstherrlich über seine Lebensenergien entscheidet, blieb Gott dieser Beziehung treu. Er kommt den Menschen in seiner vergebenden Liebe immer wieder neu entgegen. Ihre Krönung findet diese Liebesbeziehung Gottes zu den Menschen und der Schöpfung in der Menschwerdung und in der Erlösung durch Jesus Christus, in dem uns Gott als Mensch konkret erfahrbar wird: „Um die Menschen in den Wurzeln der Beziehungsstörung zu heilen, nimmt er Menschennatur an, wird den Menschen gleich mit Ausnahme der Sünde, d.h. der Beziehungsstörung zu Gott (Hebr 4,15; 2Kor 5,21; Phil 2,6ff.)“ (Pompey 1981, 97).
Aus dieser Erlösungswirklichkeit ergeben sich für die menschliche Beziehung zwei wichtige Perspektiven:
„1. Gott selbst hat den Glauben an die Beziehungsfähigkeit des Menschen nicht aufgegeben. Seine Beziehungsfähigkeit ist mit der gestörten Ur-beziehung nicht verloren gegangen. So baut seine Erlösung auf diese natürlichen Grundlagen auf. Sein Heil setzt sie voraus und bezieht sie mit ein.

2. Anderseits steht die Vollendung der Beziehungsfähigkeit der Menschen miteinander wie mit Gott noch aus. Sie ist für den einzelnen Menschen und die Gruppe erst anfanghaft möglich. Es kann das freie Ja zur liebenden Beziehung zu Gott, zum Nächsten und zu sich selbst generell oder in einzelnen Lebenssituationen verweigert werden. Doch dies ist kein hoffnungsloser Zustand mehr, durch Gnade kann der Mensch hier und jetzt wieder eine gelingende Beziehung aufnehmen. Darüber hinaus darf der Mensch wissen, dass ihm einst jede Beziehung gelingen wird" (Pompey 1981, 97).
Die Beziehung zu Gott ist also nichts Zusätzliches, Akzidentelles im Leben des Menschen. Greshake weist darauf hin, dass „die Beziehung zum Schöpfer, die freilich in Freiheit anerkannt oder verweigert (nicht aber abgeschüttelt) werden kann, den Menschen überhaupt erst zum Menschen" (Greshake, 34) macht. Die Beziehung des Menschen zu seinem Schöpfergott, der in sich selbst in dreipersönlicher Beziehung lebt und liebt, ist eng verbunden mit der Beziehung zur übrigen Menschheit und Schöpfung. Dieser Gott, der auch seine Geschöpfe, die er nach seinem Bild geschaffen hat, in die Communio des eigenen Lebens einbeziehen will, kann nur gefunden werden, wenn der Mensch diese Communio mit anderen Menschen lebt. So wird die Beziehung zu den anderen Menschen und zur Mitwelt eine verleiblichte Ausdrucksform der Beziehung zu Gott (Greshake, 36).
Im christlichen Sinnhorizont gesprochen, gründet die Aggression als lebens- und beziehungsfördernde Kraft letztlich im Schöpferwillen Gottes, der den Menschen auf Beziehung hin geschaffen und ihn dementsprechend mit einer aggressiven Lebensenergie ausgestattet hat, die auch zum anderen strebt und Beziehung stiftet.

## Der Mensch als eigenständiges und relationales Wesen

Wenn wir das *Wesen des Menschen* innerhalb seiner Welt betrachten, fällt zuerst seine *Eigenständigkeit* auf. Er ist ein freies, mit Vernunft begabtes Einzelwesen, das Selbstständigkeit und Selbstbestimmung besitzt, er ist Person.
Gleichzeitig ist der Mensch *relational,* d.h. er ist in seiner Welt auf vielfältige Weise eingebunden und steht mit anderen Menschen von der Zeugung bis zum Tod in Beziehung. Auf dem Hintergrund der

abendländischen Tradition stellt sich die Frage, ob diese wechselseitigen Beziehungen für den freien Menschen konstitutiv oder nur sekundär sind. Oder sind sie gar bedrohlich, weil sie den Selbststand und die Unabhängigkeit des einzelnen einschränken?

Das christliche Abendland hat den Menschen lange Zeit als *Einzelwesen* beschrieben, als Ebenbild Gottes, als in sich ruhende Persönlichkeit oder als autonomes Ich. Dass der Mensch Partner und Partnerin von anderen Menschen ist und in Gemeinschaft lebt, wurde als zweitrangiger Sachverhalt angesehen.

Auch in der *Neuzeit* wird der uneingeschränkte Selbststand des Menschen in den Vordergrund gestellt. Beziehungen und Bindungen schränken die Freiheit des einzelnen ein. Selbstbestimmung wird so zu einem Kampf gegen alle Fremdbestimmungen und Abhängigkeiten, Bindungen und Beziehungen. Diese seit Descartes zu beobachtende Tendenz neuzeitlichen Denkens findet ihren deutlichen Ausdruck in einem Wort von Karl *Marx:* „Ein Wesen gibt sich erst als selbstständiges, sobald es auf eigenen Füßen steht, und es steht erst auf eigenen Füßen, sobald es sein Dasein sich selber verdankt. Ein Mensch, der von der Gnade eines anderen lebt, betrachtet sich als abhängiges Wesen." Gefragt ist also der Selbststand gegen abhängigmachende Beziehungen (Greshake, 43), wobei Beziehungen grundsätzlich mit Abhängigkeit in Verbindung gebracht wurden.

Mit dem Begriff der *Selbstverwirklichung* haben die Psychologie und Pädagogik der letzten Jahrzehnte diese Idee der Neuzeit aufgegriffen. Als Ideal gilt, „sich von den gesellschaftlichen Konventionen und den mitmenschlichen Erwartungen, der Fremdbestimmtheit freizusagen und damit dem eigenen wahren und eigentlichen Selbst zum Durchbruch zu verhelfen. Das falsche Selbst, die angepasste Fassade, entwickelt man, weil man geliebt und akzeptiert werden möchte und sich scheut, eigene Verantwortung zu übernehmen. Zum eigentlichen Selbst findet man durch den radikalen Anspruch, sich in von der Umwelt unabhängigen Gesetzen zu definieren als einmaliges und authentisches, nur aus sich und in sich zu verstehendes Wesen" (Willi 1986, 10).

In den letzten Jahren wird immer deutlicher, dass der Mensch diese Unabhängigkeit gar nicht besitzt und sie eigentlich auch nicht anstrebt, weil er Anerkennung und Liebe braucht. Empirische Beobachtungen bestätigen, dass der Mensch den tiefsten Zugang zu sich selbst in Beziehungen findet: „Der Mensch entwickelt sich in Beziehungen. Wir werden in Beziehungen gezeugt, geboren, gestillt, ernährt, gepflegt, unterrichtet und angelernt. Immer sind es mitmenschliche Beziehungen, welche der Entwicklung Anstoß und Form geben. Aber auch der Erwachsene entfaltet seine Persönlichkeit nicht aus sich heraus, sondern in Beziehungen…" (Willi 1986, 10f.). Das In-sich-Stehen und das Auf-andere-hin-Sein bedingen sich also gegenseitig. Der Mensch wird am Du zum Ich.

In diesem Zusammenhang ist Martin Buber zu erwähnen. In der Begegnung mit der jüdisch-chassidischen Mystik erkennt Buber, dass erst die gegenseitige Wesensbeziehung zwischen zwei Menschen zur vollen Teilhabe des Seins führt. Dieses Verhältnis zum Sein sieht Buber zweifach: Als Ich-Es und Ich-Du. In diesen beiden Möglichkeiten des Menschseins, der Urdistanzierung und dem In-Beziehung-Treten wird das Spezifische des Menschseins deutlich: Im Unterschied zum Tier kann der Mensch sich von der Welt abgrenzen, die Welt zum Gegenüber machen. Die „Urdistanz stiftet die menschliche Situation, die Beziehung das Menschwerden in ihr" (Buber 1962, 416). Erst wenn ich das selbständige Anderssein gelten lasse, kann der oder die andere er oder sie selbst sein und mit mir in Beziehung treten.

*Grisebach* geht noch einen Schritt weiter: Er sieht den Konflikt als konstitutiv für das Verständnis personalen Handelns. Nach Grisebach „zielt aller Umgang des Menschen mit Wirklichkeit grundsätzlich auf „Herrschaft", auf Vergegenständlichen, Verfügen und Unterwerfen. Während die Naturwirklichkeit diesem Zugriff stumm ausgesetzt ist, erfährt der Mensch im anderen Menschen das einzig antwortfähige Wesen in der Natur, das sich der Besitzergreifung ausdrücklich widersetzen kann…" „In dieser grenzsetzenden Dialogizität von ‚Spruch und Widerspruch' entsteht für Grisebach das spezifisch humane Kräftefeld, aus dem heraus alle substanzielle Selbstwerdung des Menschen, alle reale Sozialität und eigentliche Moralität erwächst" (Renöckl, 67ff.).

## 2.5. Geistesgeschichtliche Wurzeln für das abwertende Verständnis von Aggressionen und Beziehungen

Der folgende geistesgeschichtliche Überblick möchte einige Hintergründe aufzeigen, die u.a. zur heutigen Abwertung der Gefühle und insbesondere der Aggressionen geführt haben. Dabei taucht der Begriff Aggression nur selten direkt auf. Die aggressiven Antriebskräfte werden den Affekten zugeschrieben und mit den Begriffen Wut, Zorn, Ärger, Groll, Triebe, Leidenschaft oder Hass meist einseitig negativ beschrieben. Es sind gewisse durchgehende Trends in der Geringschätzung der Leiblichkeit und der Gefühle festzustellen: Von Platon über die stoischen Tugend- und Lasterkataloge, die von Paulus und einigen Kirchenvätern aufgegriffen wurden, bis hin zur Aufklärung und in unsere Zeit.

### Das ganzheitliche Menschenbild der Bibel

Das biblische Menschenbild ist *ganzheitlich* angelegt und geht von einer Leib-Seele-Einheit aus. Dabei spielen Gefühle und Beziehungen eine wichtige Rolle. Sowohl im Alten Testament als auch im Neuen Testament wird ein Beziehungsrahmen deutlich, „in dem der Mensch aus der Gottesbeziehung sein Selbstverständnis gewinnt und seine mitmenschlichen Beziehungen, seine Beziehungen zur Welt und zum Leben gestaltet" (Außerleitner, 410ff.). Das personale Gottesverhältnis wird vor allem in *Beziehungsmetaphern* ausgesprochen, die Vertrauen und Furcht, Intimität und Ehrfurcht, Nähe und Distanz ausdrücken. Die mitmenschlichen Beziehungen sind ebenso wie das Selbstverständnis des Menschen in der Gottesliebe verwurzelt und empfangen aus ihr die Qualität der Nächsten- und Selbstliebe. So ist das ganze Leben des Menschen im *Alten Testament* von einer religiösen Beziehungsdynamik geprägt, die durch die wechselnde Intensität der Gemeinschaft mit Gott bestimmt wird. Der Tod bildet die Grenze der leiblichen Existenz des Menschen.

Das *Neue Testament* greift die ganzheitliche Sicht des Menschen als Leib-Geist-Lebewesen auf (Mt 6,22ff.; Lk 11,34ff.; 12,22f.). Durch die Gemeinschaft mit Christus, dem menschgewordenen Gott, wird der Mensch in die Dynamik der trinitarischen Liebe mit hineingenom-

men: Es entsteht eine neue Qualität der Schöpfung durch die Beziehung der „Gotteskindschaft". Auch hier werden die Gottesbeziehung und die mitmenschlichen Beziehungen in den Evangelien lebensfördernd und beziehungsstiftend gesehen, besonders deutlich in den Metaphern vom Leib Christi oder vom Weinstock und den Rebzweigen. Diese Verbindung der gott-menschlichen Beziehungen drückt sich auch in den Grundhaltungen des Christen und in seinem mitmenschlichen und sozialen Verhalten aus. Letztlich wird diese Umwandlung durch den „heiligen", den beziehungsstiftenden und ganzmachenden Geist initiiert, der „gerade keine Dichotomie von Welt und Gott, Materie und Geist, sondern die Verleiblichung des göttlichen Heils in der menschlichen Gesellschaft" bewirkt (Außerleitner, 412).
Allerdings zeigen sich bereits in den paulinischen Briefen erste hellenistische Einflüsse der Leibfeindlichkeit. Der Leib wird als Ort der Sünde gesehen. Gefühle aller Art, insbesondere Ärger, Hass, Wut und Zorn werden an einigen Stellen pauschal mit einem sündigen Verhalten gleichgesetzt (Eph 4,31f; Kol 3,8ff.; Gal 5,19ff.).
In diesen Texten drückt sich eine dualistische Tendenz aus, die den Gefühlen wie Zorn, Ärger, Wut die Sanftmut, Liebe und Freundlichkeit als das Ideal christlicher Vollkommenheit gegenüberstellt. So war es wichtig, die aggressiven Antriebskräfte von Wut, Zorn und Ärger gar nicht erst „hochkommen" zu lassen. Daraus entwickelten sich dann Unterdrückungs- und Verdrängungsmechanismen, um dem christlichen Ideal „gerecht" zu werden. Über allem stand das Motto: Die *Kontrolle behalten,* sich beherrschen. „Die Kontrolle zu verlieren, heißt, dem Leib mit seinen Begierden einen Raum zu geben, wo eigentlich der Verstand, die Seele mit ihren dem Göttlichen nahe kommenden Qualitäten bestimmend sein sollten" (Klessmann 1992, 16).
Mit diesem Verständnis von Aggressionen geht eine einseitige Abwertung einher: Die lebensfördernden und beziehungsstiftenden Seiten der aggressiven Lebenskräfte werden kaum berücksichtigt und gleichzeitig werden die negativen Aspekte von Sanftmut, Freundlichkeit und Friedfertigkeit ausgeblendet, die zur Harmonisierung und Vermeidung von Auseinandersetzungen und Konflikten führen.
Und doch konnte man nicht übersehen, dass im Alten Testament häufig vom Zorn Gottes die Rede ist, und dass die Propheten sich voll von aggressiven Lebensenergien wie Zorn, Ärger und Eifer leidenschaft-

lich mit den Feinden Gottes auseinandersetzten. Auch Jesus zeigte ebenso wie Paulus Zorn und Ärger und reagierte aggressiv in der Auseinandersetzung mit den Pharisäern (z.B. Lk 11,37ff.) und Schriftgelehrten. Dasselbe gilt für den Umgang Jesu mit seinen Jüngern, wenn er z.B. zu Petrus sagt: „Weg mit dir Satan, geh mir aus den Augen" (Mk 8,33). Ein weiteres Beispiel ist die Vertreibung der Händler aus dem Tempel (Mk 11, 15ff.). Wie ist diese Aggressivität Jesu mit dem christlichen Vollkommenheitsideal zu vereinbaren? Die Lösung lautete damals: Gegen die Feinde des Glaubens und der Gemeinde sind Ärger und Aggressionen erlaubt, nur intern, untereinander sollen sie ausgeschlossen sein (Klessmann 1992, 17).
*Zusammenfassend* ist zu sagen: Der spätjüdische Dualismus wirkt sich im Neuen Testament tendenziell ebenso aus wie der hellenistische Dualismus platonischer Prägung, besonders im Römer- und 1. Korintherbrief. Trotzdem bleibt die ganzheitliche Sicht des Menschen und der Schöpfung letztlich erhalten. Der Glaube an die in Christus schon verwirklichte Erlösung überwindet das dualistische Schema von irdischer und himmlischer Welt (Gal 4,26; Hebr 12,22ff.; Jo 14,2ff.). Was bleibt ist die eschatologische Spannung des Noch-Nicht und des Schon-Jetzt, die im Schöpfungs-, Erlösungs- und Vollendungsglauben eine *ganzheitliche* Lösung findet. Hier sind die Gegensätze aufgehoben und können wechselwirksam fruchtbar werden. Damit haben auch die aggressiven Lebensenergien, einschließlich Wut, Zorn und Ärger, ihren Ort im Erlösungs- und Heil(ungs)prozess der gesamten Schöpfung, nicht zuletzt durch das „aggressive Verhalten" Jesu.

## Dualistische Tendenzen

In der Auseinandersetzung mit seiner Endlichkeit und seinem begrenzten Leben war der Mensch schon immer versucht, die Lösung für seine Lebensprobleme in der Dichotomie von Seele und Leib zu sehen. Um von den leiblichen Belastungen (Mühsal, Krankheit, Schmerz, Tod) befreit zu werden, hielten sich viele Philosophen (u.a. Plato, Aristoteles, Plotin) an das dualistische Prinzip der Trennung von Leib und Seele: Geist und Seele zu *sein* und den Leib nur zu *haben*. Das führte zu einer Geringschätzung des Leibes bis hin zur Leibfeindlichkeit.

Das platonische Seinsschema und stoische Einflüsse haben bis in unser Jahrhundert hinein das ganzheitlich-biblische Selbstverständnis des Menschen immer wieder überlagert. „Die Vorstellung, dass die Seele des Menschen nur durch Schuld und Schicksal in die Verbindung mit der Materie gelangt sei und dem Wesen des Menschen daher die leib-seelische Konstitution widerspreche, führt seit Sokrates zu Bestrebungen, sich mithilfe einer bestimmten Erkenntnismethode wieder des ursprünglichen Wesens bewusst zu werden, von der Abhängigkeit von sinnlichen Wahrnehmungen und leiblichen Bedürfnissen nach Möglichkeit zu befreien und sich in einem sittlichen Reinigungsprozess den obersten Ideen anzugleichen" (Außerleitner, 413). Die prä-existente, unsterbliche Geist-Seele muss durch Läuterung aus dem Gefängnis des Leibes befreit werden, um zu ihrem „göttlichen Ursprung" zurück zu gelangen.
Das platonische Stufen-Schema widerspricht in wesentlichen Punkten dem biblischen Verständnis von der Selbstwerdung des Menschen: Z.B. in der Abwertung der Materie und des Leiblichen gegen ein positives Schöpfungsverständnis der Bibel. Es unterscheidet sich im Leib–Seele-Dualismus von der biblischen Leib-Seele-Einheit, die das Leibliche und damit auch die aggressiven Lebensenergien und die Sexualität wertschätzt. Die absolute Transzendenz Gottes widerspricht der biblischen Offenbarung von der Menschwerdung Gottes in Jesus Christus ebenso wie die Lehre von der Göttlichkeit der Seele der biblischen Lehre von der geschaffenen Gottebenbildlichkeit.
Die hellenistisch gebildeten Kirchenväter (Origines, Gregor von Nyssa und Dionysius im griechischen Raum, Ambrosius, Augustinus und Gregor der Große im lateinischen Raum) haben sich mit dem platonischen Stufenschema auseinandergesetzt und immer wieder versucht, das platonische Gedankengut mit dem biblischen Verständnis in Einklang zu bringen. Dabei haben sie in ihren Theorien zur Selbstwerdung des Menschen und seines Weges zu Gott – die Einzelnen unterschiedlich – platonisches Gedankengut übernommen. Ihre Kritik am platonischen Denken „richtete sich vor allem gegen die Möglichkeit der direkten Gotteserkenntnis, des Tugendfortschritts aus eigener Leistung, gegen die Göttlichkeit der Seele und gegen die Möglichkeit ihrer substanzhaften Vereinigung mit Gott… Diese Kritik wurde jedoch selten ganz konsequent durchgezogen. Der Grundsatz: ‚Der Lo-

gos wurde Mensch, damit wir göttlich werden' (Clemens und Athanasius von Alexandrien, Origines) zeigt zu deutlich, welche Attraktion die platonistischen Motive Gotteserkenntnis, Göttlichkeit der Seele, Vereinigung mit Gott auf die Kirchenväter ausübten" (Außerleitner, 136f.).

Die dualistische Tendenz spiegelt sich auch in den von der Stoa übernommenen Tugend- und Lasterkatalogen wider, wo die leiblichen Triebe und die Affekte wie Wut, Zorn und Ärger als Sünde betrachtet werden.

Die Wüstenväter nehmen den Leib zwar ernst, sie verstehen ihn aber als Ort der Versuchung, als Einfallstor für die Sünde. Sie kasteien den Leib, um ihn gleichsam für die Auferstehung „vorzubereiten". Letztlich ist das „Leibliche" auch für sie minderwertig.

*Fassen wir zusammen:* Während in der Bibel der Mensch in seiner Geschöpflichkeit als Wesen mit „Fleisch", „Geist" und „Seele" ganzheitlich und gleichwertig gesehen wird, zählen im dualistischen Gedankengut vor allem der Wille und der Intellekt, weniger der Leib, die Gefühle und die Antriebe. „Die Leib-Seele-Einheit wurde dem Leib-Seele-Dualismus geopfert. An die Stelle der Einordnung in die geschöpflichen Bedingungen trat die erstrebte Loslösung von allem, was den Menschen durch seine leibliche Konstitution mit der Schöpfung verbindet. Am Ende der Antike blieb von der biblisch-christlichen Anthropologie ein Torso" (Außerleitner, 137).

*Thomas von Aquin* hat die biblische Tradition der seelisch-leiblichen Einheit des Menschen in seiner Theologie ausdrücklich aufgegriffen. Er sieht den Menschen ganzheitlich als Geschöpf Gottes in seiner Geist-Seele-Leib-Wirklichkeit (S.th. I, 76). Die erlösende Zuwendung und Liebe Gottes wendet sich dem ganzen Menschen zu, seiner Seele, seinem Geist und seinem Leib.

Seit Thomas ist das biblisch-ganzheitliche Verständnis in der christlichen Anthropologie neu verankert, wenn es auch immer wieder durch neuplatonische, stoische und moralisierende Einflüsse in Frage gestellt wird.

Zu erwähnen ist noch die *Mystik,* in der eine ambivalente Einstellung zur Leiblichkeit zu beobachten ist. Das zeigt sich z.B. in der Fragestellung, ob Mystiker über alle Geschöpflichkeit hinaus mit *Gott in sich* in Berührung kommen oder ob Mystiker „nur" in der geschaffenen Welt

von Bildern und Wahrheiten und in der konkreten Menschwerdung Jesu Gott erfahren können. Sudbrack schreibt dazu: „Jede Mystik hat es mit Bildern zu tun. Aber sie besteht im ständigen Überschreiten der Bilder, besser gesagt: in deren Öffnung für die geistige Welt, die sich im Bild verleiblicht" (Sudbrack, 148).
Dasselbe gilt für die auch heute wieder diskutierte Frage einer *„gegenstandslosen"* Begegnung mit Gott. Sudbrack hält eine geistige und leibfreie, d.h. gegenstandslose und unvermittelte Erfahrung bei den Mystikern für überholt. Ähnlich wie bei zwischenmenschlichen Beziehungen gibt es auch in der Gottesbegegnung nur eine *vermittelte Unmittelbarkeit* für den Mystiker oder die Mystikerin. Menschliche Begegnung geschieht nur durch die Leiblichkeit des anderen, durch seine Gesten, sein Aussehen, seine Worte, seine Nähe. „Man meint den anderen in seiner Mitte, ‚hat' ihn aber nur in seiner konkreten ‚Leibhaftigkeit'. Die Dynamik des Überstiegs zeigt sich darin, dass man ihn niemals wie einen Gegenstand in den Griff bekommt und auch bekommen darf" (Sudbrack, 150).
Der Mensch begegnet Gott in vermittelter Unmittelbarkeit auch in der Schöpfung und vor allem im menschgewordenen Gottessohn Jesus Christus. „In der ‚ungegenständlichen Erfahrung' aber ist es die eigene psychosomatische Bewusstseinstiefe, die zu Gott ‚vermitteln', aber auch gegen Gott abschließen kann" (Sudbrack, 150). So sprechen sich z. B. Bernhard von Clairvaux, Theresia von Avila u.a. in kritischer Auseinandersetzung mit der platonischen Stufenlehre gegen ein rein geistiges Beten aus, weil dadurch das Menschliche und damit auch die Menschwerdung Gottes letztlich abgewertet wird.
Die dualistischen Denkformen der Neuzeit gehen vor allem auf *Descartes* und seine „res cogitans und res externa" und auf *Kant* mit seinen drei Säulen „Vernunft - Verstand, Verstand - Sinnlichkeit, Pflicht - Neigung" zurück. In der *Aufklärung* und auf andere Weise im *Pietismus* hat sich ein „dualistisches Ideal" menschlicher Lebensführung, „vernunftmäßig und beherrscht zu leben", durchgesetzt. D.h. alle nach außen drängenden Gefühle, insbesondere die aggressiven Antriebskräfte, Ärger, Wut, Zorn und Leidenschaft müssen unterdrückt werden, um einen möglichst hohen Grad an „Vollkommenheit" zu erreichen und so dem Willen Gottes zu entsprechen.
Die Abwertung der Leiblichkeit und die Unterdrückung der Emotio-

nen hat u.a. zu der so genannten *negativen Aszese* geführt, die eine falsch verstandene Selbstverleugnung zur ausschließlichen Tugend erklärt und als Nachfolge des leidenden Jesus betrachtet. Diese letztlich den Menschen und auch Gott verachtende Sicht der Aszese schadet dem Menschen in seinem menschlichen und geistlichen Wachstum mehr als dass sie ihn stärkt und fördert.

## Die wiedergewonnene ganzheitliche Sicht des Menschen

Das *Zweite Vatikanische Konzil* orientiert sich wieder eindeutig an dem ganzheitlichen Menschenbild der Bibel und betrachtet den Menschen als „Geist in Leib". Durch seine Leiblichkeit vereint der Mensch die „Elemente der stofflichen Welt in sich: Durch ihn erreichen diese die Höhe ihrer Bestimmung und erheben ihre Stimme zum freien Lob des Schöpfers. Das leibliche Leben darf also der Mensch nicht gering achten; er muss im Gegenteil seinen Leib als von Gott geschaffen und zur Auferstehung am Jüngsten Tage bestimmt für gut und der Ehre würdig halten" (Rahner/Vorgrimler, 460f.).
Leib und Leiblichkeit sind für den Christen vom Glauben her als Geschenk Gottes grundsätzlich positive Werte. Durch die „Fleischwerdung" des Sohnes Gottes, der uns in allem gleich wurde, außer der Sünde, ist der Wert des Leibes noch einmal unterstrichen worden und, wie die Bibel sagt, „geheiligt als Tempel Gottes" (1Kor 3,16). Gefühle und auch die aggressiven Lebensenergien haben ihren Sitz im Körper. Erst der Leib ermöglicht, dass sie sich bewegen können und zum Ausdruck kommen, „aus dem Körper heraus", und sich so auf andere zu bewegen und Beziehung stiften. Freude, Sympathie, Glück, Liebe und Leid drücken sich im und durch den Körper aus, Freude z.B. in Formen der leiblichen Freude: in Tanz, Sport, Spiel oder Liebe, in der sexuellen Intimität und Zärtlichkeit. Gebärden, Mimik, Gesten und die ganze Körpersprache können seelische und geistige Vorgänge im Menschen sehr differenziert nach außen vermitteln. Mieth schreibt zusammenfassend: „Daher kann der Leib nicht einfach als das aufgefasst werden, was wir mit dem Tier gemeinsam haben. Ebenso wenig ist der Leib die Summe der körperlichen Funktionen des Menschen. Leiblichkeit bezeichnet die psychosomatische Einheit im Hinblick auf ihre sichtbare und sinnliche Erscheinung" (Mieth, 642).

Gott hat den ganzen Menschen erschaffen, als Mann und Frau, mit seinen Bedürfnissen und Gefühlen, mit seinen Antrieben und kreativen Fähigkeiten, seinen Möglichkeiten zur Begegnung und Kommunikation mit anderen. Die Heilsbedürftigkeit und die Suche nach Endgültigkeit betreffen den ganzen Menschen, der in seiner Identität nicht in diesseitige Leib-Verhaftung und jenseitige Vergeistigung aufgeteilt werden darf.

Schneider beschreibt das Menschenbild der christlichen Anthropologie wie folgt: „Ziel christlichen Lebens ist kein entleiblichter und entsinnlichter Geist (nous, intelligentia), das wäre eine (neuplatonische) Versuchung. Gewiss müssen die Sinne geläutert und von jeder egoistischen Begierlichkeit gereinigt werden, doch den geläuterten ‚Sinnen' kommt es zu, den menschgewordenen Gott zu erspüren: ‚Was wir gehört und mit unseren Augen gesehen ... und mit unseren Händen betastet haben vom Wort des Lebens' (1Jo 1,1f.). Die innere Bedeutung der Sinne wird im Blick auf die Menschwerdung Gottes deutlich. Seit der Himmel auf die Erde herabgekommen und der Herr bleibend gegenwärtig ist, findet der Mensch Gott in allen Dingen des Lebens, also nicht jenseits, in einer geistigen Welt; das reine Herz schaut ihn schon jetzt überall" (Schneider, 270f.). Auch die Vollendung des Menschen in Gott wird am ganzen und unteilbaren Menschen offenbar werden, einschließlich seiner Leibgestalt. So hofft der gläubige Mensch nicht auf eine Befreiung vom Leib, sondern auf die Vollendung seiner Leiblichkeit.

In jüngster Zeit wird in der *Liturgie und im Gebet* die Bedeutung des Leibes neu entdeckt: In den körperlichen Gebetshaltungen, in Gestik und Mimik, in Bewegung und Tanz. Hier wird der Leib in ein ganzheitliches Beten und Meditieren bewusst mit einbezogen, gemäß dem Wort des Paulus: „Verherrlicht Gott in eurem Leib" (1 Kor 6,20).

Im christlichen Brauchtum wird die *Ehrfurcht vor dem Leib* u.a. in den sakramentalen „leiblichen Berührungen" ausgedrückt.

In der *Taufe* wird die Stirn des Täuflings mit Chrisam gesalbt und das Wasser des Lebens über seinen Kopf ausgegossen. Sein Mund wird als Ort des Aus-Drucks der Gefühle und der Einnahme von lebenserhaltenden Speisen und Getränken gesegnet. Ebenso das Herz, als Sitz des Lebens, der Gefühle und der Verankerung von Beziehungen.

In der *Krankensalbung* wird der Körper des Kranken an allen Sinnen mit dem Öl des Heiles gesalbt. Im *Begräbnis,* nach dem irdischen Tod,

wird der Leib in die Erde gebettet, aus der er genommen ist, in der Erwartung seiner Verklärung bei der Auferstehung von den Toten. Hier wird deutlich, dass wir von Gott als Menschen mit Leib, Geist und Seele geschaffen und erlöst sind.
Leider hat sich die ganzheitliche Sicht des Menschen als Leib-Geist-Seele-Wesen in den Jahren nach dem Vatikanischen Konzil nur langsam durchgesetzt. Nach wie vor sind Vorurteile gegenüber dem Leiblichen, den Gefühlen und Beziehungen im allgemeinen und den Aggressionen und der Sexualität im Besonderen in christlichen und kirchlichen Kreisen zu finden, die dann oft eher fundamentalistisch ihre Ansichten vertreten und durchsetzen.

## 2.6. Zusammenfassung

Die Fabel des arabischen Mystikers Sa'di vom „invaliden Fuchs" fasst unser Thema Aggression und Beziehung gut zusammen (Mello, 64).
„Unterwegs im Wald sah ein Mann einen Fuchs, der seine Beine verloren hatte. Er wunderte sich, wie das Tier wohl überleben konnte. Dann sah er einen Tiger mit einem gerissenen Wild. Der Tiger hatte sich satt gefressen und überließ dem Fuchs den Rest. Am nächsten Tag ernährte Gott den Fuchs wiederum mithilfe des gleichen Tigers. Der Mann war erstaunt über Gottes große Güte und sagte zu sich: ‚Auch ich werde mich in einer Ecke ausruhen und dem Herrn voll vertrauen, und er wird mich mit allem Nötigen versorgen.'
Viele Tage brachte er so zu, aber nichts geschah, und der arme Kerl war dem Tode nahe, als er eine Stimme hörte: ‚Du da, auf dem falschen Weg, öffne die Augen vor der Wahrheit! Folge dem Beispiel des Tigers, und nimm dir nicht länger den behinderten Fuchs zum Vorbild.'
Auf der Straße traf ich ein kleines frierendes Mädchen, zitternd in einem dünnen Kleid, ohne Hoffnung, etwas Warmes zu essen zu bekommen. Ich wurde zornig und sagte zu Gott: ‚Wie kannst du das zulassen? Warum tust du nichts dagegen?'
Eine Zeit lang sagte Gott nichts. Aber in der Nacht antwortete er ganz plötzlich: ‚Ich habe wohl etwas dagegen getan. Ich habe dich geschaffen'."

Zum menschlichen Leben gehört wesentlich die Spannung zwischen Ich und Du, zwischen Geben und Empfangen, in der die aggressiven Lebensenergien, die in die Auseinandersetzung, Loslösung und Distanz führen, eine entscheidende Rolle spielen. Einerseits besteht die Aufgabe, die aggressiven Energien einzusetzen, um Ich selbst zu werden und autonom zu bleiben. Das beinhaltet auch, mich nicht in symbiotischen oder abhängigen Beziehungen zu verlieren, in denen die Ich-Identität verschwimmt und eins wird mit der Identität des anderen, oder wo ich meine Identität ausschließlich über die Identität des In-Beziehungs-Seins mit einem Menschen oder einer Gruppe gewinne. So wird die Selbstwerdung gerade verhindert.
Ebenso gehört zu einem erfüllten menschlichen Leben, dass ich meine aggressiven Lebensenergien einsetze, um auf andere Menschen zuzugehen und mich ihnen Schritt für Schritt zu öffnen und mit ihnen zu leben. Dann können gute und heilsame Beziehungen entstehen, in denen Liebe geschenkt und empfangen werden kann.
Gott hat den Menschen so geschaffen, dass der Einzelne oder die Einzelne immer nur durch den anderen oder die andere, dass das Ich nur durch das Du Ich werden kann.
Eine heilsame Beziehung gründet zunächst in der *Beziehung zu mir selbst* mit einer geordneten Selbstliebe, die Selbstzerstörung ausschließt; dann in der *Beziehung zu anderen Menschen und zur Umwelt* mit einer geordneten Nächstenliebe, wo auch Hass und zerstörerische Aggressionen lebensfördernd aufgearbeitet und in neue Beziehungsmöglichkeiten umgewandelt werden; das gilt auch für die Beziehung zu *Gott,* in der eine aggressive Auseinandersetzung den Weg zu einer tieferen Gottesbeziehung eröffnet (Frielingsdorf 1993, 45ff.).
Eine wichtige Voraussetzung für das Gelingen von Beziehungen ist der Selbststand und die Fähigkeit, gerade auch den zerstörerischen Aggressionen standzuhalten und sie in lebensfördernde umzuwandeln. Wenn die aggressiven Schritte auf den anderen Menschen zu beziehungsfördernd sein sollen, dann sind sie einfühlsam und differenziert zu setzen. Sie erfordern viel Geduld und Vorsicht beim Aufeinanderzugehen, damit die anderen nicht abgeschreckt, verletzt oder überfahren werden. Gute Beziehungen wachsen langsam heran und sind als Vorstufe von Freundschaft und Liebe verletzbar und empfindlich, gerade weil sie so kostbar für das menschliche Leben sind.

# 3. Elternbotschaften über Gefühle, Aggressionen und Beziehungen

## 3.1. Die Bedeutung der Gefühle für die Persönlichkeitsentfaltung

Das dualistische Denken in der Tradition des christlichen Abendlandes hat zu einer Überbewertung des Geistigen geführt. Gleichzeitig wird das Materielle und Leibliche abgewertet, und damit geraten auch die Gefühle in Misskredit. Im Anschluss an die aristotelische Psychologie, die die Seele in geistiges, sinnliches und vegetatives Vermögen aufteilt, wird das Gefühl den sinnlichen Seelenkräften zugeordnet, die den geistigen Kräften untergeordnet sind. Dadurch erhalten das Denken und Wollen, der Verstand und der Wille eine eindeutige Vormachtstellung gegenüber dem emotionalen Vermögen.

Die Analysen unserer westlichen Gesellschaft bestätigen noch heute diesen Trend: Wir leben „kopflastig". Für den Fortschritt und das Wachstum in Wirtschaft und Gesellschaft sind Intelligenz und Rationalität gefragt. Gefühle gehören in die Privatsphäre, weil sie angeblich die Leistung und den Erfolg behindern. Eine Kompensation ist im Zeitalter des Wassermanns in den esoterischen Bewegungen zu beobachten, in denen die Gefühle eine hohe Wertschätzung erfahren und im privaten Bereich z.B. in Seminaren, Kursen oder kleinen Gruppen ausgelebt werden können.

Doch der berufliche Alltag sieht anders aus. Wer im Beruf vorankommen will, kann sich keine Gefühle leisten.

Die Folgen der Abwertung der emotionalen Fähigkeiten sind schon deutlich spürbar: Immer weniger Menschen vermögen ihre Gefühle in einer entsprechenden Situation angemessen auszudrücken. Extreme Reaktionen nehmen zu: Einerseits wachsen die Gefühlskälte und das Unvermögen, Gefühle wahrzunehmen und sie adäquat mitzuteilen; anderseits nimmt gerade auch bei jungen Menschen die Tendenz zu, ihre Gefühle als wertvoll anzusehen und zu leben. Dabei werden die Emotionen dann oft unkontrolliert eingesetzt und speziell in

Form von Aggressionen zerstörerisch und gewalttätig ausgelebt. Skinheads und so genannte Autonome sind nur die Spitze des Eisbergs, der Gewalt heißt.

Doch es gibt nicht nur die sichtbaren, destruktiven Gefühlsausbrüche. Gerade in unserer Fortschrittsgesellschaft werden der *mangelnde Gemeinschaftssinn* und die *fehlende Solidarität und Menschlichkeit* als emotionales Unvermögen und Defizit deutlich spürbar. „Eiskalt" werden Arbeitsplätze wegrationalisiert und jahrelange Mitarbeiter in die Arbeitslosigkeit entlassen. Computergesteuerte Hirne sparen Arbeitsplätze und sind nicht in Gefahr, durch plötzlich auftauchende Gefühle „Fehler" zu produzieren, die das Leistungsmaß beeinträchtigen.

Im Laufe der *abendländischen Geistesgeschichte* hat es – bis in unsere Zeit – immer wieder Denker wie Pascal oder Kierkegaard gegeben, die den einseitigen Primat des Verstandes ablehnten und die ihrer Philosophie eine Einheit von Denken und Fühlen zu Grunde legten. So spricht Pascal von der „Logik des Herzens": Wir erfassen die Wirklichkeit und Wahrheit nicht allein mit dem Verstand, sondern auch mit dem Herzen. Denn „das Herz hat seine Gründe, die der Verstand nicht kennt" (Guardini, 1935).

Auch die heutige *Psychologie* bezeichnet die *Gefühle* neben dem Denken, Wollen und Handeln als grundlegende Erfahrungs- und Ausdrucksweise des Menschen. „Im Unterschied zum Denken als einer Form der Vergewisserung erlebt der Mensch im Gefühl etwas in Bezug auf sich selbst. Wundt hat das Gefühl als Zustandsbewußtsein bestimmt. *Gefühle* lassen sich verstehen als unwillkürlich auftretende, meist im Kontext von Interaktionen entstehende, Betroffenheit auslösende seelische Zustände, die meist mit einem erhöhten Grad an Erregung einhergehen" (Maurer, 344; Stadter 1996, 58ff.).

Ethisch gesehen ist das Gefühl „die Fähigkeit, die bewusstes und damit verantwortungsvolles menschliches Leben wesentlich ausmacht. Das Gefühl muss zur Vernunft hinzutreten, damit das objektiv Gute die eine Herrschaft über den Willen gewinnt" (Kaufmann, 344f.).

Es sei daran erinnert, dass auch in der *Bibel* der Mensch ganzheitlich gesehen wird. Das Wort „Herz" steht für den „Sitz des Lebens", die Personmitte des Menschen, in dem Denken, Wollen und Fühlen einheitlich miteinander verbunden sind. Wenn wir im Volksmund von der „inneren Stimme" oder der „Stimme des Herzens" sprechen,

dann meinen wir damit eine Weisung, die aus dem inneren Wesenskern des Menschen kommt, aus Tiefenschichten, wo Vernunft und Gefühl, die die Zeitspannen von Vergangenheit, Gegenwart und Zukunft umfassen, noch eine Einheit bilden.
E.A. Stadter weist in seiner Beziehungspsychologie darauf hin, dass in den entscheidenden Grundsituationen des menschlichen Lebens, in denen Liebe, Hass, Aggressionen, Schuld, Sinnerfahrung oder Verzweiflung am Werke sind, Gefühle einen besonderen Anteil haben. „Am Akt der Liebe als einer Form der Zuwendung sind Momente des Verstandes und der Entscheidung beteiligt. Ein Hauptelement bildet die spontane, aus dem Inneren entspringende Bewegung. Sie ist dadurch gekennzeichnet, dass sie gefühlt wird. Wir denken nicht erstlich, der andere sei uns wichtig – das tun wir wohl auch, aber es ist nicht entscheidend – wir fühlen es ganz direkt und unmittelbar, und wahrscheinlich deswegen spürt er unsere Zuwendung ganz direkt, sie wird ihm durch unser Verhalten und unsere Ausstrahlung kund. Entsprechend verhält es sich im Hinblick auf das Gegengefühl, den Hass. Seine zerstörerische und auslöschende Energie empfängt er vom Fühlen. Dieses, nicht etwa der Verstand verleiht ihm seine vernichtende Wucht“ (Stadter 1992, 346f).
Ähnlich ist es bei elementaren Regungen von Glück, Unglück oder von Schuld. Hier spielt weniger das Denken, sondern mehr das Erleben und Fühlen eine Rolle.
Die Bedeutung der Gefühle im Selbstwerdungsprozess kann ich aus der therapeutischen Erfahrung mit Störungen im Umgang mit Aggressionen bestätigen. Nicht das Verdrängen oder das Wegschieben der Aggressionen führt zur Heilung, sondern das Sich-Einlassen auf die Gefühle, die mit diesen Lebensenergien verbunden sind, sei es Liebe oder Hass, Angst oder Trauer, Freude oder Wut.
In einem solchen Prozess der Auseinandersetzung und des Durchlebens der Gefühle kann auch eine Wandlung geschehen: Aus den zerstörerischen Aggressionen können in diesem dynamischen Vorgang beziehungsstiftende Aggressionen werden. Die Wirkung ist ähnlich wie in dem Heilungsverständnis der Homöopathie. Wie das griechische Wort „homoios“ = „gleich“ oder „ähnlich“ bedeutet, geschieht Heilung, indem die Patienten die Substanz erhalten, die die Krankheit ausgelöst hat, um damit eine Gegenreaktion zu erzielen, die dann zur

Heilung führt. Im Umgang mit zerstörerischen Aggressionen gilt das gleiche Prinzip: Wenn ich meine „Mordswut", meine „blinde Wut" bewusst wahrnehme und mich auf sie einlasse, können die zerstörerischen Aggressionen in positive Lebensenergie umgewandelt werden. Dasselbe trifft auch für andere Grundgefühle wie Angst, Verzweiflung, Ohnmacht, Trauer zu.
Das Sich-Einlassen und Durchleben der Gefühle beschränkt sich aber nicht nur auf das Wahrnehmen und Sprechen über die Gefühle. In dieser existenziellen Auseinandersetzung stellt sich auch die Frage, was das Gefühl, z.B. die Aggression oder Angst mit mir macht, inwieweit sie mein Leben beeinflusst bzw. fördert oder behindert. Letztlich geht es darum, sich auf das bedrohliche, bisher verdrängte Gefühl von Wut, Ärger, Zorn oder Angst einzulassen und es möglichst intensiv nachzuerleben. Auf diese Weise kann ich erfahren, dass diese Gefühle jetzt nicht mehr die Macht über mich haben, die sie einmal hatten, als ich mich in frühkindlichen Erfahrungen z.B. den Gefühlen von Angst oder Ohnmacht, Wut und Trauer hilflos ausgesetzt erlebte. Erst wenn ich erfahre, dass die Angst vor dem Erleben des Gefühls schlimmer ist als das Erleben des Gefühls selbst, kann ich die lebens- und beziehungsstiftenden Energien in ihnen entdecken und entsprechend einsetzen. Dieser Ansatz liegt der „Schlüsselmethode" zugrunde (Frielingsdorf 1996).
Ein *Beispiel* kann diesen dynamischen und komplexen Vorgang verdeutlichen (Alle persönlichen Daten sind verfremdet und typisiert) .
Eines Abends rief Pfarrer S. an und bat dringend um ein Gespräch. Er sei 46 Jahre, im Augenblick beurlaubt, nachdem sich der Pfarrgemeinderat beim Bischof über ihn beschwert habe. Er habe angetrunken die Messe gefeiert und häufiger die Predigt abgebrochen und verschiedentlich in betrunkenem Zustand im Pfarrgemeinderat randaliert. In einem Gespräch mit dem Bischof wurde eine Beurlaubung vereinbart mit der Auflage, therapeutische Gespräche zu führen. Hinzu kam ein misslungener Selbstmordversuch vor einem Jahr.
Beim ersten Gespräch klärten wir u.a. die Motivationen für eine Therapie von Herrn S. und legten die Ziele fest, die eine Entzugsbehandlung einschlossen. Wo möglich wurden auch die methodischen Schritte für die nächsten Treffen geklärt.
Zuerst erzählte S. seine Lebens- und Berufungsgeschichte. S. war das

fünfte Kind in einer Bauernfamilie, die sich nach dem Krieg ihren Lebensunterhalt schwer verdienen musste. Als seine Mutter im Alter von 43 Jahren mit ihm schwanger wurde, war S. zunächst nicht willkommen. „Meine Mutter hat mich sicher nicht gewollt. Mein Vater machte ihr Vorwürfe, dass sie nicht aufgepasst hätte. Da eine Abtreibung aus religiösen Gründen nicht in Frage kam, erfand meine Mutter eine ganz raffinierte Methode, mich loszuwerden: Sie hat mich bereits im Mutterschoß Gott geweiht und damit, wie ich meine, ‚geistlich abgetrieben'".

So begann mein Priesterleben schon nach der Geburt, indem ich als zukünftiger Priester immer eine Sonderrolle unter den Geschwistern spielte. Wie eine religiöse Marionette wurde ich aufs Brav- und Vorbildsein hin erzogen: Ich durfte mich nicht dreckig machen, durfte nicht mit den bösen anderen Kindern spielen, musste gute Leistungen bringen, war früh Messdiener, musste an Feiertagen fromme Gedichte aufsagen und Lieder singen. Ich kam in ein kleines Seminar, damit ich vor den Gefahren der Welt, besonders vor den Frauen, geschützt war, und so wurde ich schließlich nach dem Theologiestudium zum Priester geweiht."

„Damals merkte ich noch nicht, welchen Preis ich für dieses Leben in einem goldenen, religiösen Käfig zahlte: Mich selbst und mein Leben. Die große Krise begann, als ich mit Spielerkreisen in Kontakt kam, Schulden machte und nach einiger Zeit erpresst wurde. Damals begann ich zu trinken. Ich konnte nur noch sporadisch beten und vernachlässigte meine Aufgaben als Gemeindepfarrer. Meine Mutter erfuhr von meinen Schwierigkeiten. Ihre Vorwürfe machten alles noch viel schlimmer, sodass es schließlich vor einem Jahr zu einem Selbstmordversuch mit Tabletten und Alkohol kam. Das Verrückte war, dass ausgerechnet meine Mutter mich entdeckte und meine Rettung einleitete. Und nun sitze ich hier als ein vor Gott und den Menschen Gescheiterter. Aber ich möchte jetzt wirklich aus dem Schlamassel heraus und endlich zu meinem Leben finden."

In den nächsten Gesprächen bearbeiteten wir anhand des Lebensskripts die bisherige Lebensgeschichte von S., die damit verbundenen Gefühle und Botschaften von Vater und Mutter, vor allem diejenigen, die die Mutter ihm in der pränatalen Zeit vermittelt hatte und die sich als Engramme in seinem Leben eingeprägt hatten: „Du darfst

nur leben, wenn du mein Geschöpf und Besitz bist und Priester wirst."
Durch die Anpassung und durch das Sich-Ausliefern an den Willen der Mutter bekam Herr S. die notwendige Zuwendung und Anerkennung seiner Umgebung. Gleichzeitig konnte er in dieser Fremdbestimmung nicht zu seiner eigenen Identität finden.
In einem Wochenkurs, der der Identitäts- und Glaubensfindung diente, rekonstruierten wir in der Gruppe gestalterisch seine Herkunftsfamilie und speziell seine Mutterbeziehung. In der Familie war Herr S. ein besonderer Außenseiter, von vielen bewundert aber auch von vielem ausgeschlossen und allein. Die Beziehung zur Mutter stellte Herr S. dar, indem er vor der Mutter stand, mit dem Rücken zu ihr. Die Mutter umklammerte ihn von hinten (hinterhältig) und führte ihn als ihren Priestersohn vor. Als Herr S. diesen Klammergriff spürte, überfiel ihn – wie er sagte – eine unmäßige Wut. Blitzschnell befreite er sich aus dem Klammergriff, drehte sich um und schrie die Mutter an: Du falsche Schlange! Er wiederholte dies mehrmals, stampfte mit den Füßen auf und schüttelte das Gruppenmitglied, das er als seine Mutter gewählt hatte. Nach einiger Zeit, als der angestaute Ärger heraus und die Wut ausagiert waren, wurde Herr S. sichtlich ruhiger und war erleichtert. In dieser Übung richtete Herr S. zum erstenmal seine Aggressionen nicht zerstörerisch gegen sich oder stellvertretend gegen andere, sondern direkt gegen die Mutter. Später konnte er dann in einem fiktiven Wutbrief an die Mutter seinem Ärger freien Lauf lassen und ihr vorwerfen, wie sie sein Leben ruiniert und „im Namen Gottes" massiv behindert hat.
Wichtig war in dieser Aggressionsphase deutlich zu machen, dass das Ziel des ganzen Prozesses die *Versöhnung* mit der Mutter und seinem Leben vor Gott ist.
Einige Monate später, auf einem Zweiwochenkurs in Positano (Süditalien), weitab von zu Hause und dem Alltag, wurde Herr S. eingeladen, nicht nur seine Wut loszulassen, was er in dem Wutbrief schon weitgehend getan hatte. Er sollte auch die hinter seiner Wut stehenden lebens- und beziehungsfördernden Energien deutlicher spüren, die bisher nur ansatzweise zum Ausdruck kamen. Dies geschah in direkten Aggressionsübungen am Meeresstrand. Unter Assistenz von einigen Gruppenmitgliedern warf Herr S. große Steine auf einen Fel-

sen (symbolisch auf die verhassten Anteile von Mutter und Vater), was seinen Zorn und Ärger in Bewegung brachte. Seine ganze Wut flammte noch einmal geballt auf, die er bei jedem Steinwurf laut hinaus schrie. Dabei spürte er nicht nur seine eigene Kraft, er fühlte sich auch befreiter, weil er endlich seine „Mordswut" herauslassen konnte, die nach seinem bisherigen Erleben wie eine Grabplatte auf ihm lastete und viele Lebensenergien niederdrückte.

Nach der Reflexion seiner Aggressionsübung mit den Assistenten ging Herr S. zu den Felsen zurück und betrachtete noch einmal die Trümmer seiner zerschmetterten Steine. Dabei entdeckte er, dass die verhassten und zerstörerischen Elternanteile auch in ihm selbst lebten. Ihm wurde deutlich, dass es jetzt seine Aufgabe war, die lebenshindernden Elternanteile, die in ihm selbst waren, anzunehmen und sich mit ihnen zu versöhnen, bevor er sie letztlich ändern und lebensfördernd einsetzen konnte. Auch hatte er in dieser aggressiven Auseinandersetzung mit seiner Mutter gemerkt, dass er sie ebenso zerstörerisch behandeln konnte, wie sie es in der Kindheit mit ihm gemacht hatte, nur mit sublimeren Methoden. Wichtig war, dass Herr S. sich auf die Gefühle seiner Wut und Angst eingelassen, sie bewusst durchlebt und ausgehalten hatte. Als er seine eigenen Kräfte spürte, wurde ihm gleichzeitig bewusst: Wenn er sich seiner Wut und seinem Hass „kopflos" überlassen würde, könnte auch er Vater und Mutter vernichten. Doch was wäre das Ergebnis? Sein Verstand sagte ihm: Dann würde er gerade diejenigen vernichten, von denen er sich so sehr Zuwendung, Wertschätzung, Verstehen, und Liebe gewünscht hatte.

Da die Anteile der Eltern auch in ihm lebten, würde er einen Teil seiner selbst vernichten. Herr S. erkannte, dass es letztlich darum geht, die Wut loszulassen, damit durch die Versöhnung mit den eigenen Schattenseiten die in den Aggressionen enthaltenen Kräfte und Energien lebensfördernd eingesetzt werden können.

Es folgte dann notwendigerweise die *Auseinandersetzung mit Gott*, der ihm dieses Leben, diese Mutter und diese Berufung letztlich eingebrockt hatte. Die Entlarvung des unbewußten dämonischen Gottesbildes, das stark von den mütterlichen Zügen „benutzen und missbrauchen" geprägt war, stellte einen ersten Schritt zur Entdeckung des wahren Gottes dar. In einer körperlich gestalteten Übung zur Berufung in der Nachfolge Jesu wurde Herrn S. dann zum erstenmal klar, dass er von dem wahren Gott in Freiheit berufen war. In späteren Einzelexerzitien konnte er sein persönliches JA zum Priesterberuf sprechen. Er lernte allmählich, mit seinen erkannten Möglichkeiten und Grenzen auch die alltäglichen Aufgaben zu bewältigen. Während der gesamten Zeit gelang es Herrn S. nach seinem Entzug, mit Unterstützung einer Selbsthilfegruppe der anonymen Alkoholiker ohne Alkohol „trocken" zu leben.

Gefühle haben besonders in der *pränatalen Lebensphase* eine sehr große Bedeutung, weil der ungeborene Mensch in den ersten neun Lebensmonaten nach der Zeugung kaum Möglichkeiten hat, sich mit den inneren und äußeren Einflüssen bewusst auseinanderzusetzen. Ob ein Kind in oder nach der Zeugung erwünscht oder nicht-gewollt ist, ob es während der Schwangerschaft mehr annehmende oder ablehnende Gefühle durch die Mutter erlebt: Diese psychischen Erfahrungen von Angst und Ablehnung, von Vertrauen, Annahme und Liebe wirken sich sensorisch als „emotionales Engramm" ebenso auf den Embryo aus wie biochemische Einflüsse, wenn die Mutter z.B. raucht, Alkohol trinkt, oder Tabletten und Rauschgift einnimmt. Die Forschungen der pränatalen Psychologie bestätigen das, was auch die Lebensskripts zeigen: Das Grundgefühl dem Leben gegenüber (die emotionale Schlüsselposition) wird bereits wesentlich in der pränatalen Phase geprägt. Das Urvertrauen oder Urmisstrauen, die auch die religiöse Entwicklung und insbesondere das Gottesbild beeinflussen, hängen vor allem davon ab, ob das Kind von den Eltern eine klare Erlaubnis zum Leben erhält. „Gerade weil der Mensch im Mutterleib so ganz und total von negativen und destruktiven Ereignissen getroffen wird, wirken sich die frühen Störungen und Verletzungen so tiefgreifend aus. Es entstehen ‚Grundstörungen' (Balint), die darüber entscheiden, wie und ob das Kind überlebt" (Frielingsdorf 1996, 63). So wurde bei Menschen, die in einer Vergewaltigung gezeugt wurden, immer wieder festgestellt, dass das Thema Gewalt und Kampf auch ihr späteres Leben bestimmte.

## 3.2. Die Auseinandersetzung mit den Elternbotschaften über Gefühle als ein Weg zum lebensfördernden Umgang mit Aggressionen

Die Tatsache, daß die geistesgeschichtliche und insbesondere die christliche Tradition zu einer negativen Einschätzung von Gefühlen, Aggressionen und Beziehungen bis in unsere Zeit geführt hat, drückt sich auch in der Mehrzahl der Elternbotschaften aus, die 702 Frauen und Männer in ihren Lebensskripts auf die Frage nach Aggressionen und Beziehungen aufgeschrieben haben.
Die Fähigkeit, mit den eigenen aggressiven Lebensenergien gut umzugehen und mit ihnen Beziehungen zu gestalten, hängt wesentlich davon ab, wie die Betroffenen sich mit den Elternbotschaften der Kindheit auseinandergesetzt haben. Aktuelle Lebensstörungen und -behinderungen lassen sich ganzheitlich nicht nur im Hier und Jetzt lösen. Sie sind in einem größeren Lebenszusammenhang, möglichst im Ganzen der Lebens- und Glaubensgeschichte zu verstehen und wollen in der Wurzel „geheilt" werden. Dann können die lebenshindernden Energien sich in lebens- und beziehungsfördernde Kräfte wandeln. Das gilt auch für die übernommenen Botschaften über Gefühle, Aggressionen und Beziehungen aus der frühen Kindheit. Erst auf ihrem Hintergrund kann ich das, was an Aggressionen und Beziehungen in meinem Leben im Hier und Jetzt *ist*, in einen Gesamtzusammenhang bringen, aus dem ersichtlich wird, welche Schritte z.B. in einem Heilungsprozeß anstehen und gegebenenfalls zu gehen sind.
Das Ziel dieser Auseinandersetzung mit den Schlüsselbotschaften über Gefühle, Aggressionen und Beziehungen ist natürlich nicht das „Grübeln" und das schädliche „Wühlen in der Vergangenheit". Die Betroffenen sollen vielmehr die oft schmerzliche Vergangenheit wahrnehmen, um sie dann in das eigene Leben zu integrieren und sich mit ihr zu versöhnen.
In dem Maße, wie ich mit den lebenshindernden Elternbotschaften und den damit verbundenen Verletzungen in der Kindheit ausgesöhnt bin, vermag ich auch die lebensförderlichen Seiten der elterlichen Botschaften zu sehen. Nach kritischem Abwägen kann ich mich dann in Freiheit entscheiden, neue Schwerpunkte für das eigene Leben zu

setzen, eine Mischung aus Überkommenem und neu Erworbenem, die ich in meinen Lebensteppich hineinwebe.
Natürlich wird dadurch nicht ausgeschlossen, dass ich in Krisen und schwierigen Situationen in meine kindlichen Verhaltensmuster zurückfalle, „kopflos, aus dem Bauch heraus" reagiere und die damaligen Überlebensstrategien wie Sich-Anpassen, Bravsein oder In-Wut-Ausbrechen wiederhole. Je mehr ich aber meine „Fallen" kenne, desto schneller durchschaue ich das „Spiel" und kann mich dann neu entscheiden.
Die Möglichkeit, das eigene Leben neu zu gestalten, ist nicht nur im Traum, sondern auch in der Wirklichkeit immer gegeben, wenn ich es ernsthaft will und in die Tat umsetze. Kein Mensch ist seiner vergangenen Lebensgeschichte fatalistisch ausgeliefert, mag sie auch noch so furchtbar gewesen sein. Jeder und jede kann in gewissen Grenzen die eigene Gegenwart und Zukunft neu gestalten. Das gilt auch für den Umgang mit frühkindlichen Erfahrungen mit Gefühlen, Aggressionen und Beziehungen.

## 3.3. Elternbotschaften über Gefühle allgemein, Aggressionen und Beziehungen

### Einführung

Im Folgenden entnehme ich die Elternbotschaften über Gefühle, Aggressionen und Beziehungen den Antworten auf die Fragen des Lebensskripts (Frielingsdorf 1996, 109ff.) aus den Lebensgeschichten von 702 Frauen und Männern, die diese Fragen ausführlich beantwortet haben. Alle (691 Katholiken und 11 Protestanten) haben eine religiöse Sozialisation erlebt und ein mehr oder weniger intensives religiöses Leben geführt.
Die Lebensskripts wurden mit den 702 Beteiligten in Einzel- und/oder Gruppenarbeit mit verschiedenen Methoden bearbeitet. Dabei waren neben kreativen und imaginativen Übungen, Rollenspielen und Träumen vor allem das körperliche Gestalten und das Erarbeiten der Schlüsselposition und der Schlüsselworte bedeutsam.
Wir beschränken uns hier auf die Fragen des Lebensskripts nach den

*Elternbotschaften über Gefühle im Allgemeinen, über Aggressionen und über Beziehungen* in der frühen Kindheit. Neben den Antworten aus den Lebensskripts beziehe ich mich in meinen Aussagen auf Erfahrungen in Einzel- und Gruppenberatungen, in denen die Fragen nach der Emotionalität, nach Aggressionen und nach Nähe und Distanz in den eigenen Beziehungen im Mittelpunkt der aktuellen Probleme standen.

Bei der Arbeit mit dem Lebensskript werden zunächst die Elternbotschaften über Gefühle, Aggressionen und Beziehungen *wahrgenommen und aufgeschrieben,* um gerade auch die bisher unbewussten Botschaften ins Wort zu bringen. Die Bearbeitung auf der mentalen Ebene besteht darin, mündlich und schriftlich die Elternbotschaften zu verneinen, die für die Entfaltung und Gestaltung der lebens- und beziehungsstiftenden Dimension der Gefühle und Aggressionen hinderlich waren oder sie gar zerstörten. In gleicher Weise werden in einem ersten Schritt auch diejenigen Elternbotschaften verneint, die Beziehungen entwerten oder ablehnen.

In einem zweiten Schritt werden dann diese verneinten Botschaften in „positive" Botschaften umgeschrieben, die Erlaubnisse erteilen und Empfehlungen aussprechen, wie Gefühle, Aggressionen und Beziehungen lebensfördernd gelebt werden können.

Dieses Umschreiben ermöglicht eine Entscheidung, den bisherigen hinderlichen Botschaften gleichsam den Stachel zu ziehen und dem emotionalen Bereich im Lebensalltag eine größere Wertschätzung zu geben. Beispielsweise kann die lebenshindernde Elternbotschaft „Gefühle soll man unterdrücken und nicht nach außen zeigen" verneint und dann neu formuliert werden: „Ich will meine Gefühle nicht unterdrücken. Ich nehme sie wahr und zeige sie den Menschen, bei denen ich sie gut aufgehoben weiß. Ich entscheide, wem ich meine Gefühle zeige."

Oder die Elternbotschaft „Wer Gefühle zeigt, ist ein Schwächling und wird ausgenutzt" kann verneint und dann umgeschrieben werden in den Satz: „Meine Gefühle gehören zu mir. Wenn ich sie zeige, so ist das keine Schwäche. Im Gegenteil, in den Gefühlen wird auch meine Lebenskraft sichtbar."

Die Elternbotschaft „Aggressionen und Wut sind sündhaft, man muss sie unterdrücken" kann verneint und in den Leitsatz umgeschrieben

werden: „Aggressionen und Wut sind Regungen der menschlichen Lebensenergie und als solche zunächst ohne moralische oder religiöse Wertigkeit. Sie enthalten wichtige Botschaften für mein Leben. Deshalb nehme ich meine Wut und meine Aggressionen wahr, lasse sie zu und spüre ihrer Zielrichtung nach. Dann entscheide ich, wie ich sie der Situation angemessen ausdrücke."
Beim Umschreiben der Elternbotschaften ist es wichtig, darauf zu achten, dass die in jeder negativen Botschaft enthaltenen positiven Anteile aufgegriffen und dann in den eigenen Leitsätzen neu formuliert werden. Beispielsweise enthält die Botschaft „Gefühle soll man unterdrücken und nicht zeigen" den positiven Aspekt: „Man soll nicht jedes Gefühl gleich ausdrücken und auch nicht jedem zeigen."

**Elternbotschaften über Gefühle**

Wir haben schon darauf hingewiesen, dass in unserer Gesellschaft und Kultur Vernunft und Rationalität mehr als Gefühle zählen, die in den Privatbereich verbannt werden und angeblich Erfolg und Leistung behindern.
A. Miller spricht in diesem Zusammenhang von einer „schwarzen Pädagogik", deren erklärtes Erziehungsziel darin besteht, den Kindern den „Eigensinn", d.h. die eigenen Gefühle und die spontanen Initiativen als etwas Böses auszutreiben und Anpassung und absoluten Gehorsam den Eltern gegenüber einzufordern. In einer Erziehungsenzyklopädie von 1887 fand A. Miller folgendes Erziehungsziel: Jede Erziehung soll „von dem Kind so viel als möglich alle Einwirkungen fern halten, die mit der Erregung irgendeines Gefühles, eines wohl tuenden oder schmerzlichen, verbunden sind" (Miller 1980, 45ff.).
Die negative Einstellung zu Gefühlen wird auch in den *Antworten der Lebensskripts* deutlich. Auf die Frage im Lebensskript: „Welche Einstellung hatten Ihre Eltern zu Gefühlen? Welche Botschaften über Gefühle haben Sie von Ihrer Mutter/Ihrem Vater erhalten, was haben diese Ihnen vorgelebt?" gaben bis auf wenige Ausnahmen (8 Prozent) die Betroffenen mehr oder weniger negative Antworten. Viele beschreiben ihre Eltern als Menschen, die ihre „Pflicht erfüllen und die für Gefühle keine Zeit haben". Abwertende Worte und Gesten bestätigen die negative Einschätzung der Gefühlswelt: „Gefühlsduselei",

„emotionales Getue", „Gefühle sind etwas für weiche Schwächlinge und Weibersache"; „Gefühle kann man sich nicht leisten"; „Gefühle machen dich abhängig und schwach"; „Ich wurde ausgelacht, wenn ich geweint habe".

Besonders negativ wirkt sich die moralische Verurteilung der Gefühle allgemein und insbesondere von Wut, Hass etc. in den Elternbotschaften aus. Den Betroffenen wurde eingeschärft und zum Teil „eingeprügelt": „Du musst jedes Gefühl sofort unterdrücken, denn sonst sündigst du und kommst in die Hölle." So leiden religiös erzogene Menschen häufig unter schweren Schuldgefühlen, weil sie die Gefühle, vor allem die mit Wut, Hass, Zorn und Aggression verbundenen, nicht rechtzeitig verdrängen konnten. Hier handelt es sich eindeutig um *falsche Schuldgefühle.*

Grundsätzlich ist ein Gefühl, das in mir auftaucht und das ich wahrnehme zunächst *wertfrei*, d.h. weder gut noch schlecht in sich selbst. Erst die Folgen meiner Entscheidung, wie ich diese Gefühle einsetze und auslebe, können als gut oder schlecht angesehen und beurteilt werden, ob sie z.B. Leben und Beziehung fördern oder ob sie diese behindern oder schädigen. Um dann ein Gefühl, sei es Trauer, Wut, Freude oder Angst, in mein Leben einordnen und damit heilsam umgehen zu können, muss ich es *bewusst wahrnehmen, zulassen und prüfen, welche Richtung es hat und was es bewirken kann. Dann kann ich entscheiden. Das gilt auch für die unliebsamen Gefühle. Wenn ich sie einfach verdränge, entziehe ich mich auch meiner Verantwortung, konstruktiv mit Gefühlen umzugehen.*

Frau L., eine 44-jährige, alleinlebende Angestellte schildert ihren Vater als einen „unberechenbaren und jähzornigen Mann. Wenn er nach der Arbeit auf dem Bau getrunken hatte und nach Hause kam, packte uns alle die Angst. Er polterte herein, schrie uns an, attackierte die Mutter, die ihm kein Bier bringen wollte, bedrohte uns Kinder, schlug wahllos auf uns ein und zertrümmerte bisweilen das Geschirr. Regelmäßig verkrochen wir uns unter den Tisch oder flohen in das Kinderzimmer und schlossen uns ein. Oft ballerte er dann mit den Fäusten gegen die Tür und schrie: ‚Ich kriege euch schon. Dann schlage ich euch tot, ihr Satansbrut'. In solch einem betrunkenen Zustand hatte der Vater Frau L., als sie 14 Jahre alt war, einmal vergewaltigt. Als die

Mutter davon erfuhr, musste sie dem Vater in Anwesenheit der Mutter schwören, von diesem Missbrauch niemand zu erzählen, sonst würde er sie und die Familie umbringen.
Frau L. hatte diesen Missbrauch bis jetzt niemand mitgeteilt, und sie übertrug die negative Erfahrung mit dem Vater auf Männer überhaupt. Im Laufe der Jahre lernte sie drei Männer kennen, die ihre Freundschaft und Liebe suchten. Doch sie konnte keine körperliche Nähe ertragen und beendete regelmäßig die Beziehungen, wenn die Männer körperliche Nähe wünschten. Das machte ihr schwer zu schaffen. Sie litt sehr darunter, dass sie so ihr Leben an eigene Kinder nicht weitergeben konnte. Es dauerte einige Jahre, bis Frau L. diese existentielle Erfahrung bearbeiten konnte und langsam das Vertrauen fand, Schritt für Schritt Beziehungen aufzubauen und Nähe zuzulassen. Jedoch wagte sie es nicht, eine lebenslange Beziehung mit einem Menschen einzugehen, und lebte allein als Single.
Diesen „bleibenden Rest" führte Frau L. auch darauf zurück, dass sie quasi vom „Mutterschoß an" Gewalterfahrungen ausgesetzt war. Denn der Vater hatte schon lange vor ihrer Geburt die Wutanfälle und bedrohte seine Frau gerade in Zeiten der Schwangerschaft. So war Frau L. diesen lebens- und beziehungsschädigenden Angriffen des Vaters schon ausgesetzt, als sie sich noch nicht damit auseinandersetzen konnte und mit Angst und Verzweiflung reagierte. Dieses Reaktionsmuster prägten sich Frau L. so tief ein, dass sie es auch noch im Erwachsenenalter wiederholte.

### Elternbotschaften über Aggressionen

Neben der Schuld werden die Gefühle von Aggression und Wut am meisten verdrängt. Ein Grund liegt darin, dass wir in unserer alltäglichen Makro- und Mikrowelt Aggressionen fast ausschließlich in ihrer destruktiven Form von Gewalt und Zerstörung erleben.
Zu diesen die Gewalt propagierenden Zeittrends kommt in der christlichen Erziehung die moralische Abwertung der Aggressionen hinzu. Unter dieser Rücksicht wird das vierte Gebot „du sollst Vater und Mutter ehren" meist als Verbot für die Kinder verstanden, ihre vorhandene Wut und Ablehnung gegenüber den Eltern zu äußern oder sich mit ihnen auch nur auseinanderzusetzen.

*Entwicklungspsychologisch* gesehen sind diese Äußerungen von Gefühlen und Aggressionen notwendig, damit das Kind, z.B. im Trotzalter, sich und seine Lebensenergie in Abgrenzung von den Eltern wahrnehmen und seine Möglichkeiten ausprobieren kann, um auf diese Weise seine eigene Identität immer mehr zu finden.
Das weit verbreitete einseitige Verständnis des *vierten Gebotes* im Hinblick auf Aggressionen und Wutgefühle wird auch in den Elternbotschaften der Lebensskripts sichtbar. Ähnlich wie bei den Gefühlen allgemein sind die Verbote von Aggressionen und Wut gegen die Eltern in den meisten Elternbotschaften verbal oder nonverbal vorhanden. „Aggressionen darf man nicht zeigen"; Aggressionen zerstören die Familie"; „Aggressionen und Wut muss man unterdrücken, sonst begeht man eine Todsünde".
Mehr als 20 Prozent der Frauen und 8 Prozent der Männer berichten in ihren Lebensskripts, dass sie sexuell gewalttätige Aggressionen erfahren haben. Bei vielen gehörte die Prügelstrafe zur „christlichen Erziehung", mit der Trotz und Eigenwille aus dem Kind herausgeprügelt wurde.
Da die Betroffenen als Kleinkinder auf die Zuwendung und Sorge von Mutter und Vater angewiesen waren, mussten sie sich notwendigerweise fügen. Jeder Schmerzausdruck, jeder Wutausbruch und jede Auflehnung wurde sofort hart bestraft. Damit waren die Kinder den zerstörerischen Aggressionen der Eltern hilflos ausgeliefert.
Manche Kinder entflohen in eine Fantasiewelt, in der sie selbst als Riesenmenschen oder als „Supermen" die Eltern besiegten und sich an ihnen rächten. Oder sie beteten: „Gott bestrafe meine bösen Eltern." „Gott mache den Arm von Papa steif, damit er mich nicht mehr schlagen kann." Oder: „Gott mache Papa krank, damit er nachts nicht mehr zu mir kommen kann."
Bei solchen Erfahrungen von zerstörerischen Aggressionen und dem gleichzeitigen Verbot, die eigenen Aggressionen zu äußern, entstehen Schäden in der eigenen Lebensbewältigung und in der Beziehungsfähigkeit. Denn Aggressionen sind als Lebensenergien die Voraussetzung für eine gesunde Lebensgestaltung.

Herr X., ein 51-jähriger Lehrer, kam in seinem Beruf nicht mehr zurecht. Er wurde abgemahnt, weil er Schüler in einem Wutanfall geschlagen hatte. Vor Jahren fand schon einmal ein Disziplinarverfahren gegen ihn statt, weil er einen Schüler mit Fäusten traktiert hatte, der ihn tätlich angriff. Inzwischen war Herr X. seinen Lehrerberuf leid. Er fühlte sich antriebsschwach und kraftlos. „Ich habe eigentlich keine Lust mehr am Beruf und am Leben überhaupt. All das macht mich doch nur depressiv. Ich falle allen auf die Nerven und bin auch für meine Frau nur noch eine Last. Warum soll ich eigentlich noch weiterleben?" Wie sich herausstellte, hielten ihn nur religiöse Gründe davon ab, seinem Leben ein Ende zu machen.

Herr X. war als 5. Kind nicht erwünscht. Er wurde von den christlichen Eltern angenommen, „weil es auf einen mehr oder weniger nicht ankommt". Er musste sich sein Leben durch Bravsein und gute Leistungen verdienen. Als „Musterkind" wurde er überall vorgeführt. Dabei fühlte er sich gedemütigt, wenn die Eltern sein Verhalten und seine Leistungen überschwenglich lobten und die anderen darüber lachten. Innerlich spürte er dann Wut in sich hochkommen, die sich ab und zu in Tränen ergoss. Aber er musste seine Aggressionen immer wieder herunterschlucken und das Musterkind spielen, das nicht weinen darf. So wurde X. zu einem „armen Schlucker", der die Aggressionen entweder gegen sich selbst richtete, indem er sich regelmäßig selbst fertig machte; oder er ließ seine Wut als Klassenprimus an schwächeren Schülern aus. Damit machte er sich wiederum unbeliebt, wurde abgelehnt und fühlte sich als „Musterschüler" letztlich einsam. Die Wut und den Hass fraß er in sich hinein und wurde immer stiller. Doch wenn er etwas sagte, wurde er sarkastisch und ironisch zu den anderen. Er machte sie mit verletzenden Worten und spitzen Bemerkungen fertig oder er zeigte ihnen einfach durch seine überragenden Leistungen, wie schlecht sie waren.

In der Studienzeit litt Herr X. unter Depressionen und psychosomatischen Erkrankungen. Daher konnte er seine Promotion nicht beenden und vermochte dann auch nicht die ersehnte Hochschullaufbahn als Professor einzuschlagen. Schließlich wurde er nur ein „einfacher Lehrer".

Im Laufe der Beratung merkte Herr X., dass er immer noch voller Aggressionen war. Doch er wusste nicht, wie er mit ihnen konstruktiv umgehen sollte. Oft schlüpfte er in die Rolle seines Vaters, indem er andere unterdrückte und klein machte, ein Verhalten, das er im Innersten verabscheute, weil er die Auswirkungen als Kind selbst schmerzhaft erfahren hatte. Herr X. war entsetzt, als er erkannte, wie sehr er das Aggressionsverhalten seines Vaters gegenüber seinen Schülern imitierte und wie er seine angestaute Wut an ihnen stellvertretend ausgelassen hatte. Gleichzeitig hatte Herr X. die negativen und abwertenden Elternbotschaften über Aggressionen so sehr verinnerlicht, dass er die Wut und den Hass, die ursprünglich Mutter und Vater galten, nicht loslassen konnte. Er richtete schwerpunktmäßig seine Aggressionen gegen sich selbst. Gemessen an seinem „Idealbild des Musterkindes“ empfand sich Herr X. immer wieder als Versager und war allmählich selbst davon überzeugt: „Ich bin nicht lebens- und liebenswert und habe die Ablehnung und die Aggressionen der anderen verdient.“ Beim Bearbeiten seiner Aggressionsproblematik konnte Herr X. seine aggressiven Lebensantriebe wahrnehmen, ihre Botschaften hören und dann darüber entscheiden, sie zu gestalten. Er lernte sie positiver zu sehen und sie konstruktiv für sich und andere im Beruf und in seiner Familie einzusetzen. Schritt für Schritt verabschiedete er sich von seinem Idealbild „Musterkind“ und freundete sich dabei mit sich selbst und seinem „einfachen Lehrerberuf“ an.

In anderen Variationen des Themas „Späte Folgen von unterdrückten Aggressionen in der Kindheit“ rächen sich manche als Erwachsene an ihren Eltern, indem sie später unbewusst genau das tun, was die Eltern nicht wollen, was sie am meisten verletzt. Sie gehen z.B. homosexuelle Beziehungen ein, lassen sich scheiden, geben den Priesterberuf auf, treten einer extremen Sekte oder Partei bei, lassen die Eltern links liegen, schieben sie im Alter ab, lassen sie in der Krankheit oder im Sterben allein.

Im religiösen Bereich erziehen sie beispielsweise demonstrativ die Enkel nicht nach der Vorstellung ihrer Eltern, lassen die eigenen Kinder nicht taufen, heiraten nicht kirchlich, treten aus der Kirche aus.

„Womit könnten Sie Ihren Vater/Ihre Mutter am meisten verletzen, was würde diese zutiefst kränken, ihnen das Herz brechen?“ Wann würden sich Mutter/Vater „im Grabe herumdrehen?“ Menschen mit Aggressionsproblemen antworten auf diese Fragen häufig, dass sie gerade dabei sind, genau das in ihrem Leben auszuführen, was ihre Eltern am meisten trifft und verletzt. Jetzt erkennen sie, dass sie unbewußt gegenabhängig von den Eltern leben, und merken dann, dass gegenabhängig auch abhängig ist, nur mit umgekehrten Vorzeichen. Das bedeutet aber, dass sie weiter von den Eltern fremdbestimmt werden, obowhl sie glauben, frei entschieden zu haben.

### Elternbotschaften über Beziehungen

Der Mensch lebt von der Zeugung an in Beziehungen und ist vor allem in den ersten Lebensjahren auf die Beziehung zu den primären Bezugspersonen angewiesen. Im Unterschied zu seinen „tierischen Artgenossen“ braucht der Mensch viele Jahre, bis er selbstständig leben und Beziehungen partnerschaftlich gestalten kann.
Während bis zu Beginn des 20. Jahrhunderts das Beziehungsgefüge in den Familien– und Sozialstrukturen relativ überschaubar und zuverlässig war, leben wir nach der Auflösung dieser Strukturen in einer Zeit der *Beziehungskrise.* „Zu wem gehöre ich? An wen kann ich mich wenden? Auf wen kann ich mich verlassen?“ Diese existenziellen Fragen brauchen eine positive Antwort, die in der Erfahrung wurzelt. Doch heute bleiben diese Grundfragen des Vertrauens, der Beziehungs- und Bindungsfähigkeit oft unbeantwortet. Kinder wachsen immer häufiger ohne feste Bindungen an Vater und Mutter auf, weil die Eltern getrennt leben oder geschieden sind.
Allein-erziehende Mütter und Väter sind oft überlastet und können den fehlenden Vater oder die fehlende Mutter nicht ersetzen. Stiefeltern und Stiefgeschwister verunsichern eher, ebenso die so genannten Familien ohne Trauschein. Wächst ein Kind ohne Geschwister auf, so hat es keine Gelegenheit, in einem verläßlichen Verbund seine Kräfte zu messen, sich zu profilieren und unter „Gleichen“ abzugrenzen, Peerbeziehungen auszuprobieren und zu erlernen.
Kommen negative Elternbotschaften über Gefühle hinzu: „Unterdrücke deine Gefühle“ oder „zeige nur die Gefühle, die uns angenehm sind“, so besteht die Gefahr, dass die Verletzungen, die in der Unzuverlässigkeit und Unsicherheit für das Kind entstehen, nicht angemessen zum Ausdruck gebracht werden und heilen können. Das Kind erlebt sich dem Beziehungsgeflecht ohnmächtig ausgeliefert und reagiert, je nach Persönlichkeit mit Rückzug, Trotz, Wut oder Lähmung.

Da Beziehungen sich vor allem auf der emotionalen Ebene abspielen, sind in solchen Lebensgeschichten die Probleme mit Nähe und Distanz und mit Beziehungen vorprogrammiert. Einerseits besteht in diesem elementaren Lebensbereich der Gefühle infolge der Defizite in der Kindheit ein großes Bedürfnis nach Nähe und Geborgenheit. Anderseits offenbaren diese Lebensgeschichten ein ebenso großes Unvermögen, Nähe zuzulassen und intime Beziehungen einzugehen.

In den Lebensskripts bezeichneten knapp 20 Prozent der beteiligten Frauen und Männer die Beziehung ihrer Eltern als „gut und herzlich" und das Verhältnis von Nähe und Distanz als „stimmig". In den von ihnen körperlich dargestellten Familienskulpturen stand der Vater auf festen Füßen, seine linke Herzhand umfasste die Mutter um die Taille oder Hüfte, während der rechte Arm mit der Kopf- und Tätigkeitshand für den Beruf, die Kinder und andere Prioritäten frei war. Ähnlich wurde die Mutter dargestellt, stehend, beide Füße ausgerichtet auf das, was „vor ihr liegt". Sie legt den rechten Arm um die Hüfte oder die Schulter des Vaters und hat den linken Arm und die linke Hand frei. Beide sind offen und ihre Augen schauen auf ein gemeinsames Ziel. Durch die Geburt der Kinder rückten diese in den Blickpunkt der Eltern. Wichtig für die Beziehung war jetzt die innere Standfestigkeit der beiden und die Tragfähigkeit ihrer Beziehung. So konnten die Kinder mit in die Familie einbezogen werden und ihren je eigenen Platz bekommen.

Jetzt war bedeutsam, ob das Kind oder die Kinder willkommen waren und in die Familie mit einbezogen, oder ob sie als störend abgelehnt wurden. Dies entschied sich an dem Maß, wie die Beziehung zwischen den Eltern vertrauensvoll und offen blieb. Manche stellten als Idealfamilie einen geschlossenen Familienkreis dar. Sie bemerkten aber schon bald, dass diese Familienskulptur unrealistisch war, und dass sie dadurch in ihrer Entwicklung eingeengt würden.

Fast 80 Prozent der Beteiligten bezeichneten die Beziehung ihrer Eltern als „distanziert, kühl, gefühlskalt, als Pflicht- oder Vernunftehe, als Arbeitsgemeinschaft". Sie erlebten diese Beziehung als eine, die wenig Zärtlichkeit, Nähe, oder Intimität vermittelte. Dabei spielte oft eine Haltung der Leibfeindlichkeit und eine abwertende Einstellung zur Sexualität eine Rolle.

Herr T., ein 39-jähriger Ordenspriester, rekonstruierte seine Herkunftsfamilie in einer Skulptur. Die alles beherrschende Großmutter stellte er auf einem Stuhl stehend, direkt hinter dem Rücken seines Vaters dar. Herr T. sagte, sein Vater habe sich nie von seiner Mutter lösen können. Dies ließ Herr T. so darstellen, dass die Großmutter die rechte Hand auf den Kopf und die linke Hand auf die Schulter des Vaters legte. Herr T. bemerkte dazu: „So hat sie ihn von hinten ein Leben lang dirigiert."
Die Mutter sitzt auf einem Stuhl rechts vom Vater, der somit an ihrer Herzseite steht. Sie streckt, mit dem Blick rückwärts auf die Schwiegermutter gerichtet, ihre Herzhand nach ihrem Mann aus, ohne ihn zu erreichen. Mit der rechten Hand drückt sie ihren Sohn T. an sich, der auf ihrem Schoß sitzt, mit dem Rücken zur Mutter. Herr T. berichtete von der ambivalenten Beziehung zu seiner Mutter: „Für sie war ich nur Ersatz für den von seiner Mutter beherrschten Vater. Denn von dem konnte sie keine Zuwendung und Liebe erwarten. Bis heute ist mein Vater mit seiner Mutter verheiratet." Herr T. fühlte sich auf dem Schoß der Mutter missbraucht und benutzt. Er erlebte die Mutter als „hinterhältig": „Ich liebe dich, du bist mir sehr wichtig. Ich gebe dir vom Rücken her Wärme und Geborgenheit. Du ruhst an meiner Brust." Doch gleichzeitig streckte sie ihre Herzhand hinter dem Rücken von T. nach dem Vater aus. Als Herr T. diese Darstellung seiner Familie wahrnahm, erlebte er sich von seiner Mutter betrogen. Er war sehr enttäuscht und meinte: „Vielleicht bin ich in den Orden eingetreten, um nicht dasselbe Schicksal zu erleiden wie mein Vater, der letztlich von zwei Frauen beherrscht wurde." Denn meine Mutter hat ihm immer vorgeworfen: „Du bist nicht genug Mann, um eine Frau wirklich lieben zu können."
Ohne die Lösung aus der Symbiose mit den Eltern ist letztlich eine Selbstwerdung und eine gelungene Beziehungsgestaltung nicht möglich. Es besteht beim Versuch der Ablösung die Gefahr, neue Beziehungen zu schnell einzugehen und sie intim zu gestalten. Wenn der bewusste, innere Abschied von den Eltern nicht stattgefunden hat, der erst einen Neubeginn ermöglicht, entsteht z.B. bei einem fluchtartigen Auszug aus dem Elternhaus ein „Loch", eine Leere, die schnell mit einer neuen Beziehung gefüllt wird. Denn das Alleinsein und die Sehnsucht nach Nähe und Geborgenheit sind für Menschen, die in der „Eltern-

symbiose“ stecken geblieben sind, unerträglich. Gleichzeitig wünschen sie sich nichts sehnlicher, als sich von zu Hause zu trennen.

Frau M. fragt sich, warum keine ihrer Beziehungen von Dauer ist. Bei vier Männern hat sich das „gleiche Spiel“ wiederholt: Sie lernt einen Mann kennen, sie mag ihn und sie verstehen sich immer besser. Nach einigen Wochen wird die Beziehung intim und Frau M. freut sich auf eine dauerhafte Bindung. Doch plötzlich schlagen ihre Gefühle um. Vor allem in der sexuellen Begegnung verkrampft sie und fühlt sich vom Mann benutzt. Sie beendet die Beziehung und geht jedes Mal auf Distanz. Als wir die Vaterbeziehung von Frau M. näher anschauen, stellt sich heraus, dass sie der Liebling des Vaters war, der sie seine „Prinzessin“ nannte.
Dies stellt Frau M. so dar: M. sitzt als Kleinkind auf dem Schoß des Vaters, mit dem Rücken zu ihm. Der Vater schaut aber über M. hinweg auf ihre Schwester, seine eigentliche Lieblingstochter, die später Tänzerin wird. Dabei spürt M. die sexuelle Erregung des Vaters.
Heute erkennt Frau M., dass der Vater sich bei ihr die fehlende Nähe und Wärme geholt hat, die er bei ihrer tüchtigen, gefühlskalten Mutter nicht erhielt. Weiter sieht sie, dass der Vater sie für sich selbst benutzt hat und sie nicht um ihrer selbst willen liebte, obwohl sie auf dem Schoß seinem Herzen nahe war. Aber es fehlte der für eine liebende Beziehung so wichtige Blickkontakt, der diese Täuschung entlarvt hätte. Denn die Augen des Vaters gingen über sie hinweg zur Schwester. Frau M. glaubte damals „blind“, wie sie sagte, auf Grund der Berührung und Wärme, die der Vater ihr gab, dass er sie wirklich liebte und sie persönlich meinte.
Auf Grund dieser ambivalenten Vaterbeziehung entwickelte Frau M. eine zwiespältige Beziehung zu Männern. Einerseits meinte sie in der Berührung wirklich gemeint und geliebt zu sein. Und gleichzeitig spürte sie einen Betrug: Nein, sie konnte nicht gemeint sein. In der Reflexion fiel ihr auf, dass sie diese Ambivalenz auch schon als Kind gespürt hatte. Ja, sie erinnerte sich deutlich an das Gefühl, vom Vater betrogen worden zu sein. Frau M. übertrug dieses Urmisstrauen unbewusst auf ihre Beziehungen zu Männern überhaupt. Sie vermutete weiter, dass sie sich durch das Verlassen der Männer an ihrem Vater rächen wollte.

Hinzu kam, dass Frau M. in ihrer Mutter, einer tüchtigen, kalten und gefühlsarmen Frau, kein gutes Leitbild für ein gelungenes Frausein hatte, auch nicht für die Beziehung von Frauen zu Männern.

Angesichts der heutigen, vielfältigen Bindungsprobleme und *Beziehungsstörungen ist es notwendig, sich mit den in der Familie gelernten Beziehungsmustern bewusst auseinanderzusetzen.* In dem Maße, wie ich meine Probleme und Störungen in den Beziehungen erkannt und bearbeitet habe, kann ich entscheiden, was ich in meinen jetzigen Beziehungsalltag – ergänzend zur Beziehung von Vater und Mutter – übernehmen oder neu hinzufügen will. Anschließend ist es möglich, neue Akzente in den eigenen Beziehungen zu setzen und in *kleinen Schritten* vorsichtig umzusetzen.

## 3.4. Einige Folgen der negativen Elternbotschaften über Aggressionen und Beziehungen

Die überwiegend negative Einstellung zu Aggressionen in der christlichen Erziehung und im gesellschaftlichen Umfeld wirkt sich sowohl im Leben der Einzelnen als auch allgemein im religiösen Bereich aus. Ein geordneter und konstruktiver Umgang mit aggressiven Gefühlen wird dadurch erheblich erschwert.
Eine weit verbreitete Lösung für das Aggressionsproblem sehen manche darin, Aggressionen zu verleugnen oder zu unterdrücken.
Das Unterdrücken der eigenen Aggressionen findet sich – wie einige empirische Untersuchungen zeigen – besonders bei TheologInnen, die in der Mehrzahl ein aggressiv-forsches Verhalten ablehnen und einen friedvollen und nachsichtigen Umgangsstil bevorzugen (Baumgartner 1982, 242f; Klessmann 1980, 100ff.).
Offensichtlich erwarten auch die christlichen Kirchenmitglieder ein eher friedfertiges und sanftmütiges Verhalten von ihren PfarrerInnen. In den Beschreibungen eines idealen Pfarrers stehen an erster Stelle: „Liebe, Freude, Friede, Freundlichkeit, Treue, Sanftmut und Selbstkontrolle" (Brekke, 193). Dieses sozial verträgliche Persönlichkeitsprofil bringt im Pfarramt offensichtlich mehr Anerkennung und Bestätigung als kritisches Hinterfragen und eine konstruktive Konfrontation.

Auf Grund der negativen Einschätzung von Aggression und Wut in der westlichen Gesellschaft und hier besonders in den Kirchen, müssen also diese „schlechten Gefühle“ möglichst unterdrückt und vermieden werden. Das geschieht vor allem durch Abwehrmechanismen, mit deren Hilfe aggressive Impulse so modifiziert werden, dass die durch sie ausgelöste Angst erträglich wird oder ganz vergeht.

Wir wollen hier kurz auf die im Zusammenhang von Aggression und Beziehung am *meisten vorkommenden Abwehrmechanismen* eingehen.

Sehr verbreitet ist die Wendung gegen das eigene Selbst, ein *autoaggressives* Verhalten, in dem die aufkommenden Aggressionen nicht gegen andere, sondern gegen sich selbst gerichtet werden. Aus dieser autoaggressiven Haltung entstehen häufig psychosomatische Erkrankungen wie Migräne, depressive Verstimmungen, Antriebsschwäche, Kreislaufschwäche, Herzbeschwerden (Overbeck, 48).

Die in den unterschiedlichen Süchten auftauchende Abhängigkeit kann auch aus den gegen sich selbst gerichteten Aggressionen entstehen, z.B. Alkoholismus, Tablettenabhängigkeit, Bulemie, Magersucht, Workaholismus.

In dem Abwehrmechanismus der *Verkehrung ins Gegenteil* wird das aggressive Potenzial in ein gegenteiliges Verhalten umgewandelt. So ist z.B. die innerlich wütende Ordensschwester nach außen hin auffallend freundlich und zuvorkommend. Sie übernimmt Arbeiten, die sonst niemand machen will. Auf diese Weise erhält sie kurzfristig Anerkennung und Zuwendung. In Wahrheit ist sie ärgerlich und sauer, weil ihr niemand hilft, und dass ihr Beispiel niemanden ermutigt, ähnlich wie sie zuzupacken.

Menschen mit diesem Abwehrmechanismus sind meist fremdbestimmt und nachgiebig. Es fällt ihnen schwer, sich abzugrenzen, andere zu konfrontieren oder Kritik zu äußern. Sie beziehen kaum klare Positionen und vermögen nur schwer nein zu sagen.

Beim *Verdrängen* werden die vorhandenen Aggressionen nicht wahrgenommen. Es ist die altbekannte Vogel-Strauß-Politik, der den Kopf in den Sand steckt und so nichts wahrnimmt. Das beste Beispiel für diese Verdrängungskunst sind die Menschen, die sich entweder nicht an ihre Kindheit erinnern oder die trotz vieler Verletzungen in den ersten Lebensjahren von einer „glücklichen Kindheit“ sprechen.

In der *Projektion* werden die eigenen, als gefährlich und unerlaubt eingestuften Aggressionen abgespalten und in einem anderen Menschen wieder entdeckt. Die Projektion arbeitet nach dem Motto: „Nicht ich bin wütend und aggressiv, sondern die andere Person ist wütend auf mich. Ich bin das Ziel ihrer Aggressionen und muss mich in acht nehmen. Deshalb habe ich das Recht, mich gegen diese unangemessenen Aggressionen zu wehren und sie zu bekämpfen." Auf diese Weise können Feindbilder aufgebaut und den anderen schlechte Absichten unterstellt werden.

Der Projektion verwandt ist die *Verschiebung*. Hier werden die als gefährlich erlebten Aggressionen gegenüber einer konkreten Person aus Angst auf andere Personen oder Gruppen übertragen, die als schwächer und weniger gefährlich erlebt werden. So lässt ein Abteilungsleiter die Wut gegen seinen Chef an seinen Untergebenen aus. Ein Lehrer liegt mit seinem Direktor im Klinch, wagt ihm seine Meinung aber nicht zu sagen. Im Deutschunterricht reagiert er sich ab und antwortet ärgerlich und schroff auf die Fragen der Schüler, die sich seine schlechte Laune nicht erklären können.

Nicht selten werden Aggressionen, die eigentlich dem schwachen Vater oder der depressiven Mutter gelten, mit denen man sich wegen ihrer Schwäche nur schwer auseinandersetzen kann, *auf Gott übertragen*. Allerdings werden umgekehrt auch Gefühle von Wut und Hass, die sich gegen Gott richten, die man sich aber aus Angst vor Strafe nicht gestattet, gegen Menschen oder gegen sich selbst gerichtet.

*Zusammenfassend* lässt sich sagen: Es gibt vielfältige Formen, um die Äußerung von Aggressionen und Wut zu verhindern, indem man sie unterdrückt, abspaltet, vermeidet oder verbrämt. Dadurch werden die Kommunikation und die Beziehungen empfindlich gestört. Denn einerseits sind die aggressiven Gefühle da und wirken untergründig, was die Umgebung unterschwellig spürt. Anderseits werden die Aggressionen nicht transparent gemacht und klar ausgedrückt, sondern verleugnet und verneint. Das führt zu Unklarheiten und Störungen, die bis zum Abbruch von Kommunikation und Beziehung führen können.

# 4. Zum konstruktiven und destruktiven Umgang mit Aggressionen und Beziehungen

Der Mensch ist als Beziehungswesen von Beginn seines Lebens an in die existenziellen Spannungen von Bindung und Trennung, von Nähe und Distanz gestellt, die sich in Rhythmen wiederholen. Einerseits ist er auf mitmenschliche Beziehungen angewiesen, in denen er die lebensnotwendige Zuwendung, Nähe und Geborgenheit findet. Anderseits geschieht Persönlichkeitsentwicklung gerade dann, wenn sich der Mensch insbesondere aus den Beziehungen zu den primären Bezugspersonen löst, sich abgrenzt und so seinen eigenen Selbststand gewinnt und in einer gesunden Unabhängigkeit die Beziehungen neu leben kann.

Für diesen Schritt der Trennung in die Selbstwerdung benötigt das Kind bereits in den ersten Lebensjahren sehr viel aggressive Lebensenergie, um seine Umwelt selbstständig zu erkunden und Neues zu entdecken und um sicher zu stellen, dass es sich „lohnt", von dem alt Vertrauten Abschied zu nehmen und sich auf das Neue einzulassen. Dafür braucht das Kind in seiner Unsicherheit viel Kraft und Mut. Denn auf die Nähe und Geborgenheit bei der Mutter mehr und mehr zu verzichten und die ersten eigenen Schritte – auch auf neue Beziehungen hin – zu wagen, ist ein Prozess des Loslassens, damit Neues entstehen kann.

In diesem Kapitel beschäftigen wir uns mit der Frage, wie wir Aggressionen und Beziehungen lebens- und beziehungsfördernd oder -hindernd gestalten. Im Einzelnen geht es dabei um:

1. Aggressionen und die Beziehung zu mir selbst;
2. Aggressionen und die Beziehung zu den anderen Menschen;
3. Aggressionen und die Beziehung zur Umwelt;
4. Aggressionen und die Beziehung zu Gott.

## 4.1. Aggressionen stiften Beziehung zu mir selbst

### Einführung

Um einen lebensfördernden Weg im Umgang mit Aggressionen in der Beziehung zu uns selbst zu finden, können wir zunächst drei Weisen unterscheiden, wie wir eine Beziehung zu uns selbst aufnehmen können:

1. Wir wenden uns der eigenen Lebensgeschichte zu und entdecken aus der Perspektive von heute, welche Einflüsse und Geschehnisse vor allem in der Kindheit unser Leben geprägt haben. Es sind lebens- und beziehungsfördernde Erfahrungen und ebenso solche, die uns tief verletzt haben und unbewußt unser Leben bis heute beeinflussen und behindern. Erwachsen werden heißt, zu meinen Wurzeln zurückzugehen und „zu ihnen in eine kritisch-autonome Beziehung eintreten zu können", damit sie nicht unsichtbar hinter meinem Rücken mein Leben steuern (Esser, 254).

2. Wenn ich mich mit den Einflüssen meiner Vergangenheit auseinandergesetzt habe und meine Elternbotschaften besser kenne, die mein Leben geprägt haben und noch prägen, folgt die Annahme und Versöhnung mit meiner Lebensgeschichte. Dies ermöglicht mir, einen nächsten Schritt in der Beziehung zu mir selbst zu gehen und mein Handeln und Verhalten mehr selbst zu bestimmen. Ich kann entscheiden, was ich von dem Erlernten übernehmen, was ich ergänzen oder wo ich neue Akzente setzen will. So verwirkliche ich immer mehr mein eigenes Ich und komme tiefer in Berührung mit der Einzigartigkeit meiner Person, die nur als selbstbestimmtes Ich die Andersartigkeit im Du wertschätzen kann. Doch dies ist wechselwirksam, denn nur in Beziehung zu anderen Menschen, zu Gott und zur Welt kann meine Selbstwerdung geschehen.

3. Die dritte Weise, mit mir selbst in Beziehung zu treten, ist die Beziehungsdimension, in der ich mit Gott in Verbindung komme und dadurch neu eine Beziehung zu mir gewinnen kann. Diese Beziehung zu Gott hat sowohl eine immanente als auch eine transzendente Dimension. Davon ausgehend, dass Gott in mir lebt, gewinne ich in der Beziehung zu mir einen neuen Zugang zu allem, was mich ausmacht, da Gott darin lebt. Und in der transzendenten Beziehungsdimension zu

Gott kann ich mich selbst in einem größeren Zusammenhang erkennen, der mir Weite gibt, manches relativiert und in eine neue Perspektive heben kann (Esser, 257; Willi 1985, 23).

### Die aggressive Auseinandersetzung mit der eigenen Vergangenheit

Der erste Schritt, mich in Beziehung zu mir selbst zu setzen, besteht darin, dass ich mich meinem vergangenen Leben zuwende und es wahrnehme. Das Bewusstmachen und Wahrnehmen der im Unbewußten verborgenen Erfahrungen meines frühen Lebens sind ein wichtiger Teil der *Selbsterkenntnis* und damit der Selbstwerdung. Die auf einem griechischen Tempel eingravierte Inschrift „Erkenne dich selbst!" hat das abendländische Denken bis heute beeinflußt. In volkstümlicher Sprache heißt es: „Selbsterkenntnis ist der erste Schritt zur Besserung." In der Geschichte der Spiritualität spiegelt sich die Selbsterkenntis u.a. in der täglichen „Gewissenserforschung", dem Gebet der liebenden Aufmerksamkeit, die ebenso wie die „Correctio fraterna" (brüderlich-liebevolle Zurechtweisung) dazu dient, die Selbstwahrnehmung und Selbsterkenntnis zu schulen. Allerdings ist im Laufe der Geschichte die Selbsterkenntnis einseitig intellektualistisch verfälscht worden. Wir verstehen hier Selbsterkenntnis im biblischen Sinne *ganzheitlich*, d.h. neben dem Intellekt werden auch die emotionale und leibliche Dimension des Menschen mit einbezogen.

Weiter ist zu beachten, dass Selbstwahrnehmung und Selbsterkenntnis nicht nur eine *individuelle* Nabelschau sind, bei der der Einzelne sich gleichsam in sich hinein versenkt und die Umwelt außer acht lässt. Selbstwahrnehmung ist auch ein *soziales* Geschehen, denn zur Identität gehört sowohl meine eigene Sicht, für wen ich mich halte, als auch die Sichtweise der anderen, für wen sie mich halten. Erst wenn wir auf eine von uns unabhängige Erkenntnisquelle zurückgreifen und die Wahrnehmung, die andere von uns haben, mit einbeziehen, „verringern wir die Gefahr, unseren blinden Flecken zum Opfer zu fallen". Es ist oft sehr mühsam, „jene beiden Bilder zur Deckung zu bringen, die von uns im Umlauf sind: Nämlich dasjenige, das wir selbst von uns haben, und dasjenige, das die anderen von uns haben" (Stadter 1992, 275). Deshalb sind die Reaktion und gezielte Rückmeldung unserer Umwelt im Prozess der Selbsterkenntnis von großer Bedeutung.

Das Anschauen der eigenen Lebensgeschichte und die Auseinandersetzung mit ihr ist ein lohnender aber oft auch schmerzlicher Weg, der viel Kraft kostet. Ein chinesisches Sprichwort sagt: „Der Weg zur Quelle führt gegen den Strom."

So kommt es, dass viele Menschen zögern oder sich *weigern,* auf diese Weise in Beziehung zu sich selbst zu treten. Vielleicht haben sie Angst vor dem, was sie in den dunklen Kellerräumen ihres Lebenshauses Schreckliches entdecken könnten; oder sie wollen die Erinnerung an die schmerzlichen Erfahrungen der Kindheit vermeiden. Sie haben häufig ein festgefügtes Bild von sich selbst, an dem sie mit aller Kraft festhalten. Solche Menschen erzählen, dass sie eine normale und glückliche Kindheit hatten; dass sie halt von ihrer Zeit geprägt sind wie jeder andere; dass sie ihren Alltag recht und schlecht leben, wie es üblich ist in dieser Welt. Alles ist bekannt. Alles ist bereits gesagt, was zu sagen ist. Es gibt nichts Neues mehr zu entdecken und Veränderung, nein das wollen sie nicht. Alles ist gut, wie es jetzt ist. So bleiben sie da stehen, wo sie in ihrem Entwicklungsprozess jetzt sind. Statt Wachstum wählen sie die Stagnation und oft schleicht sich auch Resignation ein.

Letztlich kommt das Verhalten solcher Menschen einer *Selbstbespiegelung* gleich: Auch wenn sie immer wieder in den Spiegel schauen, sie entdecken wie Narziss nur ihr Selbstbild. Sie haben keinen Kontakt zur lebendigen Wirklichkeit, auch nicht in ihren Beziehungen zur Umwelt. In ihrer Selbstschau nehmen sie nichts anderes mehr wahr als sich selbst, oft aus Angst, dass dieses andere, das Fremde sie verändern und damit das Selbstbild zerstören könnte. Fixiert auf ihr Spiegelbild und sich selbst, verwenden sie ihre aggressive Lebensenergie darauf, diesen Status quo zu erhalten und keine Veränderung zuzulassen. Dabei verhindern sie, ihr Selbst zu entwickeln und als eigenständiges Ich, das sich bis ans Lebensende Wachstums- und Veränderungsprozessen aussetzt, in Beziehung zum Du zu treten.

Häufig ist dieses starre Selbstbild geprägt von „Vor-Bildern". Ohne es zu merken, übernehmen die Betroffenen die Lebenskonzepte ihrer Eltern. Sie identifizieren sich mit den Rollen und Funktionen, die die Eltern in der Gesellschaft übernommen haben, weil diese eben zum „Erwachsenenstatus" gehören. So sehr diese Menschen nach ihrem Selbst suchen und immer wieder in den Spiegel schauen, sie

vermögen sich in ihrer Tiefe nicht selbst zu erfahren. Sie können auch wenig von sich selbst mitteilen, weil sie an der Oberfläche bleiben und bisher nicht zu ihrem inneren Kern vorgestoßen sind. Einsamkeit und Isolation sind die Folge, die oft durch Geschäftigkeit und erfolgreiches Funktionieren überdeckt werden. Das vorhandene Aggressionspotenzial, das zur Auseinandersetzung und zu Konflikten führt, richten diese Menschen häufig destruktiv gegen sich selbst oder gegen ihre Mitmenschen, die sie „verteufeln" und für ihr persönliches Missgeschick verantwortlich machen.
Neben der lebens- und beziehungshindernden Seite des Narzissmus, in dem der Mensch letztlich nicht die Verantwortung für sein Leben übernimmt, weisen neuere Konzepte (Kohut) auch auf die positiven Aspekte des Narzissmus hin. Sie richten ihre Aufmerksamkeit vor allem auf die „Fähigkeit eines Menschen, mit sich allein sein zu können, durch seine Fantasie schöpferische Alternativen zur bestehenden Welt der Objekte zu entwerfen, die Grenzen zwischen Objekt und Subjekt durch Einfühlung zu verflüssigen und mit Weisheit und Humor die Begrenztheit des eigenen Lebens ins Auge zu fassen" (Scharfenberg 1975, 760).
Viele Menschen, die ihr Lebensskript durchgearbeitet haben, sind *bewusst und in kleinen Schritten diesen Weg zu sich selbst* gegangen. Sie waren meist überrascht, in welchem Ausmaß die Elternbotschaften und Schlüsselerfahrungen der Kindheit ihr aktuelles Leben noch unbewusst beeinflussten. Das eine fest gefügte Bild, das sie bisher von sich hatten, wurde bei näherem Hinschauen auf die ersten Lebensjahre durch viele neue Erkenntnisse erweitert und ergänzt.

Der prägende Einfluss der ersten Lebensjahre macht sich vor allem in den so genannten *Schlüsselpositionen (d.h. den in der Kindheit eingeprägten Grundgefühlen dem Leben gegenüber) und in den Überlebensstrategien* bemerkbar. In Stresssituationen, in Krisen und in Zeiten der Überforderung, in denen meist ohne viel zu überlegen „kopflos" gehandelt wird, stellen sich diese negativen Grundgefühle der Kinderjahre wieder ein. Dies geschieht ohne Anknüpfung an die reale Situation, ohne Verbindung zu neu erworbenen Fähigkeiten und inzwischen gewachsenen körperlichen, emotionalen und mentalen Kräften. Wenn wir uns die aktuelle Wirklichkeit klar machen, dann stellen wir fest, dass hier eine Übertragung vorliegt und die aktuellen, Angst auslösenden Situationen bei weitem nicht so bedrohlich sind, wie wir sie in der Kindheit erlebt haben. Nach dem Bewusstmachen der bisher unbekannten kindlichen Lebensmuster, kann man die emotionalen Fallen als Erwachsener früher erkennen und das in der Gegenwart auftretende regressive Grundgefühl der Kindheit an der Wirklichkeit überprüfen. Auf diese Weise gelingt es, die aktuellen Krisensituationen realistischer einzuschätzen und die aufkommenden Angstgefühle besser zu meistern.

Und doch gehen wir häufig, ohne es zu bemerken, emotional in die Schlüsselposition der Kindheit zurück und fühlen uns „weggetreten", „wertlos", „unnütz", „übersehen", „betrogen", „unterdrückt", „nichtgewollt", „abgeschoben", „überflüssig", „kleingemacht" etc. Nicht zuletzt aus diesem Grunde werden in dem Prozess der Bearbeitung der Lebensgeschichte auch die so genannten *positiven* Schlüsselworte bewusst gemacht, die die Richtung des Wachstumsprozesses hin zum Ganz- und Heilsein, zur Lebens- und Beziehungsfähigkeit anzeigen. Dem negativen „wertlos" entspricht beispielsweise das positive Schlüsselwort „wertvoll" oder „kostbar". Es zeigt das Ziel der Persönlichkeitsentwicklung an, sich selbst als wertvoll und kostbar zu betrachten und aus diesem gesunden Selbstbewusstsein heraus mehr und mehr die Lebenskraft zu beziehen und daraus zu handeln. Dabei kann die Rückbesinnung auf die Verheißungen von Leben und Liebe, die Gott mir in der Taufe unverwechselbar auf meinen Eigen-Namen gegeben hat, hilfreich sein.

Esser weist in diesem Zusammenhang auf einen Widerspruch in unserer Gesellschaft hin, „wenn viele Menschen von sich behaupten, es gehe ihnen gut und sie seien zufrieden, anderseits aber von einer hektischen Lebensgier getrieben werden, auf deren Grund ein Gefühl der inneren Leere und Unzufriedenheit schwelt. Der angebliche ‚Wohl-stand' geht parallel einher mit einem sich rapide verschlechternden inneren Wohl der Menschen in unserer Gesellschaft. Wir können dem Leben zwar immer mehr Jahre hinzufügen auf Grund unserer wirtschaftlichen und medizinischen Versorgungslage, aber den Jahren mehr Leben geben, daran mangelt es uns..." (Esser, 229).

## Lebensbedingungen, die Aggressionen fehlleiten

Oft sind die Bedingungen, unter denen wir als Erwachsene leben, dieselben Bedingungen, unter denen uns in den ersten Lebensjahren die Erlaubnis zum Leben gegeben wurde.
In den Lebensskripts tauchen am häufigsten *drei Lebens-Bedingungen* aus der Kindheit auf, die aggressive Lebenskräfte lähmen und binden.

1. Die erste Lebensbedingung, die aggressive Lebensenergien lähmt, lautet: *„Du darfst leben, wenn du dich anpasst und fügst."* Kinder mit einer solchen Elternbotschaft stammen meist aus Familien, wo Vater und Mutter zu wenig Zeit für ihre Kinder hatten. Diese wurden still gehalten, d.h. sie mussten „ruhig" sein, durften nicht toben, laut lachen oder schreien. Sie bekamen Lob und Anerkennung, wenn sie die Erwachsenen nicht störten, keine Schwierigkeiten machten, wenn sie nicht aufmuckten und sich schweigend in ihr Schicksal fügten. Der Eigenwille und der Trotz wurden oft schon früh aus dem Kind „herausgeprügelt", denn so lautete eine weitere Botschaft und christlich genannte Verhaltensregel: „Seinen Eltern widerspricht man nicht." Nach dem Motto „ein braves Kind gehorcht geschwind" wurden im Kind die Selbsterprobung der eigenen Kräfte und die Eigeninitiativen erstickt und jeder Ungehorsam gegen den „Ruhe- und Stillhalte-Kodex" bestraft. Dies führte beim Kind zu Schuldgefühlen, wenn immer es sich anders verhielt und seinen aggressiven Kräften Ausdruck verlieh. Die wiederkehrenden Schuldgefühle und Bestrafungen bei Fehlverhalten machten das Kind gefügig. Es entwickelte entsprechende Überlebensstrategien, mit denen es die notwendige Zuwendung und Anerkennung der Eltern zu erlangen suchte. Das Kind musste lernen, seine aggressiven Kräfte so zu tarnen, abzuspalten oder zu unterdrücken, dass sie nicht nach außen sichtbar wurden. So versteckte das „liebe Kind" die vorhandene Wut hinter einem Lächeln und einem wohlerzogenen Verhalten. Den Ärger musste es gezwungenermaßen herunterschlucken, weil ja die Eltern mit Strafe und Liebesentzug drohten.

Da das Kind die vorhandenen Aggressionen nicht äußern durfte, richtete es sie notwendigerweise gegen sich selbst, was auf Dauer zerstörerisch wirkt, da die Energien keinen Raum mehr finden, wo sie

„auslaufen" können. So verschaffen sie sich selber Raum im Innern des Menschen, in Leib, Geist und Seele, z.B. in psychosomatischen Erkrankungen, in Lebensunlust, mangelhaften Leistungen, Depressionen und fehlender aggressiver Antriebskraft, die Initiative ergreift und Beziehung stiftet.

Viele setzen dieses angepasste Verhalten später in der Schule, im Beruf, in der Ehe oder im Kloster fort, indem sie fälschlicherweise ihr fremdbestimmtes Verhalten für Gehorsam und ihre mangelnde Initiative und Eigenverantwortung für Rücksichtnahme auf die anderen oder gar für Demut halten.

Menschen, die ihr Leben mit Bravsein und Anpassung „erkauft" haben, schlüpfen als Erwachsene (nach dem Allmacht-Ohnmacht-Prinzip) gegenüber Schwächeren und Untergebenen oft in die dominierende Elternrolle, nach dem Motto: „Wenn du Macht hast, mach dir die anderen gefügig und halte sie klein." Es ist das Lebensprinzip des „Radfahrers": „Nach oben buckeln und nach unten treten." Meist finden sich beide Verhaltensweisen in einer Person. Erst beide zusammen „sichern" ein Überleben, das immer einen Ausgleich im System sucht.

In der *Lebensmitte* kommt es dann oft zu einer Krise, wenn sich jahrzehntelang angestaute Aggressionen Luft machen. Allerdings ist dieser aggressive Ausbruch aus dem bisherigen angepassten Leben zunächst meist *gegenabhängig* d.h. eine Reaktion auf eine Erfahrung, die als Wiederholung früherer Unterdrückungsmechanismen erlebt wird. Als solche wirkt sie in der Regel auch zerstörerisch auf die Beziehungen, da diese Reaktionen unangemessen sind für die Person und ihre reale Umwelt. In diesem gegenabhängigen Aggressionsausbruch machen die Betroffenen aus einer Rebellion heraus genau das Gegenteil von dem, was ihnen die Eltern verboten haben. Sie sind es leid, sich immer den Verboten zu unterwerfen und wollen „es ihnen mal zeigen". Mit dieser Reaktion wollen sie nicht zuletzt die Eltern kränken und bestrafen. Gierig nach „echtem Leben" versuchen sie sich von den alten Fesseln zu befreien und sich auszuleben, d.h. die aggressiven Lebensenergien endlich ausdrücken, so wie es ihnen entspricht. Nach einer Weile allerdings entdecken sie meist schmerzlich, dass sie so nicht das ersehnte Wunsch-Leben ihrer Kindheit finden, nämlich: um ihrer selbst willen geliebt zu werden. Viele scheitern in dieser Aus-

bruchphase an den äußeren Umständen: Probleme im Beruf, mit Institutionen, mit Geld und in den Beziehungen. Andere geraten in noch gefährlichere Abhängigkeiten. Das Ende dieses aggressiven Ausbruchversuchs ist vorprogrammiert: Diese Menschen landen meist in alten Überlebensmustern, weil sie das vergangene Leben nicht bewusst aufgearbeitet und daraus keine eigenen Lebensmöglichkeiten entwickelt haben. So konnten sie nicht lernen, *eigenständig* zu leben.
Die fremdbestimmte Lebensweise der *Anpassung* lässt wenig freie Entfaltung und Selbstständigkeit zu. In ihr werden „Duckmäuser" herangezogen, die als Jasager kein eigenes Persönlichkeitsprofil entwickeln. Das gilt auch für den religiösen Lebensbereich, wo die unbewussten Gottesbilder oft von den dominierenden und distanzierten Eltern her geprägt sind.

2. Eine zweite, in den Lebensskripts oft genannte, behindernde Lebensbedingung lautet: *„Du darfst nur leben, wenn du deine Gefühle unterdrückst."* Die Diskrepanz zwischen Verstand und Gefühl, zwischen Kopf und Herz wirkt sich besonders nachteilig für den angemessenen und konstruktiven Umgang mit Aggressionen aus. Denn Wut und Aggressionen dürfen – als Gefühle – nach dieser Elternbotschaft gar nicht hochkommen.
Wir haben bereits im 3. Kapitel darauf hingewiesen, wie lebensbehindernd diese negative Elternbotschaft ist, weil das Kind in den ersten Lebensjahren fast ausschließlich über seine Gefühle zu leben lernt. Seine Wahrnehmung ist: Ich habe nicht Gefühle, ich bin mein Gefühl. Wenn das Kind lernt, dass es seine Gefühle, d.h. auch seine Aggressionen unterdrücken muss, damit es überleben kann, dann setzt es seine Lebensenergien ein, um seine Gefühle unter Kontrolle zu halten und sie einzufrieren. Diese Überlebensstrategie beschneidet oder verhindert gar das Erlernen und Einüben von Beziehungen, d.h. die eigene aggressive Lebenskraft wird nicht beziehungsstiftend für sich selbst und andere eingesetzt.

3. Eine dritte störende Lebensbedingung, die von etwa zwei Drittel der Beteiligten genannt wurde, ist in der Elternbotschaft ausgedrückt: *„Du darfst nur leben, wenn du Leistung und Erfolg hast."* Im Gegensatz zu den ersten beiden Elternbotschaften werden hier die Aggressionen

nicht unterdrückt, sondern freigesetzt in Lebensenergien, die auf Leistung und Erfolg ausgerichtet sind. Leistung und Erfolg werden dem Ich und dem Selbstwert gleichgesetzt und entsprechend richtet sich die Beziehung zu einem Du auf die Leistung und den Erfolg des Gegenübers aus.

Die Palette der leistungs- und erfolgsbezogenen Elternbotschaften in den Lebensskripts ist groß: „Leiste was, dann bist du was!" – „Arbeit ist das ganze Leben!" – „Arbeit ist die beste Medizin!" – „Freizeit ist etwas für reiche Faulenzer!" – „Ich bin stolz auf dich, dass du einen so großen Erfolg hast. Mach weiter so!" Bei vielen ist das Leistungsprinzip zu einer Familientradition geworden, die von Generation zu Generation unbefragt weitergegeben wird.

Erikson warnt vor diesem leistungsbetonten Erziehungsstil, der in unserer erfolgsorientierten Gesellschaft schon im Kindesalter, sozusagen von der Wiege an, gefördert wird. Eltern, die das Kleinkind nur unter der Bedingung annehmen und loben, wenn es bei der Sauberkeitserziehung und bei den ersten selbstständigen Gehversuchen ihren Vorstellungen entspricht, untergraben dadurch das kindliche Selbstwertgefühl (Erikson 1973, 79ff.). Das Kind soll in diesem Alter die Möglichkeiten und Grenzen seiner Leistungsfähigkeit kennen lernen und erproben.

Wenn die Eltern dem Kind ermöglichen, seine Kräfte auszuprobieren und seine Grenzen zu erfahren, wird sich das Kind entsprechend entwickeln können. Nur auf diese Weise wird sein Selbstvertrauen und sein Selbstwertgefühl wachsen. Im Laufe dieser Entwicklung lernt das Kind „Ich" zu sagen und es übt sich im Durchsetzen eigener Ideen und Impulse. Wenn der Eigenwille und der Trotz des Kindes als „schlecht" eingestuft und bestraft werden, wird sein *Minderwertigkeitsgefühl* verstärkt. Mit der Angst, die notwendige Zuwendung und Anerkennung zu verlieren, wenn die von den Eltern gewünschten Erfolge und Leistungen ausbleiben, geht dann zusätzlich die Furcht vor Strafe einher. Die Angst spornt das Kind an, die „fremdbestimmte" Leistung zu erbringen.

Diese angstbesetzten Kindheitserlebnisse treiben den Menschen auch im späteren Leben in einen Teufelskreis von immer mehr Anstrengung und Leistung. Das geschieht meist dann, wenn der Erwachsene an seine Leistungsgrenze stößt und die verinnerlichten Elternbot-

schaften diese Grenze nicht akzeptieren, sondern ihn darüber hinaus fordern, bis die Lebensenergien selbstzerstörerisch für andere aufgebraucht werden. Solche Menschen „verzehren sich im Dienst am Nächsten" und geraten durch diese Überforderung früher oder später in eine lebensbedrohliche Krise. Dieses Phänomen findet sich gerade auch im pastoralen Dienst, wo viele Männer und Frauen „ausgebrannten Helfern" gleichen (burn-out-Syndrom). Wenn sie dieses Verhalten auch noch auf das Liebesgebot Jesu beziehen, besteht die Gefahr, einem *„geistlichen Aktivismus"* zu verfallen. Doch damit schreiben sie das biblische Liebesgebot „Liebe deinen Nächsten wie dich selbst" in das unchristliche und selbstzerstörerische Gebot um: „Liebe deinen Nächsten über alles, nur nicht dich selbst!"
Camara kommentiert diesen geistlichen Aktivismus wie folgt:

„Weißt du, warum du niemals innehältst?
Du meinst vielleicht,
es geschehe aus Verantwortungsgefühl,
weil du keine Zeit zu verlieren hast,
aus geringschätziger Ablehnung
all dessen, was dich hindert,
die flüchtige Lebenszeit
aufs Äußerste zu nutzen...
In Wirklichkeit verleugnest du
ganz einfach dich selbst,
indem du versuchst,
der Begegnung mit dir zu entgehen."
(Camara, 93)

Menschen, die ihr Selbstwertgefühl und ihre Lebenserlaubnis durch den Teufelskreis Leistung - Erfolg - Anerkennung - Selbstwertgefühl zu erlangen versuchen, scheitern letztlich, weil die Abhängigkeit und Fremdbestätigung nicht zur Selbstwerdung führen und kein Selbstwertgefühl vermitteln können, das Bestand hat. In dem Moment, wo sie eine Leistung erbracht haben, taucht der Druck auf, wieder mehr Leistung zu erbringen, da sie sonst nichts wert sind. Dieser Trugschluss wirkt sich u.a. in psychosomatischen Erkrankungen, nervlichen Zusammenbrüchen und in Kompensationen mit Alkohol, Tabletten und anderen Süchten aus. Ein Großteil der Betroffenen findet sich gerade in sozialen und pastoralen Berufen, bei Priestern und kirchlichen MitarbeiterInnen, die nie Zeit haben, immer beschäftigt sind und keine Freizeit für sich in Anspruch nehmen. Solche Aktivisten schöpfen ihre Lebensenergien „im Dienst des Nächsten“ so aus, dass für sie selbst nichts mehr übrig bleibt. Viele sind in diesem Teufelskreis von Leistung und Erfolg bereits so fest gefangen, dass sie selbst eine geplante freie Zeit für sich nicht einhalten, gestalten oder gar genießen können, weil sie Angst vor der plötzlichen Leere und dem Mit-sich-allein-Sein haben, wenn die Arbeit wegfällt.

Pfarrer S. hatte sich vorgenommen, in der Woche einen Tag frei zu machen. Als er gefragt wurde, wie er diesen freien Tag gestalte, antwortete er zufrieden: „Endlich konnte ich all die Dinge aufarbeiten, die noch unerledigt auf meinem Schreibtisch lagen.“

Frau S. kann nur schwer ohne Arbeit leben. Sie ist gewissermaßen eine Droge, die ihr ein Wohlgefühl vermittelt. Sie zählt zu den so genannten Workaholikern, die abhängig von ihrer Arbeit sind. Arbeit, Leistung und Erfolg sind ihr Leben, ihre Orientierung und ihr Ziel, ungeachtet der eigenen Möglichkeiten und Bedürfnisse. Ihr fehlt die nötige Selbstachtung und eine geordnete Selbstliebe, wie sie im biblischen Gebot der Nächstenliebe gefordert wird: „Liebe deinen Nächsten wie dich selbst.“

Eine *ganzheitliche, gestalterische Körperübung* kann die Nächstenliebe ohne eine geordnete Selbstliebe als Egozentrismus entlarven.

Die Gruppe bildet einen Kreis um den Betroffenen Herrn A., dessen Leitmotiv ist: „Ich möchte möglichst vielen Menschen helfen. Dabei komme ich nie an ein Ende. Ich brauchte noch ein paar Hände mehr, um allen helfen zu können.“

Herr A. steht in der Mitte des Kreises und alle strecken ihm bittend und fordernd die leeren Hände entgegen und wollen von ihm etwas haben. Herr A. geht zunächst langsam von einem zum anderen, legt symbolisch etwas in die leeren Hände und schaut jeden kurz an. Doch die leeren Hände sind nicht zufrieden mit dem, was sie bekommen. Sie sind unersättlich und wollen mehr und immer mehr. Um diese Erwartungen zu erfüllen und unter dem Eindruck, nie genug zu geben, beschleunigt Herr A. das Tempo des Herumgehens und Gebens immer mehr, bis er schwindelig wird und kaum noch stehen kann. Herr A. hält inne, sieht die ausgestreckten und fordernden Hände und Blikke und verspürt in sich den Impuls, weiterzugehen und zu geben. Auf die Anweisung „stopp!" schließt er die Augen und erlebt in sich eine große Leere und Hilflosigkeit. Er spürt ihr nach, und eine tiefe Traurigkeit kommt hoch. Mit dem Impuls, „eigentlich weitergehen zu müsssen", kommt auch die Erkenntnis, wenn ich noch länger in erhöhtem Tempo im Kreis umherlaufe, würde ich nach einiger Zeit erschöpft in der Mitte des Kreises zusammenbrechen. Herr A. kennt dieses Erschöpfungsgefühl. Es stellt sich bei ihm oft am Ende eines arbeitsreichen Tages ein, wenn er nur noch müde ins Bett sinkt. Auf die Frage: „Was würden die Umstehenden im Alltag tun, wenn Sie erschöpft umfallen und ihnen nichts mehr geben könnten?" antwortet Herr A.: „Sie würden mich vermutlich liegen lassen, weil ich für sie nicht mehr nützlich bin."

Herr A.s Fantasie wird in der Gruppe dargestellt: Er liegt erschöpft in der Mitte des Kreises und die anderen gehen und lassen ihn alleine liegen. Auch diese Situation kennt Herr A. aus seinem Alltag. Seine Handlungsstrategie in solchen Fällen ist: „Zunächst erhole ich mich und sammle neue Kräfte. Wenn ich dann genügend Energie gesammelt habe, stehe ich auf, um das selbstzerstörerische Spiel fortzusetzen, bis zum nächsten Zusammenbruch. Ja, das ist mein Leben. Die Forderungen hören nie auf. Und auch ich kann nicht aufhören zu geben, bis ich nichts mehr habe."

Jetzt wird auch diese Situation in der Gruppe dargestellt. Die Gruppe bildet wieder einen Kreis und Herr A. steht wieder in der Mitte. Eingedenk der nicht endenden Forderungen und des unaufhörlichen Impulses zu geben und immer mehr zu geben, dreht Herr A. sich in der Mitte um die eigene Achse, ohne noch zu den Einzelnen hinzugehen. Bei der schnellen Drehung ist auch kein gezielter Blickkontakt zu den Einzelnen mehr möglich. Herr A. muss sich ganz auf seine Standfestigkeit konzentrieren, damit er überhaupt auf den Füßen bleibt. Bald ist der Punkt erreicht, wo Herr A. sich nur noch mit geschlossenen Augen um sich selbst dreht und sich schließlich außer Atem und orientierungslos in der Mitte niedersetzt.

In der Auswertung deckt die Übung schmerzlich die selbstzerstörerische Tendenz dieser falschen Nächstenliebe auf, der eine *geordnete Selbstliebe* fehlt, die die eigenen Möglichkeiten und Grenzen mit berücksichtigt. Es wird deutlich, dass Herr A. in der Ausübung dieser an-

geblichen Nächstenliebe als Gebender letztlich sich selbst, und nicht die Anderen, in den Mittelpunkt stellt. Er kreist um sich selbst bis zur Erschöpfung. Im Druck des „Immer-mehr-geben-Müssens" verliert er den Kontakt zu sich selbst und zu den anderen. Jegliche Beziehung geht verloren. Damit ist weder ihm noch den Bedürftigen letztlich geholfen. Der lebens- und beziehungsstörende Anteil des Gebens und Helfens liegt nicht im Helfen und Leisten an sich, die grundsätzlich gute und heilsame Formen aggressiven Verhaltens und zielgerichteter Energieverteilung sind. Das zerstörerische Element liegt in dem einseitigen und übertriebenen Helfen und Für-andere-Dasein bis zum Versiegen der eigenen Lebenskräfte. Hier steht der Versucher als Wolf im Schafpelz: Wenn er einen Menschen nicht direkt zum Bösen verführen kann, dann bringt er ihn dazu, das Gute maßlos zu tun. Doch das ist nicht mehr gut und heilsam für alle Beteiligten, sondern letztlich lebens- und beziehungszerstörend.
Die Lösung gestaltete Herr A. folgendermaßen: Er trat aus der Mitte zurück, stellte sich neben die anderen im Kreis mit geöffneten Händen, die seine Bereitschaft zum Geben aber auch seinen Wunsch, etwas zu empfangen, deutlich machten.
Die drei genannten Lebensbedingungen schränken das eigentliche Leben ein und ermöglichen bestenfalls ein *Überleben*. Doch wenn ich mir meine frühkindlichen Überlebensstrategien bewusst mache, die heute noch mein Leben unbemerkt bestimmen und behindern, dann ist es nie zu spät, um neue Akzente zu setzen. Nach einer konstruktiven und aggressiven Auseinandersetzung mit den Lebensmustern der Kindheit können die guten Anteile der kindlichen Überlebensstrategien bewusst übernommen und durch lebensfördernde Anteile ergänzt werden. Auf diese Weise ist es möglich, dass ich die eigenen Energien bewusst und frei in meinem persönlichen Leben für andere und mich selbst einsetze, so dass ich letzlich aus meinem innersten Kern lebe.

### Aggressionen und die authentische Selbstdarstellung

Ein Mensch, der seine Vergangenheit angenommen und sich mit ihr versöhnt hat, ist in der Lage, sich *authentisch darzustellen*. Die authentische Selbstdarstellung umfasst alle Bereiche, „die zum sozialen In-

Erscheinung-Treten des Individuums gehören", also sowohl die positiven als auch die negativen Anteile der Persönlichkeit (Stadter 1992, 279), einschließlich der Aggressionen.
Eine authentische Selbstdarstellung ist offen, aufrecht und ehrlich, sie geschieht in Freimut und Wahrhaftigkeit. Das Gegenteil ist eine verlogene, verschlossene und verbergende Haltung, wie sie uns im „Duckmäuser", dem „Heuchler", dem „Leisetreter", oder dem „Scheißfreundlichen" entgegentritt. Stadter nennt einige Gesichtspunkte, die bei einer authentischen Selbstdarstellung zu beachten sind: 1. Der Grad der Öffentlichkeit; 2. Das Verhältnis zwischen Innerem und Äußeren; 3. Ob wir allgemein oder konkret sprechen; 4. Ob ich das Unbewusste mit einbeziehe; 5. Ob wir uns nur zu vergangenen oder auch zu gegenwärtigen Taten, Gefühlen und Absichten äußern; 6. Ob wir uns freiwillig oder unter irgendeinem Druck zeigen. (Stadter 1992, 277f.).
Bei den vielfältigen Ausdrucksweisen der Selbstdarstellung in Sprache und Körpersymptomen ist es wichtig, auch *das Unbewusste* mit einzubeziehen. Sonst besteht die Gefahr einer widersprüchlichen und unstimmigen Selbstdarstellung. Wer kennt nicht die „Freudschen Versprecher oder Verhörer", die meist Anlass zur Heiterkeit sind, weil sie im Tiefsten einen Widerspruch zwischen dem Inneren und Äußeren bzw. der Äußerung der Beteiligten offenbaren. Wie oft erleben wir eine so genannte warme und herzliche Begrüßung mit kalten Händen; oder die Worte sprechen ein herzliches Willkommen, der Blick ist jedoch beim Handschlag bereits auf den nächsten Gast gerichtet oder die Hände zeigen – anders als die freundlichen Worte – eine klare Ablehnung, indem sie abwinken. Ein Pfarrer predigt mit trauriger Stimme und gebeugter Gestalt die Freude der biblischen Botschaft, die Hoffnung und Zuversicht schenken soll. Oder wer kennt nicht die versteckte Wut hinter einem freundlich lächelnden Gesicht oder in heimlich hinter dem Rücken bzw. in den Taschen geballten Fäusten oder den Ärger, der in der scharfen Stimme zum Ausdruck kommt.
Ein Widerspruch wird auch bei Menschen spürbar, die z.B. von Nächstenliebe reden, dann aber durch einen entlarvenden Versprecher die unbewußten, eigennützigen Absichten und Motive verraten.
Meist bemerken die Betroffenen ihre Aggressivität nicht, und sind er-

staunt, wenn die anderen in der Begegnung auf Distanz gehen und sich die Atmosphäre verschlechtert.

Darüber hinaus gibt es noch andere Störungen, wenn das Unbewusste nicht genügend berücksichtigt wird. So können z.B. Kommunikationsstörungen in Beziehungen und in sozialen Gruppierungen entstehen, wenn destruktive Aggressionen im Innern eines Beziehungspartners oder von Gruppenmitgliedern vorhanden sind, die jedoch nicht bewusst wahrgenommen werden und deshalb auch nicht kanalisiert und bearbeitet werden können. Hier treten dann häufig Probleme in Form von Dominanz, Bedrohung und von anderen destruktiven Verhaltensweisen auf, ohne dass es dem auslösenden Beziehungspartner oder dem Gegenüber bewusst wird. In solchen Situationen ist es nur schwer zu vermitteln, wie schädigend und abstoßend das meist gut gemeinte Verhalten wirkt. Solche Menschen haben in ihrer bewussten Zielrichtung oft die besten Absichten, fühlen sich im Recht und treten manchmal sogar im Namen Gottes auf. Weil sie sich ausschließlich auf ihre *subjektive Evidenz* berufen, nehmen sie gar nicht wahr, wie die anderen unter ihrer Rücksichtslosigkeit leiden. Da sie keinen bewussten Kontakt zu sich und den sie antreibenden Energien und Aggressionen haben, sehen sie weder ihre Auswirkungen noch bemerken sie, wie sie auf andere wirken und was sie bewirken. Sie setzen ihre subjektive, bewusste Wahrnehmung zum Maßstab, an dem andere sich zu orientieren haben, wenn diese denn in Kontakt und Beziehung mit ihnen leben wollen.

Stadter nennt dieses einseitige Sich-Stützen auf die subjektive Evidenz im Rückblick auf das Umgehen Jesu mit den Pharisäern das *„Pharisäersyndrom"*. Aus den Begegnungen Jesu mit den Pharisäern wird deutlich, dass er diese „für ihr Verhalten verantwortlich gemacht hat. Zumindest waren sie es in dem Sinne, als sie ihre subjektive Evidenz zur letzten Richtschnur nahmen und sich dem Anspruch widersetzten, ihre Selbstwahrnehmung der sozialen Korrektur auszusetzen" … „Jedenfalls ist es bezeichnend, wie Jesus selbst die schlimmsten Sünder, die sich zu ihrem unzulänglichen Sosein bekannten, liebevoll akzeptierte, während er die Selbstgerechten von sich wies" (Stadter 1992, 285).

Bei der Behandlung und Heilung des Pharisäersyndroms helfen vor allem *Feedbackverfahren*, in denen den Einzelnen u.a. in der Gruppe offen und ehrlich eine Rückmeldung über ihr Verhalten und seine Auswirkungen gegeben wird. Hier kann sich weder das Gruppenmitglied noch der oder die LeiterIn auf die gute Absicht oder auf die subjektive Evidenz berufen. Die Kommunikationsregeln sind eindeutig: *Nur die Wirkung zählt!*

„Sobald ein Verhalten störend wirkt, ist es zu hinterfragen, selbst wenn es noch so gut gemeint war oder die Störung von der Fachautorität, nämlich dem Gruppenleiter, ausging. Der Störgrund liegt in der bewussten Verschweigung oder in der Unbewusstheit" (Stadter 1992, 286). Daraus erwächst die Verantwortung, seine subjektive Evidenz in der sozialen Korrektur durch die anderen überprüfen zu lassen, um eine möglichst authentische Selbstdarstellung zu erreichen.

Für die authentische Selbstdarstellung braucht der Mensch *viel aggressive Energie*: Er geht auf andere vertrauensvoll zu und teilt ihnen von seinem Inneren mit. Dabei riskiert er, bei allen Vorsichtsmaßnahmen zum Schutz der Intimität, dass sein Vertrauen ohne böse Absicht der anderen durch menschliche Unzulänglichkeit missbraucht werden kann.

Darüber hinaus gibt es vielfältige Formen der Verletzung und des Missbrauchs von Vertrauen und Macht. Besonders gravierend wirken sie sich aus, wenn sie im Namen von Autorität und Religion geschehen. Hier sind bis heute weltweit genügend grobe und sublime Methoden des Machtmissbrauchs wirksam, wie z.B. politische Umerziehung, Gehirnwäsche, Selbstbeschuldigungen oder durch Folter erzwungene Bekenntisse. Die Achtung und Würde des Menschen gebieten es, dass ein Mensch frei ist zu entscheiden, ob, wo und wann er sich mitteilen und inwieweit er sich offenbaren will. Hier sind jeder Druck und Zwang fehl am Platz.

Die Geschichte kennt viele Beispiele, wo z.B. auch die Kirche durch die Ohrenbeichte oder durch öffentliche Inquisition – im Rückgriff auf ihre von Gott gegebene Autorität und Macht – die Freiheit und Würde des Menschen missachtet hat. Auch der Bereich der Psychologie und Therapie ist vor solchen Entgleisungen nicht gefeit. Begriffe wie „Seelisches Striptease" oder in der Gruppe „Auseinandergenommen- oder Ausgezogenwerden" weisen darauf hin, dass auch hier Grenzen überschritten und die Würde und Freiheit des Menschen nicht genügend geachtet werden. Deshalb ist in der Therapie ebenso

wie in der seelsorglichen Begleitung ein Höchstmaß an Verantwortung für die Wahrung und den Schutz der Würde und Freiheit des einzelnen Menschen gefordert.
Mit den Worten Stadters lässt sich das Thema „Aggressionen und Beziehung zu mir selbst“ im Hinblick auf das Beziehungslernen gut zusammenfassen: „Grundsätzlich heißt ‚*mitteilen*‘: sich in der Öffentlichkeit des sozialen Raumes so weit transparent zu machen, als es von der jeweiligen Situation her gefordert und ihr angemessen ist. Das allgemeine Element ist das Aus-sich-Heraustreten, das Sichdarstellen, ganz schlicht ein Sichzeigen, anstatt sich zu tarnen. Dadurch wird Mitteilen zu einem Anteilgeben. Wir lassen die anderen an dem, was wir sind, partizipieren. Weil dieser Vorgang, etwa im Gegensatz zum Austausch des Plaudergesprächs, oft ein Wagnis beinhaltet, nähert sich die genannte Art des Aussprechens immer mehr der Bedeutung von Sich-zu-sich-selbst-Bekennen an. Das heißt, das Moment des persönlichen Einsatzes gewinnt besondere Bedeutung“ (Stadter 1992, 295). So führt die authentische Selbstdarstellung, in der jeder Einzelne sein aggressives Potential konstruktiv aktiviert, den Menschen letztlich zur Selbstverwirklichung als Individuum und als Gemeinschaftswesen.

## Hinweise zur Einübung einer geordneten Selbstliebe

Die Auseinandersetzung mit der Vergangenheit und den Elternbotschaften der Kindheit, die eine geordnete Selbstliebe verbieten oder behindern, ist ein erster Schritt, um in diesem Bereich die ererbten Beziehungsmuster wahrzunehmen und neue Akzente für das eigene Leben zu setzen.
Welche Wege führen aus der Sackgasse von Elternbotschaften, die eine geordnete Selbstliebe verbieten, hin zu einer gesunden und gottgewollten Selbstliebe, die nicht mit „Egoismus“ zu verwechseln ist? Um dieses Ziel zu erreichen, ist ein hohes Maß an aggressiver Entscheidungsenergie gegen den Zeittrend in Kirche und Gesellschaft erforderlich. Dieser favorisiert Leistung und Erfolg und lädt damit zu dem schon erwähnten, ungesunden Aktivismus und Stress ein, die schwere Störungen in der Beziehung zu mir selbst, zu den anderen Menschen und zu Gott hinterlassen.

1. Einen ersten Hinweis auf eine ausgewogene Selbstliebe gibt Bernhard von Clairveaux in einem Brief an seinen Mitbruder Papst Eugen III., in dem er ihn eindringlich auf die *Pflicht zur Selbstliebe* aufmerksam macht: „Gönne dich dir selbst."

„Ich lebe in ständiger Sorge um dich... Ich fürchte, sage ich, dass du, eingekeilt in deine zahlreichen Beschäftigungen, keinen Ausweg mehr siehst und deshalb deinen Sinn verhärtest, dass du dich nach und nach des Gespürs für einen durchaus richtigen und heilsamen Schmerz entledigst. Es ist viel klüger, du entziehst dich von Zeit zu Zeit deinen Beschäftigungen, als dass sie dich ziehen und dich nach und nach an einen Punkt führen, an dem du nicht landen willst. Du fragst, an welchen Punkt? An den Punkt, wo das Herz hart wird. Frage nicht weiter, was damit gemeint sei; wenn du jetzt nicht erschrickst, ist dein Herz schon soweit.
Keiner mit hartem Herzen hat jemals das Heil erlangt, es sei denn, Gott habe sich seiner erbarmt und ihm, wie der Prophet sagt, sein Herz aus Stein genommen und ihm ein Herz aus Fleisch gegeben (Ez 36,26). Um kurz und knapp alle Übel dieser schrecklichen Krankheit auf einen Nenner zu bringen: einem harten Herzen ist die Gottesfurcht und das Gespür für die Menschen abhanden gekommen (vgl. Lk 18,4).
Schau, dahin ziehen dich diese verfluchten Beschäftigungen, wenn du sie wie bisher weitermachst und dich ihnen völlig auslieferst, ohne dir etwas für dich vorzubehalten. Du vergeudest Zeit und... Du verausgabst dich selbst in ihnen in sinnloser Mühe, die nur den Geist versehrt, das Herz aushöhlt und die Gnade verpuffen lässt. Denn was sind die Früchte von all dem? Sind es nicht bloße Spinnweben?" (Breemen, 85).

2. Es ist ein *Paradigmenwechsel* angesagt: Von einer einseitigen Nächstenliebe zu einem ausgewogenen Verhältnis von Selbstliebe und Nächstenliebe. Wenn ich in der Kindheit gelernt habe „Leben heißt, für andere da sein" oder „sich für andere aufopfern" und wenn mir Mutter und Vater dies bis zur Selbstaufgabe vorgelebt haben, dann erhält die Nächstenliebe ein Übergewicht. Wenn ich mich nicht selbst genügend liebe, gerät das menschliche Lebens- und Energiepotenzial,

das Beziehung stiftet und an dem sich das christliche Lebensprinzip der Gottes-, Selbst- und Nächstenliebe orientiert, aus dem Gleichgewicht. Der Paradigmenwechsel wird nur vollzogen, wenn ich die aus den Elternbotschaften abgeleitete Lebensmaxime: „Liebe deinen Nächsten über alles, nur nicht dich selbst", umschreibe in einen neuen Lebenssatz, wie ihn Jesus formuliert hat: „Liebe deinen Nächsten wie dich selbst" (Mt 22,39). Die Nächstenliebe nimmt ihr Maß an der Selbstliebe. Dies lehren sowohl die christliche Tradition als auch heute die Humanwissenschaften. Eine echte Liebe zu Gott und dem Nächsten kann sich nur aus einer authentischen Selbstliebe entfalten.
Nach Karl Rahner sucht eine echte Selbstliebe den eigenen Wert und die eigene Würde auch um des Nächsten willen, um ihn zu beschenken und ihm etwas zu bedeuten (Rahner 1968, 292). Nur eine Selbstliebe, die in der Nächstenliebe wirklich den anderen um Gottes willen meint, überwindet eine egoistische Haltung und gelangt zu einer echten Selbstlosigkeit, d.h. „die Fähigkeit des Verschenkens", die mit dem Reichtum des Selbst wächst (Sölle 1983, 46).

3. Wenn heute in den Zentren für Entspannung und Entstressung Ärzte und Therapeuten wie selbstverständlich erklären, dass jeder Mensch *Zeiten der Ruhe, der Stille, der Meditation und der Muße* notwendig braucht, dann greifen sie eine Grunderfahrung der christlichen Tradition auf. *Benedikt* weist mit seinem „ora et labora" (bete und arbeite) und *Ignatius* von Loyola mit seinem „contemplativus in actione" (beschaulich in der Tätigkeit sein) darauf hin, dass sich das Leben nicht in einseitigem Aktivismus erschöpft. Jeder Mensch braucht Zeiten der Sammlung für neue Kräfte und Energien, Zeiten der Vorbereitung von Erfahrungen und Zeiten der Vergewisserung von Beziehungen zu sich selbst, zu Gott und dem Nächsten. Hier wird das Gleichgewicht der Lebensenergien wieder ins Lot gebracht, damit sie in ihren lebensfördernden und beziehungsstiftenden Fluss gelangen. Zeiten der Aktivitäten geben und nehmen Kräfte und Energien, die anschließend wieder geordnet und ergänzt werden müssen. So steht neben der Nächstenliebe gleichberechtigt die Selbstliebe, die beide in der Gottesliebe verwurzelt sind. Denn allein auf Gott hin ordnen sich unsere Lebenskräfte und Energien und in ihm sind sie verwurzelt. Gott ist es, der uns geschaffen hat mit unseren Möglichkeiten

und Grenzen. Gott ist es, der uns gerufen hat in die Nächstenliebe, die sich orientiert an dem, was uns möglich ist.
In der *Begegnung mit Maria und Martha* hat Jesus (Lk 10, 38–42) auf die Zusammengehörigkeit und Verbindung der beiden wesentlichen Aspekte des christlichen Lebens hingewiesen: Auf der einen Seite die Verbindung mit Gott im Gebet und die Selbstbesinnung, sowie Muße und Entspannung; auf der anderen Seite die Aktivität und der Einsatz für den Nächsten. Beide gehören zusammen. Wenn eine dieser Polaritäten einseitig gelebt wird, kann ein echtes geistliches Leben, kann „Liebe" nicht gelingen.
Der Teufelskreis Aktivismus – Leistung – Stress ist auch dort zu finden, wo die Beziehung zu Gott einzig in „Aktionen der Nächstenliebe" gelebt wird, wenn die *Arbeit zum einzigen Gebet* des Christen wird, nach dem Motto: „Ich habe keine Zeit für das stille Gebet, Gott ist es lieber, wenn ich nur für die anderen da bin. Anderen helfen ist mein Gebet". Auf diese Weise wird das Liebesgebot einseitig zu (un)gunsten der Nächstenliebe verfälscht in: „Liebe deinen Nächsten über alles." Es entsteht auch keine Beziehung, die jeder Liebe zu Grunde liegt, denn Aktivismus und Stress verhindern gerade die Entwicklung und Entfaltung von Beziehungen und damit von Nähe und Liebe. Übersteigerter Aktivismus und übertriebene Nächstenliebe entstammen häufig narzisstischen und masochistischen Wurzeln. Sie zerstören auf die Dauer nicht nur den Menschen selbst, sondern auch seine positiven Beziehungen zu Gott und den Mitmenschen.
Da hier nur jeder persönlich entscheidet und Verantwortung trägt, wie er lebt, kann die Frage weiterhelfen: „Inwieweit verwirkliche ich eine ausgewogene Nächsten- und Selbstliebe in meinem Leben und inwieweit mache ich mich abhängig vom Zeittrend, der Leistung und Erfolg als oberste Priorität nennt?
Weiterhin: Welche *Prioritäten* bestimmen mein aktuelles Leben? Welche *Kriterien und Maßstäbe* spielen bei mir letztlich eine Rolle? Ganz konkret: Wie viel Zeit nehme ich mir an einem Tag, in einer Woche, in einem Monat, in einem Jahr für mich persönlich, für Selbstbesinnung, Gebet, Meditation, Entspannung und Erholung? In welchem Verhältnis stehen die Zeiten der Stille, der Entspannung und geistlichen Reflexion zu den Zeiten der Aktivität und Leistung? Wie gestalte ich in

meinem Leben die Zeiten für Gott, für den Nächsten und für mich selbst?
Bei dieser Reflexion kann *eine spiegelbildliche Sichtweise* helfen, die eigene Realität wahrzunehmen, indem ich Menschen frage, die mich kennen und mit mir in Beziehung leben oder mit denen ich arbeite: Wie erleben mich die anderen? Welches Lebensmodell biete ich den Menschen meiner Umgebung an, als Mutter, als Vater, als kirchliche Mitarbeiterin, als Priester, als Ordensmann/-frau, als Lehrerin, als Diakon? Strahlt mein Leben mehr Hoffnung, Zuversicht oder mehr Hoffnungslosigkeit und Resignation aus? Wie wirke ich: wie ein termingehetzter Manager, als einer/eine, der/die durchs Leben eilt und niemals verweilt, der/die niemals Zeit hat ? Wie viel Zeit nehme ich mir für mich selbst, zur Erholung, zum Genießen, für meine Freunde, für meine Familie, meine Gemeinschaft, für meine Beziehung zu Gott? Entspricht dies jeweils der Beziehung zu mir selbst, zu anderen und zu Gott? Nach welchen Kriterien beurteile ich den Wert meiner Mitmenschen in der Familie, im Freundeskreis, in der Gemeinschaft, am Arbeitsplatz? Nach welchen Maßstäben werde ich von meiner Umgebung eingeschätzt?“

*Die folgende Prioritätenübung* kann uns helfen, klarer und besser zu überblicken, für wen und für was wir unsere Lebensenergie einsetzen. Entsprechend können wir dann später eventuell neue Schwerpunkte in unserem Leben setzen, wenn die Prioritäten nicht unseren Zielvorstellungen entsprechen.
Zuerst werden die *Prioritäten der Eltern* aufgeschrieben, die mein Leben in der Kindheit beeinflusst haben: „Welche Prioritäten hatten Ihre Mutter/ Ihr Vater? Was war für Ihre Mutter/Ihren Vater am wichtigsten, ohne was konnten Sie nicht leben?“
Danach geht es um die eigenen Prioritäten: „Schreiben Sie spontan 5–10 Prioritäten auf, die Ihr Leben bestimmen, die für Sie am wichtigsten sind, auf die Sie nicht verzichten möchten, ohne die Sie nur schwer leben könnten. Gewichten Sie Ihre Prioritäten und bringen Sie diese in eine Reihenfolge von eins bis fünf.“
Häufig stehen die Familie, der Beruf, der Partner, die Arbeit, die Gesundheit, das Glück oder der Glaube auf den vorderen Rängen. Manche sind erschrocken, wenn sie entdecken, dass Gott in dieser Aufzäh-

lung nicht vorkommt. Meist beschwichtigen sie sich dann und sagen, Gott komme ja in allen Prioritäten vor. Für viele hat diese Erfahrung dazu geführt, dass sie neu über Gott und seinen Stellenwert in ihrem Leben nachgedacht haben. Andere erschrecken, wenn sie entdecken, dass die Ehepartner oder der Beruf nicht benannt sind.
Diese *spontane* Prioritätenliste wird dann an der *Realität* überprüft: „Wofür verwende ich die meiste Zeit und setze ich die meiste Energie ein"? Die Überprüfung kann mithilfe eines *Zeit- und eines Energiekuchens* geschehen, in die ich die verschiedenen Zeit- bzw. Energieanteile als entsprechend große oder kleine Kuchenstücke einzeichne. Der Zeitkuchen gilt entweder für einen durchschnittlichen Tag, für eine Woche, einen Monat oder ein Jahr. Er zeigt an, wie viel Zeit ich worauf verwende. Der hier abgebildete Zeitkuchen gilt für eine Woche.

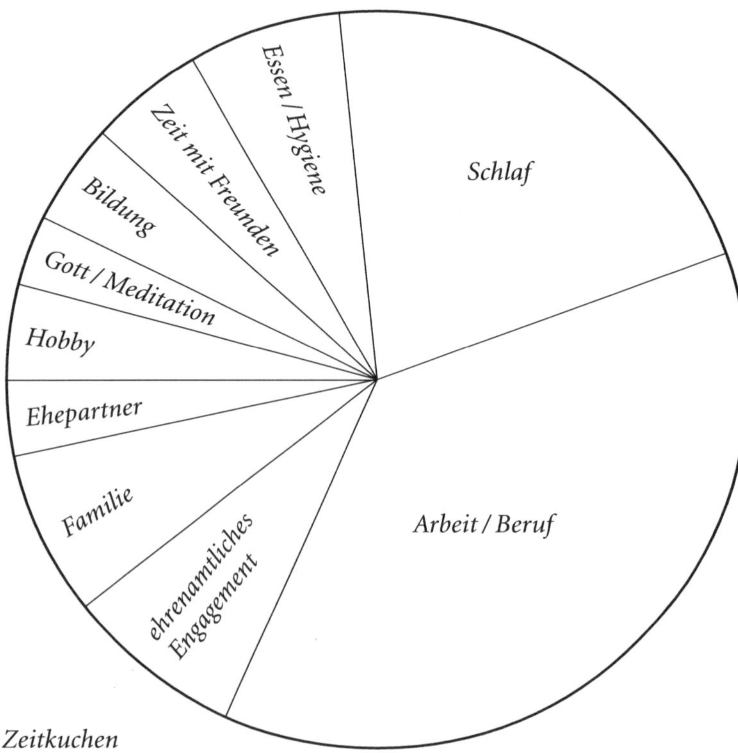


*Zeitkuchen*

Bei der Realitätskontrolle stellen z.B. manche fest, dass sie Gott als erste Priorität benannt haben, obwohl Gott in ihrem Zeitkuchen, wenn überhaupt, nur wenige Minuten am Tag oder in der Woche erhält. Gott ist dann eine Wunschpriorität, die in der Wirklichkeit keinen Bestand hat. Ähnliches erleben diejenigen, bei denen die Familie an erster Stelle steht, die jedoch feststellen, dass sie in Wirklichkeit für die Familie im Vergleich zum Beruf, den Freunden, dem Sport und Spiel oder anderen Freizeitaktivitäten nur wenig Zeit übrig haben.

Der Energiekuchen zeigt an, wieviel Energie ich worauf verwende. Seine Größe ist verschieden von der des Zeitkuchens. Deshalb kommt es meist zu unterschiedlichen Bildern. Wer den Energiekuchen anschaut, kann entdecken, dass er z.B. grübelnd und hadernd viel Zeit mit sich

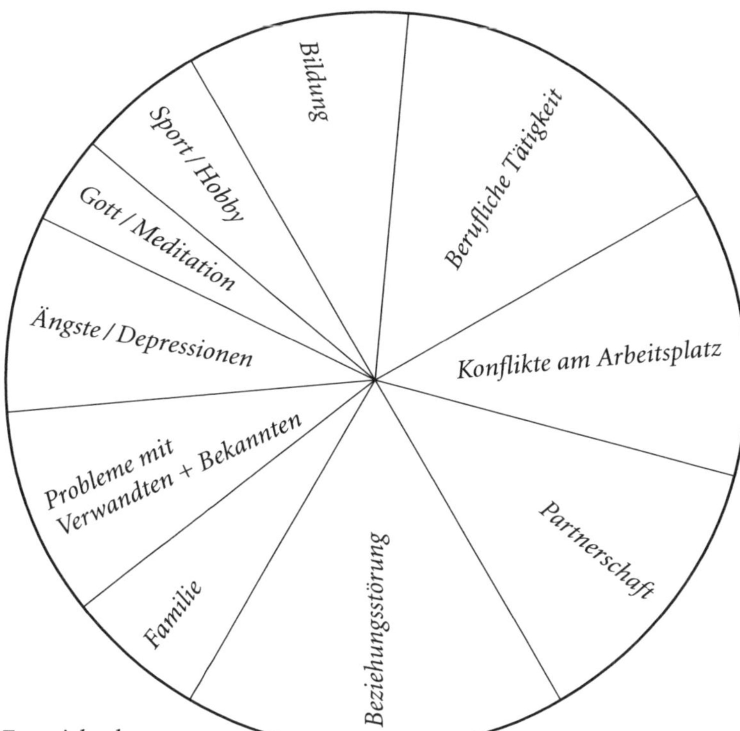


*Energiekuchen*

selbst verbringt oder viele Energien in sinnlose Streiterei-en oder unerreichbare Ziele investiert. Obwohl die erste Priorität Freundschaft und Beziehungen heißt, zeigt der Energiekuchen z.B. keine Energie für die Pflege von Beziehungen und Freundschaften an. Es ist hilfreich, den Realitätskuchen mit der Wunschliste zu vergleichen und zu sehen, wie die Prioritätenliste realistisch aussehen kann und was dies für die Zeit- und Energieeinteilung im gelebten Alltag bedeutet.
Wenn ich den Energiekuchen genauer anschaue, kann ich fragen, welche Energie wie wirkt. Ist es eine Energie, die ich habe und dann weitergebe oder erhalte ich auch neue Energie zurück, z.B. aus dem ehrenamtlichen Engagement? Wirkt die Energie, die mir in der Partnerschaft entgegengebracht wird, eher niederdrückend oder aufbauend? Diese Qualitäten können helfen, bei einer Neuordnung meiner Prioritätenliste zu schauen, dass die weggehenden und niederdrückenden Energien zumindest ausgeglichen bis überflügelt werden von den belebenden und aufrichtenden Energien, die ich erhalte. Gerät dieser Energieausgleich aus der Balance, so ist der Energiehaushalt gestört und das kann krank machen.
Um eine solche *„revision de vie“* durchzuführen, sind Zeiten der Stille und Sammlung notwendig. Ohne ein regelmäßiges Innehalten, Zurückschauen und Auswerten des Tages, einer Woche, eines Monats und am Jahresende besteht die Gefahr, dass man gedankenlos im alten Zeit- und Energietrott von einem Tag in den anderen lebt und mehr gelebt wird, als dass man selbst bestimmt, wie viel Zeit und Energie man wo und wie einsetzt.
Ein erster Schritt kann sein, dass ich z.B. am Morgen die Ereignisse des Tages anschaue, sie mit Gott in Berührung bringe und für die Menschen und Ereignisse bete, die mir heute begegnen. In der Rückschau am Abend empfiehlt es sich, zuerst für all das zu danken, wo Leben spürbar war, für das, was mir gelungen ist und worüber ich mich gefreut habe. Anschließend kann ich den Tag kritisch betrachten: „Wo habe ich Leben bei mir und anderen behindert? Was ist nicht in Ordnung gewesen, was ist mir mißlungen und wie kam es dazu? Wo bin ich etwas schuldig geblieben oder schuldig geworden? Wo habe ich meine Werte verraten und nicht durchgesetzt? Wie kann ich die gestörte Ordnung, die Leben und Beziehung fördert und schützt, heilsam wiederherstellen?“

Wer regelmäßig Besinnungstage, Wüstentage oder Exerzitien macht, weiß, wie heilsam und fruchtbar solche Zeiten der Stille sind. Sie tragen dazu bei, bewusster, selbstbestimmter und letztlich „sinnvoller" zu leben und sowohl in der Selbstwerdung als auch in der Beziehungsfähigkeit und im Glauben zu wachsen.
Oft hindern uns verinnerlichte Fragen aus dem Eltern-Ich daran, eine ausgewogene und heilsame Nächsten-, Selbst- und Gottesliebe zu leben und zu gestalten. Sie mahnen uns: „Wie kannst du nur so sinnlos deine Zeit vergeuden? Wo bleibt dein Verantwortungsgefühl? Was hättest du alles in der freien Zeit tun können? Was sollen die anderen denken? Wolltest du nicht immer für die anderen da sein? Ist das nicht sehr egoistisch?" Diese internalisierten negativen Elternbotschaften, die sich in falschen Gewissensbissen oder unberechtigten Schuldgefühlen äußern, fördern den Aktivismus und das Erfolgsdenken, wenn wir diese Botschaften nicht bewusst in Erlaubnisse umschreiben und im Geiste der christlichen Botschaft ergänzen.
Die eigene Entscheidung kann dann lauten: Ich nehme mir Zeiten für mich, wo ich tun und lassen kann, was mir Spaß macht, wo ich genießen und mich erholen kann.

*4. Die Selbstliebe kann sich im Zusammenspiel von Leistung und Fruchtbarkeit verwirklichen.* Biblisch betrachtet liegt der Sinn des Lebens, und speziell der Sinn der Arbeit und der Leistung in der *Fruchtbarkeit* (Piet van Breemen, 71ff.). Wenn die Leistung als Produkt der aggressiven Lebensenergie durch die Fruchtbarkeit ergänzt wird, kann aus diesem Zusammenspiel eine angemessene Selbstliebe erwachsen, die offen ist für die Beziehung zu Gott und zum Nächsten.
Das wird im *Gleichnis vom Landmann* (Mk 4,26ff.) deutlich, der seinen Acker pflügt, eggt, düngt und besät. Dafür setzt er viel Energie und Arbeit ein. Gleichzeitig ist er entspannt, gelassen und voll Zuversicht. Nachdem er seine Arbeit getan hat, ruht er sich aus, legt sich schlafen in der festen Hoffnung, dass inzwischen der Same aufgeht und das Getreide wächst, ohne dass er weiß, wie das Wachsen geschieht oder wie er selbst es bewirken oder vielleicht sogar beschleunigen könnte. Er achtet das Geheimnis des Wachsens und der Fruchtbarkeit. Er versteht seine Arbeit und Leistung in einem größeren Zusammenhang, wo unterschiedliche Kräfte am Werke sind, auch sol-

che, auf die er keinen Zugriff hat. So schaut er nicht nur auf seine Leistung und will nicht alles im Griff und in seiner Hand haben. Er bescheidet sich und hat nicht den Anspruch, alles selbst zu machen und zu beherrschen. Mit dieser Haltung reiht er sich ein in ein Lebens- und Wachstumsgefüge, das in Beziehung zu allem und mit allem lebt. Hätte er den Anspruch, den Erfolg nur durch seine Leistung zu erreichen, so wäre das eine Überforderung, die ihn letztlich selbst ruinieren würde.

Wie viele Menschen sind unter diesem oft selbst erzeugten Druck, alles selbst machen zu müssen, ausgebrannt? In dem Bemühen, alle Ziele aus eigener Kraft und Leistung zu erreichen, wird die Natur und der Mensch vergewaltigt und ausgebeutet. Der Mensch kann nur fruchtbar sein, wenn er seine Möglichkeiten und Grenzen achtet und in einem ausgeglichenen Verhältnis von Geben und Empfangen lebt. Ohne eine „schöpferische Pause", die das eigene Tun in Beziehung zu den anderen und zur Umwelt setzt, d.h. relativiert, bleibt das Gleichgewicht gestört.

Im Alten und Neuen Testament beruht die Würde des Menschen u.a. darauf, dass er *Mitarbeiter Gottes* ist. Wir sind berufen, an der schöpferischen Aktivität Gottes durch unsere Leistung teilzuhaben und so fruchtbar zu werden. In der reinen Leistungshaltung wird diese schöpferische Mitarbeit zur alleinigen Arbeit des Menschen, zur Eigenleistung, die den Menschen – wie die Geschichte vom Turmbau zu Babel erzählt – überfordert und scheitern lässt.

Die Spannung zwischen *Gesetz und Gnade*, die bei Paulus eine große Rolle spielt, entspricht in unserer Zeit und Sprache der Spannung von Leistung und Fruchtbarkeit. Fast schon ein „Gesetz" ist die Leistung des Menschen, wenn er meint, diese aus eigener Kraft selbst zustande bringen zu müssen. Der fruchtbare Mensch dagegen lebt aus dem Glauben an die Gnade und weiß, dass ihm das Eigentliche im Leben immer wieder neu geschenkt wird. Beide, Leistung und Fruchtbarkeit, Gesetz und Gnade sind notwendige Bestandteile der Selbstliebe, die Leben fördern und Beziehung stiften. Nicht die Aktivität rechtfertigt uns, sondern die Rechtfertigung aktiviert uns (Wilfried Jöst).

Der rein leistungsorientierte Mensch *ist perfektionistisch* nur auf das Erreichen des Zieles ausgerichtet und ordnet diesem alles unter. Deshalb möchte er alles Schwache ausrotten und jeden Fehler vermeiden.

Der Mensch der Fruchtbarkeit lässt das Unkraut mit dem Weizen wachsen und trennt zur Zeit der Ernte den Weizen vom Unkraut.
Die Fruchtbarkeit betont in der Selbstliebe den Aspekt der *Unentgeltlichkeit*. „Umsonst habt ihr empfangen, umsonst sollt ihr geben" (Mt 10,8). Nicht nur unsere Begabungen und Energien, sondern unser ganzes Leben ist ein Geschenk des Schöpfergottes. Wir sind ohne Berechnung und Leistungsanspruch aus der Liebe Gottes hervorgegangen. Das entspricht dem Urverlangen des Menschen, ohne Bedingung, zweckfrei bejaht und geliebt zu werden.
Natürlich ist es für uns Menschen wichtig, durch unsere Leistung auch Anerkennung und Zuwendung zu erfahren. Falls wir aber nur wegen unserer Leistung geliebt werden und davon unseren Selbstwert abhängig machen, dann entwertet uns das im Tiefsten. Wir sind mehr als die Leistung, die wir bringen können, denn Leistung nimmt keine Rücksicht auf Leben oder Person. Ja selbst ohne Leistung und Erfolg sind und bleiben wir wertvoll.
Mit zunehmendem Alter können wir weniger Leistung (im Sinne gesellschaftlicher Anforderungen) erbringen. Die körperlichen und geistigen Kräfte lassen nach. Doch die Fruchtbarkeit bleibt auch im Alter erhalten, wie es mehrere Psalmen ausdrücken: „Der Gerechte gedeiht wie die Palme, er wächst wie die Zedern des Libanon. Sie tragen Frucht noch im Alter und bleiben voll Saft und Frische" (Ps 92, 13ff.). Die Tendenz jung zu bleiben und die Lebensenergie in Leistung umzusetzen, ist auch im Alter gut, wenn sie nicht schädliche Formen annimmt und so zur Überforderung im Anspruch einer „ewigen Jugend" führt. Die Spiritualität der Fruchtbarkeit kann von diesem Druck befreien und unsere Erkenntnis von dem, was wirklich bedeutsam und wertvoll im Menschen ist, erweitern.
Es gibt Menschen, die viel leisten, aber wenig Frucht bringen. Umgekehrt gibt es Menschen, die wenig zu leisten scheinen und doch sehr fruchtbar sind. Die Leistung im Dienste der Fruchtbarkeit kann unserem Leben eine tiefere Erfüllung und Freude bringen und uns helfen, die richtigen Prioritäten zu setzen und lebensfördernde Aktivitäten zu entwickeln. Auf diese Weise entsteht eine ausgewogenen Selbstliebe, die ihre Energien für sich selbst, für die anderen und für die Beziehung zu Gott stimmig einsetzt und so Nächstenliebe und Gottesliebe heilsam lebt.

## 4.2. Aggressionen stiften Beziehung zu anderen Menschen

### Einführung

Dieses Kapitel basiert darauf, dass der Mensch ein *Beziehungswesen* ist. Hier kommt das Wort „Aggression" als „Zugehen auf einen anderen" in seiner ursprünglichen Bedeutung besonders zum Zuge. Dabei bleibt die existentielle Spannung zwischen dem eigenen Selbststand und dem „Angewiesensein" auf die anderen in Beziehungen bestehen. Das aggressive Lebenspotenzial sorgt dafür, dass der Mensch in seiner Entwicklung nicht in der Symbiose, der Abhängigkeit und Fremdbestimmung stecken bleibt, sondern sich trennt, seine Autonomie entfaltet und auf andere zugeht.
Auf diesem Hintergrund nennt R. Spitz die Aggression die Bedingung der Möglichkeit, Beziehungen einzugehen und Liebe, Zuwendung und Nähe zu geben (Spitz, 133). Der Weg zu einer selbständigen Persönlichkeit, die sich aus ihren Abhängigkeiten löst, indem sie das Lebensfördernde aus diesen Beziehungen mitnimmt, das Störende ergänzt und verwandelt und dann in guten Beziehungen lebt, diese Entwicklung ist langwierig und oft beschwerlich. Denn die Selbstwerdung wird immer wieder von regressiven Tendenzen zur Abhängigkeit in Beziehungen unterbrochen, die helfen, sich zu vergewissern und Halt und Sicherheit zu gewinnen für den nächsten Schritt der Persönlichkeitsentfaltung.
Zunächst findet sich der Mensch in abhängigen Beziehungen vor. Er wird als Frucht der Beziehung zwischen Vater und Mutter gezeugt und erhält in den Genen seine physiologischen und psychischen Veranlagungen, ohne dass er selbst mitbestimmen könnte. Auch in der pränatalen Phase ist der Embryo – aus der Sicht der Aggressivität – den Gefühlen und dem Wollen der Mutter und indirekt des Vaters ausgeliefert: Die Mutter kann das Kind während der Schwangerschaft liebevoll und zärtlich umhegen und umsorgen, sie kann es aber auch ablehnen, totwünschen oder abtreiben. Sie vermag dem Kind Wohlwollen und Geborgenheit im Mutterschoß zu schenken. Sie kann dem Kind aber auch physiologisch z.B. durch Rauchen und Tabletten oder psychisch durch Ablehnung, Angst oder Ärger Schaden zufügen. Diese Abhängigkeit setzt sich auch nach der Geburt fort: Das Kleinkind ist in seinem

Leben ganz auf die Mutter und die primären Bezugspersonen angewiesen.
Vor allem in der *„Autonomiephase“* (Erikson 1973, 79) beginnt das Kind im zweiten bis dritten Lebensjahr erst im Krabbeln, dann im Stehen und Laufen, im Festhalten und Loslassen die Trennung von der Mutter zu erproben und dabei sein Ich zu entdecken.
Hierfür aktiviert es seine aggressiven Lebenskräfte, die ihm zu einer Trennung verhelfen und auf „Neuland“ führen. Die dabei frei gesetzten Aggressionen machen sich im „Nein“ des Kindes, im beginnenden Trotz und in der Durchsetzung des eigenen Willens gegen die Mutter bemerkbar. Die so entstehende Distanz zwischen Kind und Mutter ist die notwendige Voraussetzung, damit das Kind eine eigenständige und immer mehr gleichwertige Beziehung zur Mutter aufbauen kann. Nur in diesem lebensfördernden und Ich-stärkenden Trennungsprozess kann das Kind seine eigenen aggressiven Kräfte als Lebensenergie spüren und seine Möglichkeiten und Grenzen kennenlernen (Mahler 1980, 101ff.; Funke 1986, 28).
Wenn die symbiotische Beziehung zur Mutter nicht gelöst und die Trennung nicht zugelassen wird, dann ist die Selbstwerdung gefährdet. Nicht selten werden in diesem Fall die Beziehungsmuster und Überlebenstrategien des Kampfes zwischen Anpassung und Widerstand im Erwachsenenalter wiederholt. Es fehlt die Entfaltung der aggressiven Lebenskräfte, die aus Symbiose und Fremdbestimmung heraushelfen und ermöglichen, selbständig und autonom zu leben und die Verantwortung für das eigene Leben zu übernehmen.
In einer guten Eltern-Kind-Beziehung wird es auf Grund des gewachsenen Urvertrauens für das Kind möglich sein, in der Autonomiephase seine Selbstständigkeit immer mehr einzuüben. Dabei wird das Kind in dieser Erprobungszeit eigene Schritte tun und wagen, sich auch gegen die Mutter zu entscheiden. Denn das Kind hat die Beziehung zu ihr als verlässlich und sicher erlebt, selbst in Situationen, in denen es anders gehandelt oder sich verhalten hat, als die Mutter es wünschte. Die Kunst der Erziehung besteht darin, dem Kind einerseits genügend Spielraum zur Erprobung seiner eigenen Kräfte zu lassen, damit es Vertrauen in seine eigenen Lebensenergien gewinnt und sie und damit sich selbst wertschätzt; und anderseits dem Kind Grenzen aufzuzeigen, damit es sich in seinen Omnipotenzphantasien nicht überfordert.

Die Folgen einer nicht gelungenen Balance in der Erziehung zwischen „frei lassen und Grenzen setzen" zeigen sich später oft in den so genannten „vorschnellen Beziehungen". Junge Menschen wollen selbstständig werden und suchen auf diesem Weg ihre Zukunft häufig in der Flucht vor einer zu engen Bindung an ihr Zuhause nach dem Motto „Nichts wie weg, egal wohin." Bisher weitgehend von den Eltern versorgt, haben sie nicht gelernt, selbständig und allein zu leben und Verantwortung für ihr Leben zu übernehmen. Sie waren fremdbestimmt und ihr Alltag wurde bis ins Detail von den Eltern und anderen Bezugspersonen geregelt. In ihrer Ziellosigkeit und in ihrer mangelnden Fähigkeit, allein zu sein und ihre Dinge selbst zu ordnen, brauchen sie schon bald jemanden, der ihnen hilft, ihren Alltag zu bewältigen, ihre auftauchenden Probleme zu lösen wie es bis jetzt Mutter und Vater getan haben. Auf der Suche nach „geeigneten Personen" finden sie dann häufig gleichaltrige PartnerInnen oder solche, die ihre Selbstbestätigung in der Mutter- oder Vaterrolle finden. Auf Grund der Notsituation gehen die Betroffenen diese Beziehungen meist schnell und ohne große Absprachen ein. Diese „vorschnellen Beziehungen" sind nicht organisch und langsam gewachsen, sondern voreilig und schon deshalb gefährdet.

Wenn TeilnehmerInnen in Gruppen solche Beziehungen gestalterisch darstellen, stehen sich beide PartnerInnen in einigen Metern Entfernung mit offen ausgebreiteten Armen gegenüber. Der Blick des einen signalisiert Hilflosigkeit mit der Aufforderung: „Bitte hilf mir! Ich brauche dich." Im Wahrnehmen dieser Position geben beide nach kurzer Zeit ihren Körperimpulsen spontan nach. Dabei gehen sie schnell aufeinander zu, fallen sich in die Arme und halten sich aneinander fest.

Die Erwartungen an den Partner bzw. die Partnerin sind hoch und werden oft unbemerkt durch die alten Beziehungsmuster aus der Kindheit bestimmt. Denn die Betroffenen hatten noch keine Gelegenheit, eigene Beziehungsformen zu entwickeln. Meistens gehen solche Beziehungen nach kurzer Zeit in die intime Nähe. Beide kuscheln sich auch körperlich, gegenseitig Halt suchend, aneinander, ohne dass die körperliche der geistigen und seelischen Nähe entspricht. Diese voreiligen, intimen Beziehungen gehen meist schon bald auseinander, weil die PartnerInnen die Umklammerung und Einengung auf Dauer nicht ertragen können, da es sie an Zuhause, an die Mutter- oder Vaterbeziehung erinnert, deren Enge sie ja entfliehen wollten. Dabei gehen sie instinktiv wieder auf Distanz, um nicht erneut abhängig zu werden. Wenn diese Beziehungsprobleme nicht bewusst angeschaut und aufgearbeitet werden, besteht die Gefahr, dass sich die destruktiven Beziehungsmuster ständig wiederholen.

Diese enge, umklammernde Beziehung birgt die Gefahr einer erneuten Symbiose in sich, wo der eine sich im anderen verliert; oder es entsteht eine Paaridentität, wo beide ihre Identität über das Zusammensein als Paar definieren. Beide Möglichkeiten erschweren die Selbstwerdung der Einzelnen.

Wie sehr die *Paar-Identität* die persönliche Entwicklung behindern kann, zeigt die Fortführung der oben geschilderten Gestalt-Übung. Einer der PartnerInnen, die eine umarmende Beziehungsskulptur darstellen, versucht – in der Umarmung bleibend – Schritte auf ein Ziel hin zu machen. Im Vorwärtsgehen schaut er oder sie in der Umarmung über die Schulter des/der anderen hinweg auf das Ziel. Wenn er nun vorangeht und „Fort"-Schritte machen will, dann muss sie zurückgehen, „Rück"-Schritte machen, ohne dass sie es will oder auch nur das Ziel sieht, woraufhin er sich bewegt. Umgekehrt ist es ähnlich. Auch fehlt in dieser umarmenden Beziehungsskulptur der Blickkontakt, weil die Distanz nicht vorhanden ist, die überhaupt einen Blickkontakt erst ermöglicht. Denn die Augen sind entweder mit dem Gesicht in der Schulter des andern vergraben oder schauen über seine Schulter hinweg, wohin auch immer.

Wenn sich die beiden aus der Umklammerung zu lösen beginnen, fällt es beiden zunächst schwer, allein aufrecht zu stehen und das Gleichgewicht zu halten. Spontan strecken sie wieder die Hände nach dem Anderen aus, um eine Stütze zu finden oder sie setzen sich auf den Boden, weil sie alleine nicht stehen können. Manche bleiben unsicher sitzen und warten auf fremde Hilfe, auf jemanden, der sie aufrichtet. Oder sie besinnen sich auf ihre eigenen Lebenskräfte und versuchen langsam aufzustehen, bis sie ihren Standpunkt gefunden haben. Erst von diesem *eigenen Standpunkt* aus, wenn sie ihre eigenen Kräfte und Möglichkeiten spüren und dafür Verantwortung übernehmen, können sie eine gleichwertige Beziehung und Partnerschaft anstreben und langsam Schritt für Schritt auf andere zugehen und partnerschaftliche Beziehungen knüpfen.

Das Loslassen aus der klammernden Beziehungsskulptur kann so aussehen, dass die beiden die Umklammerung lösen, je einen Schritt zurücktreten und sich dann Seite an Seite stellen. Anschließend können sie einen Arm um die Schulter oder die Taille des/der anderen legen und den Blick auf ein gemeinsames Ziel richten. Dabei bleiben sie in engem Kontakt zueinander, auch wenn nun die Körper, die Füße, ein Arm, eine Hand und der Blick offen und frei sind. Beide können zusammen auf das gemeinsame Ziel zugehen und sind gleichzeitig auf einer Seite frei für andere Beziehungen und Lebensmöglichkeiten.
Die enge Umarmung schränkt die beiden Beteiligten unter dem verführerischen Motto „du bist mein Ein und Alles“ symbiotisch ein. Diese einengende Verbindung findet sich vor allem in der Beziehung Mutter–Sohn und Vater–Tochter. Die Söhne und Töchter müssen sich um ihrer Selbstwerdung willen von diesem Anspruch der Eltern distanzieren und befreien, wollen sie nicht ein Leben lang abhängig bleiben. Der Traum von einer symbiotischen, perfekten und ausschließlichen Beziehung scheitert immer wieder an den Gesetzen menschlicher Selbstwerdung und Beziehung, an der *endlichen* Wirklichkeit. Eine solche vereinnahmende und alleinige Beziehung kann letztlich nicht die Ursehnsucht nach Liebe und Geborgenheit stillen. Ebenso ist es menschliche Realität, dass unsere Urwünsche in dieser Welt wohl kaum unseren Träumen entsprechend *ganz* erfüllt werden können, schon gar nicht von einem einzigen Menschen.
Weiter ist zu beachten, dass in einer Klammerbeziehung, in der sich beide aneinander festhalten, ein unbewusstes *Misstrauen* versteckt ist. Beide haben Angst, fallengelassen zu werden, sodass sie am Ende doch wieder allein da stehen oder liegen. Dieses Misstrauen führt meist in eine immer festere Umklammerung und letztlich zum Ende der Beziehung. In einer vertrauensvollen, offenen und dynamischen Beziehung kann ich den anderen frei lassen und trotzdem in einer engen und zärtlichen Beziehung mit ihm leben.
Grundsätzlich gilt, dass ohne eine bewusste Auseinandersetzung mit der symbiotischen Mutterbeziehung, bei der der Vater oft nicht die Aufgabe der Befreiung aus der Muttersymbiose übernommen hat, nur schwer eine erwachsene Selbstständigkeit und Beziehungsfähigkeit erreicht werden kann. Das trifft besonders dann zu, wenn die Mutter dem Kind die Botschaft vermittelt hat: „Du kannst ohne mich nicht

leben. Darum musst du bei mir bleiben und dankbar sein." Oder: „Keiner liebt und kennt dich so wie ich. Ich weiß deshalb am besten, was für dich gut ist" (Vgl. den Film „Shine"). Erfolgt die Ablösung nicht, werden die Beziehungsmuster der Kindheit meistens in den Beziehungen der Erwachsenen abhängig oder gegenabhängig wiederholt.

Wichtig in Beziehungen ist immer auch der *Blick*. So wie das Kind im Blick der Mutter erkennt, wer es ist, und wie es lernt, durch diesen Blick sich wahrzunehmen und zu erkennen, ebenso bleibt der Blickkontakt in jeder menschlichen Beziehung ein „Kommunikationsmittel", das eng mit dem Selbstwertgefühl verknüpft ist und die Selbstwerdung stärken kann. Liebende können in den Augen des anderen spiegelbildlich ihre eigene Stärke und Liebenswürdigkeit entdecken. „Wenn du mich liebevoll anblickst, dann werde ich innerlich größer und fühle meine inneren Energien und Kräfte. Ich wachse unter deinem liebenden Blick und kann mich ganz entfalten", beschreibt L., eine junge Frau ihren Gefühlszustand in der liebenden Beziehung zu R., ihrem Verlobten.

## Aggressionen und offene Beziehungsstörungen

Neben diesem lebensfördernden und beziehungsstiftenden Umgang mit Aggressionen zeigen die Konflikte in unserem Alltag und berichten die Medien täglich von vielfältigen *Beziehungsstörungen* in unserer Mikro- und Makrowelt. Die Beziehungsstörungen zeigen sich u.a. in den zunehmenden Ehescheidungen, in den Konflikten zwischen Eltern und Kindern, Lehrern und Jugendlichen, in den Auseinandersetzungen zwischen Ausländern und Einheimischen, weltweit zwischen Armen und Reichen, zwischen verfeindeten Volksgruppen und Religionsgemeinschaften.

Beziehungen werden immer dann gestört, wenn die dazugehörigen Aggressionen, die das Aufeinander-zu-Gehen und Miteinander-um-Gehen ermöglichen, *unangemessen und mit destruktiver* Energie gefüllt sind. Wenn Aggressionen mit Gewalt und mit Hass verbunden sind, dann werden die Beziehungen nicht nur gestört, sondern meist auch zerstört.

*1. Gewalttätige Aggressionen und Beziehungsstörungen*
Wer die Berichte von Amnesty International liest, weiß, dass weltweit gewalttätige Aggressionen gerade auch im Namen von Ideologien, Religionen und Institutionen an der Tagesordnung sind. In vielen Regionen der Welt gibt es kriegerische Auseinandersetzungen und gewaltsame Unterdrückungen, gepaart mit Ungerechtigkeiten aller Art. Ganze Volksgruppen werden in Afrika, Asien und in Europa aus rassistischen oder religiösen Gründen vertrieben oder vernichtet. Man denke nur an das ehemalige Jugoslawien, an Algerien und an viele andere Staaten. Hass, Folterungen und Morde sind zum alltäglichen Programm geworden. Der Unterschied liegt oft nur noch in dem „Mehr oder weniger" an Gewalt, in dem Ausmaß der Unterdrückung und der Morde.
Das Recht des Stärkeren herrscht auch in unserem Land in vielen Lebensbereichen vor: In der kriminellen Szene wird das Recht des Stärkeren oft mit Waffengewalt durchgesetzt. Im wirtschaftlichen und politischen Bereich verfolgen die Mächtigen ihre Interessen mehr mit sanfter und trickreicher Gewalt gegen den Staat und die Mitbürger und sind dabei allzu oft erfolgreich. Gewalttätige Aggressionen sind auch zunehmend in der Schule zwischen Lehrern und Schülern sowie den Schülern untereinander festzustellen. Hinzu kommen die gewalttätigen Auseinandersetzungen mit Ausländern und zwischen jugendlichen Banden und Autonomen. Die Gewalt zeigt sich ebenso in den Ehe- und Familien-Streitigkeiten wie im Mobbing und der sexuellen Belästigung am Arbeitsplatz.
Was liegt diesen gewaltsamen und destruktiven Lösungsversuchen von Konflikten aller Art zu Grunde?
Einen wichtigen Hinweis gibt uns *Thomas Merton*, ein bedeutender christlicher Denker und Mystiker unseres Jahrhunderts. In seinen Überlegungen zur Gewaltlosigkeit vermutet er, dass die Theorien von Gewalt und Macht auf der Grundannahme beruhen, dass das Böse unwiderruflich sei, letztlich endgültig. Wenn nun das Böse aber unabänderlich ist, wenn man seine Fehler nicht bekennen und vergeben kann, wenn die Schuld unverzeihlich und endgültig auch im persönlichen Leben bleibt, dann gibt es aus der Sicht von Macht und Gewalt nur eine Lösung: Das Böse muss vernichtet und aus unserem Leben herausgeschnitten werden, damit der Mensch überhaupt weiter

existieren kann. So gesehen sind Vergebung und Liebe Zeichen von Schwäche und im Machtkampf des Lebens ungeeignet.
Eine perverse Form von Gewalt in Beziehungen wird in den *Pornoskandalen* offenbar. Der Missbrauch von abhängigen und hilflosen Kindern durch Erwachsene im Bereich der Pornoindustrie ist ein abscheuliches Beispiel für fehlgeleitete Aggressionen und für die Zerstörung von Beziehungen. Der Handel mit Kinderpornos ist ein lukratives Geschäft geworden. Sie sind unterdessen auch im Internet abrufbar und kaum noch zu kontrollieren.
In jüngster Zeit wurden die Verbrechen der Kinderschänder in Belgien, Holland, Österreich und anderen sogenannten europäischen „Kulturstaaten" aufgedeckt. Auch in Deutschland wagt man sich langsam und zögerlich an dieses heiße Thema. Die Kinder werden nach brutalen Folterungen und Vergewaltigungen getötet und verscharrt.
Welche unglaublich brutale Aggressivität, welche Missachtung und Herzlosigkeit offenbart sich in Männern und Frauen, die Kinder unter Drogen setzen, um die willenlosen Jungen und Mädchen abartige Sexualpraktiken durchführen zu lassen und diese zu filmen. Beim Anschauen der Videos geilen sich dann tausende Erwachsene auf, wie die großen Gewinne der Pornoindustrie beweisen. Was bewegt Eltern, die ihre Kinder für solche Pornofilme verkaufen, oder Lehrer und Erzieher, die sich an den ihnen anvertrauten Kindern und Jugendlichen vergehen?
Auf der anderen Seite werden in der Grauzone dieser unmenschlichen Verbrechen auch Unschuldige verdächtigt und vorab von ihrer Umwelt verurteilt. Auch hier handelt es sich um ein destruktives Aggressionsverhalten in Form von Vorverurteilungen und Rufmord, die Beziehungen zerstören und Menschen in die Verzweiflung treiben können. Die Betroffenen sind hilflos den Anschuldigungen ausgeliefert, und wie immer sie sich verhalten, ob sie sich nun wehren oder passiv bleiben, ihr Verhalten wird meist als Eingeständnis ihrer Schuld gedeutet.
Neben diesem spektakulären und abartigen Einsatz von Gewalt in *Beziehungen* gibt es auch in den eher unauffälligen persönlichen Beziehungen viel zerstörerisches Aggressionsverhalten. Oft ist das, was wir „Liebe" nennen, letztlich ein Machtkampf zwischen Mann und

Frau, die sich auf sublime Weise zu besiegen und zu manipulieren suchen.

Auch in *Selbsterfahrungsgruppen* und in therapeutischen Gruppen bricht immer wieder destruktives Aggressionsverhalten durch, z.B. wenn ein Gruppenmitglied im Feedback andere durch eine unangemessene Kritik scharf angreift und sie dadurch tief kränkt und verletzt. Dabei macht oft der Ton die Musik, der schneidende Ton in der Stimme, die Ironie oder der Sarkasmus. Beißender Spott und abfällige Gesten können die beziehungsstörende Wirkung der Worte noch verstärken und einen Menschen „fertigmachen".

Aus einer solchen verletzenden Feedback-Situation kann in einer Gruppe aber auch ein *heilsamer Lernprozess* über den Umgang mit Aggressionen entstehen.

Auf einem 2-wöchigen Kommunikationstraining in Positano (Süditalien) meldete sich Herr X., ein 42-jähriger Kaufmann, in einer Gruppensitzung, er habe eine Störung und möchte darüber sprechen. Frau L., eine 48-jährige Gemeindereferentin, war das Ziel seiner Kritik, weil sie ihm schon lange „auf den Wecker ging". Frau L. hatte sich in der Vorstellung selbst eine „graue Maus" genannt und als ihr negatives Schlüsselwort „Aschenputtel" gewählt. Herr X. polterte unbeherrscht los: „Du gehst mir mit deinem leidvollen Getue und deinem madonnenhaften Aussehen auf den Geist. Du strahlst überhaupt nichts an Weiblichkeit und Sexappeal aus. Du bist nicht attraktiv und löst in mir nicht den kleinsten erotischen Funken aus. "

Nach diesem Wutausbruch, bei dem Herr X. erregt vom Stuhl aufgesprungen war, herrschte zunächst betroffenes Schweigen in der Gruppe. Frau L. schluchzte und wurde von einem Gruppenmitglied getröstet. Herr X. schaute erschrocken in die Runde und murmelte: „Ich habe es doch nur gut gemeint." Und dann heftiger: „Man soll doch hier Aggressionen äußern und wenn man es tut, wird man bestraft."

Die Gruppe war wütend auf Herrn X. und erkundigte sich bei Frau L. nach ihrem Befinden. Frau L. sagte gar nichts über ihr Befinden, sondern erinnerte sich, dass sie ähnliche Erfahrungen schon zur Genüge kannte. Sie war in der Kindheit von den Eltern und von ihrer Schwester, die alles besser konnte, kleingemacht und erniedrigt worden und fühlte sich wie der „letzte Dreck". „Ja, letzter Dreck ist mein negatives

Schlüsselwort. Letzter Dreck, das ist ein Gefühl, das tief in mir sitzt und am meisten schmerzt." Frau L. war durch die Attacke von Herrn X. in ihrer Lebenswunde getroffen worden, die noch immer schmerzte und nicht verheilt war.

In der anschließenden Reflexion erkannte Herr X., dass er auf Frau L. seine Erfahrung mit der eigenen Mutter übertragen hatte. Seine Mutter beherrschte ihn seit Jahren mit ihrer Krankheit. Sie wollte die ungeteilte Nähe und Zuwendung ihres Sohnes gerade auch in der Krankheit. Besuchte er sie, hielt sie ihm vor: „Du bist undankbar. Ich habe alles für dich getan und was tust du für mich?" Herr X. fühlte sich erpresst, und gleichzeitig gebunden an die Aufgaben eines dankbaren Sohnes: „Ich kann doch meiner kranken Mutter nicht sagen, wie ich ihr Verhalten erlebe. Ich kann mich mit dieser kranken und schwachen Mutter nicht auseinandersetzen, ohne mich schuldig zu machen." Frau L. erinnerte ihn stark an seine Mutter, die er auch als „graue Maus" erlebte, als „Aschenputtel" für den Mann und die Kinder. Frau L. hatte jetzt stellvertretend seine Wut abbekommen. Herr X. entschuldigte sich bei Frau L. und beide vereinbarten, sich näher kennen zu lernen, damit Herr X. Frau L. nicht immer wieder mit seiner Mutter verwechseln konnte.

Dann stellte Herr X. mit Hilfe der Gruppe eine Skulptur, wie er sich bei seiner aggressiven Attacke erlebt hatte. Herr X. stellte sich auf einen Stuhl und Frau L. sollte sich vor den Stuhl knien, ihm zugewandt und den Kopf gesenkt haltend, den Blick zu Boden gerichtet. Dann ballte Herr X. mit der linken Hand eine Faust und stemmte den anderen Arm in die Hüfte und schaute auf Frau L. herab.

Im Gespräch mit Herrn X. wurden seine Ängste, seine Schuldgefühle und letztlich seine Hilflosigkeit gegenüber der Mutter deutlich, Gefühle, die sich hinter seinem aggressiven Verhalten gegen Frau L. verbargen. Der Wutausbruch kam zu Stande, weil Herr X. diese Gefühle bisher unterdrückt und nicht geäußert hatte. Dieses verborgene Gefühl der Ohnmacht und die verdrängte Wut stellte er gestalterisch unter dem Stuhl dar, auf dem er zuvor als Aggressor gestanden hatte.

Im Durcharbeiten und Reflektieren von solch zunächst destruktiven Interaktionen wird immer wieder die befreiende Wirkung der *Transparenz* deutlich. Wenn der Aggressor seine wahren Gefühle der Angst und Traurigkeit hinter der äußeren Fassade der Aggression erkennt; wenn er seinen Ärger und seine Wut wahrnimmt, dann lösen sich die Beziehungsstörungen zwischen den beiden Kontrahenten wie von selbst. Denn nun können sich beide „echt“ begegnen und zu ihrer eigenen Verletzung und den damit einhergehenden Gefühlen der Ohnmacht und Schwäche stehen. So hatte das destruktive Aggressionsverhalten von Herrn X. durch das Bearbeiten und die Auflösung letztlich eine kathartische Wirkung und vertiefte seine Beziehung zu Frau L. und zur Gruppe.

Bei der Besprechung entdeckte Herr X. hinter seinem aggressiven Verhalten ein immer wiederkehrendes Grundgefühl der Minderwertigkeit, der Ohnmacht, der Angst vor Verletzung durch die Mutter, die ihn mit Krankheit und Minderwertigkeitsgefühlen an sich band und ihm kein eigenes Leben erlaubte. Er hatte mehr unbewusst als bewusst gelernt, dieses unangenehme Grundgefühl hinter seinen Aggressionen zu verbergen. Auf den ersten Blick demonstrierte Herr X. durch sein aggressives Auftreten Stärke und Macht und erschreckte Frau L. und die Gruppe. Er machte Frau L. klein, demütigte und erniedrigte sie. Herr X. plusterte sich auf, um die anderen Gruppenmitglieder und sich selbst über seine eigentlichen Gefühle der Schwäche und Ohnmacht, die er auch im Alltag immer wieder empfindet, hinwegzutäuschen. Durch diesen Bluff machte Herr X. auf seine Umgebung zunächst den Eindruck von Kaltschnäuzigkeit, Selbstbewusstsein und Härte. Dieses Grundmuster des Überlebens hatte er bei seinem Vater gelernt: „Gib dir niemals eine Blöße und tritt immer stärker auf als du bist. Dann wirst du Erfolg im Leben haben.“ Herr X. meinte lakonisch: „Durch dieses Lebensprinzip ist mein Vater als Großhandelskaufmann zwar reich geworden, aber unglücklich geblieben. Mit diesen Täuschungsmanövern hat er sich letztlich selbst um das Leben betrogen. “

Abschließend übten dann Herr X. und Frau L. in einem Rollenspiel eine ihnen angemessene Form der Kommunikation ein, bis sie für beide stimmig war.

Stadter schreibt dazu: „Jedermann weiß, dass es gelegentlich unumgänglich ist, Aggressionen zu unterdrücken und dann wieder selbst destruktive Regungen ‚herauszulassen‘. Der Hauptakzent liegt aber weder auf der Kontrolle der Aggression (‚Halte dich zurück!‘), noch auf der kathartischen Expressivität (‚Lass es heraus!'), noch auf der Verhaltensformung (‚Sag es anständig!', das heißt ‚Sag es konstruktiv!'). Er liegt auf der Stimmigkeit der Selbstäußerung und Selbstdarstellung: Sei authentisch, dann wird dein Verhalten nicht destruktiv! Destruktion beruht darauf, dass etwas, sei es bewusst oder unbewusst, nicht ausgedrückt wird. Sich authentisch verhalten, macht Bewusstheit und Transparenz notwendig: Sich so sehen, wie man ist; sich so zeigen, wie man ist" (Stadter 1992, 117).

Nach einer destruktiven Interaktion ist es wichtig, in die *Metaebene* zu gehen und das abgelaufene Kommunikationsgeschehen zu reflektieren und auszuwerten: Was hat mich als Aggressor bewegt, so zu agieren? Was wollte ich mit meinem Verhalten bewirken? Wie und wo haben sich diese heftigen Aggressionen entwickelt? Welche anderen Gefühle sind dahinter verborgen? Meist ist der Aggressor selbst sehr betroffen, wenn er sieht, welche Reaktion sein aggressives Verhalten ausgelöst hat. Die ganze Situation hat er so nicht gewollt, da die Aggression aus einer viel früheren Verletzung durch andere Personen stammt. So erklärt er sich dann meist zu einem Gespräch bereit.

Unterbleibt diese anschließende Reflexion und wird die komplexe Interaktion nicht ausgewertet, dann besteht die Gefahr, dass der Angegriffene seinem Reaktionsmuster entsprechend entweder ebenso aggressiv zurückschießt oder sich ganz zurückzieht. Dadurch werden die Spannungen verstärkt und die Beziehungsstörungen immer gravierender.

Aggressionen lebensfördernd und beziehungsstiftend einzusetzen will gelernt und geübt sein. Dieses Lernen geht nicht nur über Bewusstseinsbildung und Erkennen, sondern schließt alle Dimensionen menschlicher Wahrnehmung ein. Auf diesem Hintergrund habe ich eine *ganzheitliche Aggressionsübung* entwickelt, die vielfach in Positano erprobt wurde. In dieser Übung ist es möglich, schrittweise die eigenen destruktiven Wut- und Haßgefühle wahrzunehmen und zuzulassen. Zudem kann die „Mordswut" in körperlichen Übungen ausgedrückt werden, ohne dass die betroffenen Personen in irgendeiner Weise verletzt werden. Das Lernziel dieser ganzheitlichen Übung ist zunächst, die eigene Kraft und Lebensenergie zu spüren und wahrzunehmen, wann sie kommen, wohin sie sich ausrichten und wie sie sich entwickeln. Wenn dann in der Reflexion auch die dahinter liegenden Gefühle von Angst, Trauer und Schmerz deutlich werden, können die Betroffenen lernen, die aggressiven Energien früher „fließen" zu lassen, damit sich das zerstörerische Potenzial nicht anstaut und später an unpassender Stelle entlädt. Das Lernziel ist, dass die Betroffenen ihre zerstörerischen Aggressionen konstruktiver gestalten und die darin enthaltenen Energien im eigenen Alltagsleben sinnvoll und fruchtbar einsetzen.

Methodisch geht die Aggressionsübung in verschiedenen Schritten voran.

Ein erster Schritt ist die *Einsicht*, dass Aggressionen (aggredi = auf jemanden zugehen) zunächst lebensfördernd und beziehungsstiftend sind, ja sogar notwendig für die Entwicklung von Freundschaft und Liebe. Aggressionen setzen Lebenskräfte frei und führen zum Fortschritt, wenn sie keine Reaktionen auf Kränkungen sind, die immer wieder nach einem Ausgleich suchen. Werden sie unkontrolliert losgelassen, so können sie gewaltsam, unterdrückend und zerstörerisch gegen andere oder gegen sich selbst wirken.

Nach diesen Vorüberlegungen werden Fragen aus dem *Lebensskript* bearbeitet, in dem die jeweiligen Elternbotschaften über Gefühle und Aggressionen deutlich werden (Frielingsdorf [5]1996, 109ff.). Hier ist es wichtig, die entsprechenden Schlüsselbotschaften der Kindheit und die daraus resultierenden Verhaltensweisen bezüglich der Gefühle und der Aggressionen bewusst zu machen und kritisch anzuschauen. Dann können die lebenshindernden Elternbotschaften über Aggressionen, Wut und Ärger in einem weiteren Schritt nach eigener Einsicht und Entscheidung in eigene Lebenssätze *umgeschrieben* und eventuell neue Akzente gesetzt werden. Die Elternbotschaft: „Aggressionen sind verwerflich. Du darfst keine Aggressionen zeigen, unterdrücke sie!" kann so umgeschrieben werden: „Aggressionen sind in sich nicht verwerflich, sondern gut. Ich will meine Aggressionen zulassen und lernen, sie in angemessener Form zu äußern."

In einem nächsten Schritt kann ich mir dann bewusst machen und aufschreiben, wie und von wem ich in der Kindheit verletzt wurde und wie diese Verletzungen mein Leben behindert haben. Dabei geht es nicht um die Frage nach der Schuld. Eine Verurteilung der Eltern steht uns nicht zu, denn auch sie haben das zu diesem Zeitpunkt in ihren Möglichkeiten und Grenzen Stehende getan. Es geht hier nur um die Wahrnehmung und das Bewußtmachen der Erlebnisse und Gefühle, die die Verhaltensweisen und Einstellungen der Eltern in mir als Kind ausgelöst haben, was meist zu einem Aggressionsstau führte. Denn als Kind war es nicht möglich, sich mit den Erwachsenen wirklich auseinanderzusetzen und z.B. neben Schmerz und Traurigkeit auch den Ärger und die Wut zu äußern.

Um dies zu ermöglichen können die erkannten lebenshindernden Fakten dann in einem *Wut-Brief* an Mutter und Vater benannt und ihnen vorgeworfen werden, unter der Überschrift: „Du hast mir das und das angetan." Wenn möglich sollte dieser Wutbrief in der Gruppe vorgelesen werden, um die schlimmen Erfahrungen aus der Kindheit und die schmerzlichen Erlebnisse jetzt mit den anderen Gruppenmitgliedern zu teilen und damit öffentlich zu dokumentieren. Dabei lernen die Betroffenen, in einem Schonraum den Eltern Vorhaltungen zu machen und ihnen gegenüber Wut zu äußern, was für viele sehr schwierig ist. In der Regel tauchen jetzt auch Träume auf, in denen die Betroffenen sich mit den Eltern auseinandersetzen. Und sie werden „kribbelig".

Jetzt ist die Zeit reif für leiblich gestaltete Übungen, damit die rationale Auseinandersetzung auch auf der Körperebene ausagiert wird und so die emotionale Schicht tiefer erreicht werden kann. Dabei haben sich z.B. Körper-Übungen bewährt, in denen sich die Betroffenen ein Gruppenmitglied als Mutter/Vater wählen, und sich ihnen auf einige Meter Entfernung gegenüberstellen. Mutter/Vater sprechen dann die lebensvernichtenden Schlüsselbotschaften aus (z.B. „du sollst nicht leben"; „du bist mein Besitz"; „du bist an allem schuld" etc.). Beide messen sich mit den Augen, die Betroffenen verneinen laut und deutlich die negative Schlüsselbotschaft der Eltern und halten ihren eigenen, positiven Lebenssatz der negativen Elternbotschaft entgegen. Z. B. antworten sie auf die Elternbotschaft „du bist nicht gewollt, du sollst nicht leben!" „Nein, ich habe ein Recht auf mein Leben, auch wenn ihr mich nicht gewollt habt. Ich will leben und ich lebe."

Auf eine andere Elternbotschaft: „Du darfst nur leben, wenn du dich anpasst", könnte die eigene Antwort lauten: „Ich passe mich an, wenn ich will und es für mich und andere heilsam ist. Dieses soziale Verhalten habe ich von euch gelernt. Aber ich habe auch meine eigene Meinung und vertrete sie gegenüber anderen. Ich scheue keine Kritik und will mich mit euch auseinandersetzen."

Nach dieser verbalen Auseinandersetzung messen sich Mutter/Vater und die Betroffenen mit den Blicken, nähern sich langsam und beginnen miteinander zu kämpfen. Meist sind die Betroffenen überrascht, wie viel Kraft sie haben, wenn sie ihre Energien für das eigene Leben einsetzen.

Die Kurse in Positano (Süditalien) bieten gute Möglichkeiten, noch intensiver an den Aggressionen zu arbeiten. Denn hier geschieht die aggressive Auseinandersetzung mit den „verhassten" Elternanteilen nicht nur verbal über Vorwurfsbriefe oder andere indirekte Aggressionsübungen. Hier können auch TeilnehmerInnen, denen direkte Aggressionsübungen besonders schwer fallen, stellvertretend mit Steinen auf Felsen (Symbol für Mutter/Vater) werfen, Felsbrocken auf großen Steinen zertrümmern, mit Stöcken auf Felsen schlagen, ihre Wut laut aufs Meer hinausschreien etc. Die Art der Aggressionsübung wird von den Einzelnen in Absprache selbst ausgewählt. Denn jeder hat einen anderen Zugang zur Aggression und eine je persönliche Ausdrucksweise. Für viele ist es heilsam und befreiend, auch die körperliche Kraft zu spüren und in gewisser Weise zerstörerisch einzusetzen, jedoch so, dass nichts und niemand zu Schaden kommt. Endlich ist es ihnen möglich, die bisher unterdrückte „Mords-Wut" unkontrolliert und ungestraft herauszulassen und sich auf diese Weise, unter Assistenz von Gruppenmitgliedern und Therapeuten, zu gestatten, die angestauten Aggressionen verbal und auch körperlich zu äußern.

Doch mit dem „Rauslassen der Aggression" ist die Übung noch nicht beendet. Nachdem die Betroffenen eine halbe Stunde und länger Steine auf „Mutter/Vater" geworfen oder Felsbrocken zertrümmert haben, kommt in ihnen zunächst ein Gefühl der Befreiung und Erleichterung auf. Die TeilnehmerInnen spüren ihre Kraft und Ausdauer.

Nach der Übung sitzen sie mit den AssistentInnen erschöpft am Strand. In der anschließenden Auswertungsrunde spüren manche schon bald, dass der Hass, die blinde Wut und das symbolische Vernichten der Eltern keine Lösung ist. Sie erkennen, dass die negativen Anteile und Schattenseiten der Eltern auch in ihnen selbst vorhanden sind. Viele stellen in der Reflexion mit Schrecken fest, dass sie in der

Übung ebenso brutal und zerstörerisch gehandelt haben, wie die Mutter, die sie totgewünscht hat, oder der Vater, der sie mit Gewalt geschlagen und mißbraucht hat.
Von hier aus ist es möglich, die nächsten Schritte auf dem Weg zur Versöhnung mit den Eltern zu gehen. Denn die ausgelebte „Mordswut" kann nicht das Ende sein. Das entdecken die Teilnehmer u.a. auch, wenn sie an den Ort der Aggressionsübung zurückkehren und die zerschmetterten Steine und Felsstücke anschauen und in die Hand nehmen. Nun ist die Zeit gekommen, sich in die Eltern hineinzuversetzen und ihr damaliges Verhalten immer mehr aus ihrer Lebensgeschichte zu verstehen. Jetzt können auch die positiven Anteile der Eltern deutlicher wahrgenommen und dankbar angenommen werden.
Nach der Aggressionsübung schreiben die Betroffenen einen Antwortbrief von Mutter/Vater auf ihren Wutbrief. Dieser Antwortbrief regt die TeilnehmerInnen an, sich noch mehr in die Situation der Eltern hineinzuversetzen und aus deren Sicht die eigene, oft schmerzvoll erlebte Kindheit anzuschauen. Oft wird es erst jetzt verständlich, warum Mutter/Vater, bei allem guten Willen, nur so handeln konnten, wie sie es getan haben und warum sie den Kindern nicht mehr Zuwendung und Liebe gegeben haben.
Das eigentliche *Ziel* der aggressiven Auseinandersetzung mit der Vergangenheit ist und bleibt das bewusste Annehmen und die *Versöhnung* mit dem Leben, wie es mir bis jetzt zugefallen ist. Eine *Gestalt-Übung* kann helfen, den augenblicklichen Standort auf dem Weg zur Versöhnung zu orten und die nächsten Schritte zu planen. Da die Versöhnung meist über die Annahme der verletzenden Anteile von Mutter/Vater geht, werden diese Anteile als Skulptur von einem Gruppenmitglied gestaltet: Z.B. die Faust der Mutter, die Angst gemacht und geschlagen hat; den Zeigefinger des Vaters, der gedroht und im Namen Gottes Unterwerfung gefordert hat; die Arme der Mutter, die das Kind als Besitz umarmten; ablehnende Hände, die das Leben verweigert haben; die Hand, die das Herz für das Kind verschlossen hat; der verachtende Blick; die abgewandte, kalte Schulter; der Fuß, der das Kind weggetreten hat.
Der augenblickliche Stand in der Auseinandersetzung mit Vater/Mutter wird durch die Betroffenen, die sich selbst in Bezug zu der ge-

stalteten Mutter/Vater-Skulptur stellen, über den Körper ausgedrückt, bis die Haltung von ihnen als stimmig erlebt wird. Jetzt können die nächsten Schritte symbolisch herausgearbeitet werden: Z.B. wenn einer auf der Flucht der Mutter den Rücken zuwendet, ist eine „Umkehr“ zur Mutter hin erforderlich, um sich mit ihr auseinanderzusetzen. Oder es ist ein Schritt, auf die ablehnenden Hände der Mutter zuzugehen. Oder es gilt, die eigene Faust zu öffnen. Oder der Betroffene richtet den Blick von unten nach oben auf die Mutter, schaut sie offen an, damit eine wirkliche Auseinandersetzung von Angesicht zu Angesicht stattfinden kann.

Anschließend wird das Ziel der Versöhnung mit Vater und Mutter in einer *idealen Versöhnungsszene* dargestellt. Die Skulptur von Mutter/Vater darf dabei nicht verändert werden, d.h. die Faust, der drohende Finger, die ablehnenden Hände bleiben, weil diese als lebensbehindernde Anteile von Mutter und Vater in der Kindheit so erlebt wurden und sich noch in den entsprechenden Grundgefühlen im Alltag wiederholen. Diese Vergangenheit kann bis zum Augenblick nicht verändert werden, sie war so. Aber die Gegenwart und Zukunft kann durch die Versöhnung mit dieser Vergangenheit wesentlich neu gestaltet werden. So wurde z.B. bei der idealen Darstellung der Versöhnung die drohende Faust des Vaters liebevoll in die eigene Hand genommen; oder der Kopf an das steinerne Herz der Mutter gelegt; oder das eigene Herz mit den ablehnenden Händen der Mutter in Berührung gebracht; oder die böse Hand, die geschlagen hat, an die eigene Wange gelegt.

Auch wenn die Versöhnung noch nicht erreicht ist, so zeigt diese Übung sowohl den augenblicklichen Stand als auch das Endziel der aggressiven Auseinandersetzung mit der eigenen Vergangenheit sehr konkret auf. In der Folge kann die Übung wiederholt werden, um den Fortschritt auf dem Weg zur Versöhnung gestalterisch zu sehen und die nächsten Schritte zu erkunden und herauszuarbeiten, bis die innere Versöhnung mit der Vergangenheit erreicht ist.

*2. Aggression und Gewaltlosigkeit*

Spannungen und Konflikte können im Großen und im Kleinen nicht mit gewalttätigen Aggressionen gelöst werden. Gewalt gegen Gewalt kann letztlich keinen Frieden stiften. Wie aber kann der Teufelskreis von Gewalt und Gegengewalt durchbrochen werden? Die Ideen der Gewaltlosigkeit sind besonders in den östlichen Philosophien und Religionen wie in der christlichen Tradition verankert. Doch fragen heute viele Menschen, ob diese Gedanken der Gewaltlosigkeit und des Friedens nicht letztlich eine Utopie sind, die an der Wirklichkeit vorbeiträumt.

Der Grundsatz der Gewaltlosigkeit ist in der *jüdisch-christlichen* Tradition nicht selbstverständlich. Dies wird im Blick auf die Geschichte sichtbar. *Israel* teilt in seiner Strategie der Konfliktlösung zunächst die gewalttätige Praxis der umliegenden Völker. „Nicht nur einzelne verhalten sich in dieser Zeit gewalttätig (Gen 6,11; Hos 4,1f.; Mi 7,2), so dass das Familien- und später das Staatsrecht Gewaltanwendungen einzudämmen suchen, wobei das Faustrecht des Stärkeren unterbunden oder wenigstens gleiche Strafe für alle gefordert wird. So ist der bis heute oft mißverstandene Satz ‚Auge für Auge, Zahn für Zahn' (Ex 21,24) im neunten Jahrhundert vor Christus nachweislich zum Schutz der Armen und Unterdrückten formuliert worden gegen Reiche und Mächtige…" (Frankemölle, 515f.). Doch es gibt auch im Alten Testament schon den Verzicht auf Gegengewalt (Ex 21,29f.; Gen 27,41f.) Hinweise für eine gewaltfreie Konfliktlösung finden sich vor allem in den Visionen des Propheten Jesaias vom „Gottesknecht" (Is 11,1ff.; Is 53,1ff.).

Jesus lehrt uns in der Bergpredigt (Mt, 5,39ff) eine *Nächstenliebe*, die persönliche und weltweite Konflikte gewaltlos und im Geist der Barmherzigkeit und geschwisterlichen Liebe löst. Darüberhinaus empfiehlt er uns in der *Feindesliebe*, nach seinem Vorbild das Freund-Feind-Denken zu überwinden und in ein Leben der Gerechtigkeit und Versöhnung umzuwandeln. Das geschieht durch eine *Verwandlung der zerstörerischen, aggressiven Gewaltanwendung in ein aggressives Aufeinander-zu-Gehen, das vom Geist des Wohlwollens, der Vergebung und der Liebe geprägt ist.* Das Böse soll mit dem Guten überwunden werden (Röm 12,21). Die Spirale der Gewalt und zerstörerischen Aggression kann beendet werden durch „Schritte auf dem Weg des Friedens" (Lk 1,79), die dem Heilungsprozess bei Verwundungen gleichen, ein Sterbeprozess, der zu neuem Leben führt (Frielingsdorf 1996, 191ff.). Die Aufforderung Jesu zur Gewaltlosigkeit und zum Frieden ist vor allem in seinem eigenen Leben und Vorbild

begründet, und sie wird zum Anspruch für jeden, der sich für die Nachfolge Jesu entscheidet.
Die *Urkirche* ist von diesem Geist der Bergpredigt stark geprägt. Mit dem *konstantinischen Zeitalter* beginnt unter dem Einfluss der römischen Philosophie die Diskussion über einen gerechten Krieg und legitime Gewaltanwendung, die bis heute andauert. Im Laufe der Geschichte erliegen in der Kirche immer wieder einzelne und Gruppen der „davidischen Versuchung“: Missionieren und Recht schaffen im „Namen Gottes“ durch Einsatz von Macht und Gewalt, z.B. in den Kreuzzügen, in der Missionierung der Kolonialvölker, in der Inquisition, in der Ketzerverfolgung oder in den Religionskriegen bis in unsere Zeit.
Das *Zweite Vatikanische Konzil* hat das unbedingte Ja zum Frieden wieder aufgegriffen. „Der Friede besteht nicht darin, dass kein Krieg ist; er lässt sich auch nicht bloß durch das Gleichgewicht der Kräfte sichern...“ Der „Friede kann auf Erden nicht erreicht werden ohne Sicherheit für das Wohl der Person und ohne dass die Menschen frei und vertrauensvoll die Reichtümer ihres Geistes und Herzens miteinander teilen. Der feste Wille, andere Menschen und Völker und ihre Würde zu achten, gepaart mit einsatzbereiter und tätiger Brüderlichkeit – das sind unerlässliche Voraussetzungen für den Aufbau des Friedens. So ist der Friede auch die Frucht der Liebe, die über das hinausgeht, was die Gerechtigkeit zu leisten vermag“ (Rahner/Vorgrimler, 536).
Um den Frieden zu erreichen, sind vor allem die Ursachen für den Unfrieden zu überwinden, die großen wirtschaftlichen Ungleichheiten zwischen den Armen und Reichen und all jene Ungerechtigkeiten, die aus Herrschsucht und Missachtung der Menschenwürde entstehen. Sie verletzen den Menschen und seine Würde tief, oft über Generationen hinweg. Nur wenn diese Quelle des Schmerzes, der Wut und der Ärgernisse beseitigt wird, ist langsam Heilung und letztlich Frieden möglich. Denn ungerechte „Ordnungen“ führen immer wieder im Kleinen und Großen zu kriegerischen Auseinandersetzungen und gewaltsamen Unterdrückungen. „Täuschen wir uns nicht durch eine falsche Hoffnung! Wenn Feindschaft und Hass nicht aufgegeben werden, wenn es nicht zum Abschluss fester und ehrenhafter Verträge kommt, die für die Zukunft einen allgemeinen Frieden sichern, dann geht die Menschheit, die jetzt schon in Gefahr schwebt, trotz all ihrer

bewunderungswürdigen Wissenschaft jener dunklen Stunde entgegen, wo sie keinen anderen Frieden mehr spürt als die schaurige Ruhe des Todes“ (Rahner/Vorgrimler, 543).

Martin Luther King hat den Geist des Friedens Jesu wie kaum ein anderer in unserer Zeit begriffen und gelebt. Er schreibt: „Macht mit uns, was ihr wollt. Wir werden euch dennoch lieben. Wenn wir den Funken der Rachsucht in uns erlauben, zum Hass gegen unsere Feinde aufzuflammen, dann lehrt Jesus: ‚Liebt eure Feinde; segnet die, die euch fluchen; tut wohl denen, die auch hassen; bittet für die, die euch beleidigen und verfolgen.‘ Das Gebot der Feindesliebe ist eine absolute Notwendigkeit, wenn wir überleben wollen. Liebe gegenüber dem Feind ist der Schlüssel zur Lösung der Probleme unserer Welt. Jesus wusste darum, dass jede echte Liebe nur aus beständiger und vollständiger Hingabe an Gott erwächst“ (King, 1095).

Es ist vor allem eine *Aufgabe der Erziehung*, tiefsitzende, oft über Jahrhunderte hinweg weitergegebene Gefühle der Feindschaft, des Hasses, der Verachtung, des Misstrauens abzubauen und eine neue Gesinnung des Friedens in jungen Menschen zu wecken. Wenn sie den Wert des Anders- oder Fremdseins der so genannten Feinde erkennen und sie schätzen lernen, ja sogar sehen können, wo ein gegenseitiges Geben und Empfangen möglich ist, dann sind wichtige Voraussetzungen für den rechten Umgang mit ihren Aggressionen und ihrer Lebenskraft geschaffen. Der Maßstab hierfür ist der innere Zusammenhang von Liebe, Gerechtigkeit und Macht. Die kreative Liebe, die zuhört, gibt und vergibt, ist Grund und Ziel der Macht (Tillich, 82ff.). Sie verwandelt die Macht-Energien in konstruktive und heilsame Aggressionen und schafft so die Grundlage für gute Beziehungen.

Das Erlernen von Gewaltlosigkeit, Friedensstiftung und Feindesliebe ist gekoppelt an den Prozess der Auseinandersetzung und Versöhnung mit den eigenen Lebenswunden und Schattenseiten. Nur so können neue Lebenskräfte frei werden, die vorher im Kampf und im Widerstand gegen die Mängel und Defizite des persönlichen Lebens gebunden waren. Nach der Versöhnung können die erlittenen Verletzungen und Defizite als Leitbilder fruchtbar werden für andere Prozesse der Versöhnung und der Friedensstiftung.

Wer kann z. B. einem Behinderten besser helfen als jemand, der selbst behindert ist und gelernt hat, mit dieser Behinderung zu leben. Wer

vermag einen ängstlichen Menschen besser zu verstehen, als jemand, der in der Kindheit selbst unter Todesängsten gelitten hat? Wer kann sich in einen Außenseiter besser hineinversetzen als jemand, der als Kind von den Eltern abgelehnt und weggegeben wurde? Oder wer kann besser mit angefeindeten Ausländern umgehen, als derjenige, der selbst diese Erfahrungen gemacht hat?
Die Verletzungen bergen Quellen von Liebes-, Friedens- und Beziehungsstiftung in sich, wenn ich mich ihnen stelle und die Verletzungen auf diese Quellen hin durcharbeite, sodass ich mich mit ihnen versöhnen kann, auch mit den darin enthaltenen Schwächen. So können die Verletzungen mit Gottes Hilfe zu einer heilenden Kraft für andere und zu einer ungeahnten Stärke werden.

### Aggressionen und verdeckte Beziehungsstörungen

Bisher haben wir von Beziehungsstörungen gesprochen, die durch ein offenes, destruktiv-aggressives Verhalten entstehen, z.B. durch Gewalt, Unterdrückung, Verachtung oder Rücksichtslosigkeit. Es ist einleuchtend, dass solche offensichtlichen, destruktiven und gegenläufigen Aggressionen zu Unstimmigkeiten in der Kommunikation und zu Störungen in den Beziehungen führen.
Wir wenden uns jetzt den *verdeckten Beziehungsstörungen* zu, die als Störungen wahrgenommen und erlebt werden, ohne dass die Ursache der Unstimmigkeiten gleich zu erkennen ist. Diese Beziehungsstörungen sind subtil und verstecken sich oft hinter verbalen und nonverbalen Äußerungen, die in sich positiv gerichtet sind, und dennoch im anderen eine negative Wirkung hervorrufen. Wer hat nicht schon einmal ein ungutes Gefühl erlebt, als sich eine Freundin liebevoll um uns sorgte oder sich ein Bekannter sehr für uns engagierte? Eigentlich hätten wir uns freuen können, und doch waren wir auf irgendeine Weise unangenehm berührt, ohne dass wir dafür einen Grund benennen konnten. Selbst bei genauerem Hinschauen vermochten wir nichts Negatives im Verhalten der anderen zu entdecken, es schien über alle Zweifel erhaben; und doch spürten wir einen unerklärlichen Widerstand in uns. Etwas stimmte nicht in der Beziehung. Bei allem guten Willen blieb eine Störung bestehen. Wir suchten vergeblich nach dem „Warum". Nicht selten richteten wir die Aggressionen dann gegen uns

selbst, indem wir uns schuldig fühlten und uns für undankbar und schäbig hielten.
Meist entsteht diese Art der Beziehungsstörung dadurch, *dass etwas bewusst oder unbewusst nicht mitgeteilt wird.* Es ist ein irrationales Etwas, das hinter der vordergründigen Kommunikation verborgen bleibt und gleichzeitig die Beziehung entscheidend beeinflusst. Oft sind es unbewusste oder nicht geäußerte aversive Gefühle, z.B. Ärger, Wut oder Hass gegenüber anderen, die diesen Beziehungsstörungen zu Grunde liegen.

## Einige typische verdeckte Beziehungsstörungen

*1. Unklare Beziehungen:* Die erste Voraussetzung für gute, ungestörte Beziehungen ist eine *offene und transparente Kommunikation.* Die Gefühle des „Empfängers" reagieren wie ein Seismograf schon auf die geringsten Unstimmigkeiten des „Senders" im Kommunikationsgeschehen. Eine Beziehung ist mit einem Symphonieorchester vergleichbar: Wenn nur ein Instrument, z.B. eine Violine, „falsch spielt", dann ist der Gesamteindruck beeinträchtigt. Wird eine „Saite" in der Beziehung irgendwie „falsch gespielt", dann fühlt sich der Empfänger gestört. Deshalb ist *Aufrichtigkeit und Klarheit* in der Kommunikation für das Gelingen einer Beziehung wesentlich. Die geringste Unaufrichtigkeit und Unklarheit kann zur Dissonanz oder gar zum Scheitern einer Beziehung führen, wenn die hintergründigen Gefühle und Motive für die Beteiligten nicht transparent werden.

*2. Die Doppelbindung:* Die „*Doppelbindung*" kann man die „Mutter" aller Beziehungsstörungen nennen, weil sie mit ihren widersprüchlichen Botschaften an jeder Blockierung und Behinderung von Beziehungen irgendwie beteiligt ist. Vordergründig gesehen wird dabei z.B. das Signal gegeben: „Komm näher zu mir heran, du bist willkommen." Jedoch aus dem Hintergrund, von innen her, ergeht die gegenteilige Botschaft „Bleib' mir ja vom Leib", „Komm' mir ja nicht zu nahe, sonst…". Diese widersprüchlichen Botschaften verursachen beim Empfänger ein Dilemma. Er ist einem Autofahrer zu vergleichen, der vor einer viel befahrenen Kreuzung steht, wenn die Ampeln gleichzeitig grün und rot zeigen. Welchem Signal soll er nun folgen?

Richtet er sich nach dem Grünsignal und fährt, riskiert er sein Leben. Hält er vor der roten Ampel an, läuft er Gefahr, eine Ewigkeit vor der Kreuzung zu stehen und nicht weiter zu kommen. Widersprüchliche Botschaften erzeugen viele Spannungen, blockieren die Kommunikation und legen Beziehungen lahm.

*3. Übertriebene Reaktionen:* Unangemessene Reaktionen und Überreaktionen lösen oft Beziehungsstörungen aus, weil sie für die Beteiligten nicht erklärbar und verstehbar sind. Die Irritation kommt dadurch zu Stande, dass das vordergründige Verhalten in der verbalen Kommunikation meist unbewusst die hintergründigen, wahren Gefühle und Gedanken verschleiert. Diese unbewussten, im Hintergrund bleibenden Gefühle und Motive äußern sich dann nicht nur in den so genannten Fehlleistungen (Versprecher, Verhörer, Verseher), sondern drücken sich auch in der nonverbalen Körpersprache aus.
Besonders deutlich wird dieser verborgene Hintergrund in der sogenannten *Übertragung*, wenn wir in einer bestimmen Situation mit einer unangemessenen Gefühlsäußerung reagieren, die uns an eine frühere, ähnliche Situation in unserer *Lebensgeschichte* erinnert. Das geschieht besonders dann, wenn die negative Schlüsselposition der Kindheit berührt wird, die sich z.B. in dem Schlüsselwort „abgelehnt“ oder „nicht-gewollt“ ausdrückt. So fühlt sich Herr X. in jeder neuen Gruppe, in die er kommt, zunächst als nicht-erwünscht, und verhält sich wie ein „Abgelehnter“, obwohl sein persönlicher Eindruck der Wirklichkeit in der Gruppe nicht entspricht.
Übertriebene Reaktionen kommen ebenfalls bei Projektionen vor, wenn ich meine Schattenseiten und Schwächen *spiegelbildlich* in einem anderen wahrnehme. Herr X. begegnet in einer Gruppe Herrn A., der ihm von vornherein unsympathisch ist, dessen bloßer Anblick ihn in Rage bringt. Herr X. kann sich nur mit Mühe zurückhalten, wenn Herr A. sich zaghaft und ungeschickt in die Gruppe einbringt. Er kritisiert Herrn A. über die Maßen und behandelt ihn ungerecht, sodass die Gruppe diese Störung zur Sprache bringt. Zunächst kann Herr X. sich die Heftigkeit seiner Reaktion nicht erklären. In der Reflexion des Geschehens erkennt er die Hintergründe seines Verhaltens: Genau die passive, zurückgezogene und schwächliche Rolle, die Herr A. in der Gruppe einnimmt, und die Herr X. bei seinem Vater erlebt

hat, mag er absolut nicht. Nachdem diese Hintergründe für beide transparent sind, lösen sich die Spannungen wie von selbst. Herr X. bedankt sich sogar bei Herrn A., dass er ihm zu einem so aggressiven Auftritt in der Gruppe verholfen hat. Denn meist verhält er sich in Gruppen zurückhaltend und passiv.

*4. Die Diskrepanz von Ideal und Wirklichkeit:* Verdeckte Beziehungsstörungen entstehen auch häufig durch die *Diskrepanz zwischen Ideal und Wirklichkeit*, zwischen Ideal-Ich und Real-Ich. Das geschieht besonders im Bereich von *Liebe* und von *Religion*. In beiden Bereichen wird der Unterschied von Idealvorstellung und Realität leicht verwischt, weil eine authentische Darstellung und realistische Einschätzung der Beziehung auf Grund von Verliebtheit bzw. von Voreinstellungen nur schwer zu erreichen sind.
Da die *Liebe* die intensivste Form von Beziehung zwischen Menschen darstellt, ist sie auch von vielfältigen und subtilen Störungen bedroht. Über die groben Störungen des Liebeslebens hinaus, die sich z.B. in der plumpen Schmeichelei und Verlogenheit des Verführers zeigen, der auf seine Kosten kommen will, geht es hier um Konflikte und Unstimmigkeiten, die in Liebesbeziehungen aus einer einseitigen Wahrnehmung der Wirklichkeit entstehen, die verabsolutiert wird.
Diese Störungen und Irreführungen werden besonders in der erotischen und sexuellen Begegnung zweier Liebender sichtbar. Hier reagieren sie wie ein Seismograf auf jede Unstimmigkeit in der Liebesbeziehung. Jede Störung hat Auswirkungen im körperlichen Beziehungsgeschehen, am deutlichsten in der Impotenz oder Frigidität.
Stadter schreibt dazu: „Viele Liebende praktizieren die ungeschriebene Regel: Nur ja nicht darüber sprechen! Nämlich über die zahlreichen Missempfindungen, die bis zum Ekel reichen können, über die Vorbehalte und Ambivalenzen, die Peinlichkeiten, Selbstzweifel und Fremdzweifel. Dahinter steht die Befürchtung, durch den Austausch über solche Gegebenheiten würde man die schöne Welt der Liebe gefährden oder gar alles zerstören. Das Gegenteil ist der Fall. Hält man sich an die Verschweigungsregel, ist der Konflikt, ja unter Umständen sogar der Kollaps der Beziehung einprogrammiert" (Stadter 1992, 126).
Da Störungen wichtige Informationen aus dem Beziehungs-Unbewussten anzeigen, ist es wichtig, genau hinzuschauen, hinzuspüren

und wahrzunehmen, was dieses Verhalten oder diese Reaktion über mich und mein Erleben in dieser Beziehung ausdrücken. Zur weiteren Beziehungsklärung ist dann ein gemeinsamer Austausch und ein Gespräch darüber hilfreich. Die verbale Kommunikation über sexuelle Erfahrungen ist anfangs meist schwierig, weil diese Themen in der Kindheit tabuisiert wurden und durch verbietende Elternbotschaften belastet sind.
Durch ein aufrichtiges Mitteilen der beziehungsfördernden und -hindernden Gefühle und Erlebnisse kann eine tiefe und lebendige Liebe erwachsen, die miteinander teilt und trägt.

Eine *körperlich gestaltete Beziehungsübung* kann besonders Ehepaaren helfen, sich die Störungen und Dissonanzen in ihrer Partnerbeziehung bewusst zu machen und zu klären.
Herr A. (33 Jahre) und Frau B. (31 Jahre) sind seit vier Jahren „sehr glücklich verheiratet. Wir haben gelegentlich Auseinandersetzungen, wie sie halt zu jeder guten Ehe gehören und wünschen uns bald Kinder. Wir lieben uns sehr.“ Nach dieser verbalen Beschreibung ihrer Beziehung gestalten beide ihre Beziehung als Skulptur.
Herr A. beginnt mit der Übung, während seine Frau B. den Raum verlässt. Er wählt sich ein Double für seine Frau und für sich selbst und beginnt die Beziehung zu seiner Frau B. mit den beiden gewählten Personen so darzustellen, wie er sie sieht. Nachdem er sich auf eine Beziehungsskulptur festgelegt hat, nimmt er selbst seinen Platz in dieser Skulptur ein, um zu erspüren, ob er die Beziehung nach seinem Empfinden richtig gestaltet hat. Herr A. stellt seine Beziehung zu seiner Frau B. als offene Beziehung dar. Er steht links an der Herzseite von B., legt den rechten Arm leicht um ihre Taille. Dabei schaut er sie an. Die Hüften berühren sich als Zeichen „einer intimen und erotischen Beziehung“. A. streckt seine linke Hand, die Herzhand, seitlich frei aus, „irgendwohin“, wie er sagt.
In einem zweiten Schritt gestaltet A. eine Beziehungskulptur mit einem Double für seine Frau so, wie er vermutet, dass sie die Beziehung zu ihm anschließend gestalten wird. Nach kurzer Überlegung stellt er folgende Skulptur: A. steht aufrecht, die Arme hängen seitwärts herunter. B. steht ihm zugewandt, direkt vor ihm und hat ihre Arme um seinen Hals geschlungen. Ihr Kopf ruht an seiner Brust. Das Becken

von B. ist etwas nach hinten gewölbt, sodass sich die Geschlechtsteile nicht berühren. B.'s Augen sind geschlossen. A. schaut über sie hinweg. Er lässt die enge Umarmung von B. geschehen. Auf die Gruppe und für das Double wirkt Herr A. in der Skulptur steif und distanziert.

Dann kommt Frau B. herein und gestaltet ihre Liebesbeziehung zu A. in einer Skulptur. Auch sie wählt zunächst ein Double für beide. Dann stellt sie das Double für A. auf einen Stuhl, aufrecht stehend, die rechte Hand in die Hüfte gestemmt, die linke auf den Kopf von B. gelegt. Sie steht ihm zugewandt auf dem Boden vor A., umschlingt seine Hüfte mit ihren Armen und legt ihren Kopf seitlich auf seinen Unterleib. A. schaut über B. hinweg.

Anschließend gestaltet B. eine Beziehungsskulptur, wie sie nach ihrer Meinung A. vorher entworfen hat. Sie stellt A. aufrecht auf dem Boden stehend in einer Entfernung von etwa zehn Zentimeter zu sich dar, ein wenig seitlich abgewandt. Seine rechte Hand ist nach vorne ausgestreckt, die linke Hand hängt leicht geöffnet herunter. A. schaut über die Schulter zu B., die kniet und ihre Herzhand nach ihm ausstreckt.

Beide überschreiben ihre Skulpturen mit dem Satz: „Unsere Liebesbeziehung".

Danach nehmen die beiden je einzeln ihre Positionen in den verschiedenen Skulpturen ein und lassen die einzelnen Körperteile, die für die Darstellung der Beziehung bedeutsam sind, sprechen: Kopf, Augen, Arme und Hände, Becken und Unterleib, Füße etc. Sie antworten auf Fragen: „Was erlebe ich hier als Fuß, als Arm, als Hand? Wie geht es mir damit? Was wünsche ich mir in der Beziehung?" So sagt z.B. der Kopf von B., an den Unterleib von A. gelehnt, der auf dem Stuhl steht: „Ich brauche Anlehnung, ich benötige Schutz. Ich sehne mich nach deinem Streicheln. Gib mir mit deinen Händen Zärtlichkeit. Verstehe bitte, dass ich deinen sexuellen Wünschen noch nicht folgen kann. Ich habe Angst, dass du mich wie mein Vater missbrauchst."

Oder A.'s Füße auf dem Stuhl sagen zu B.: „Wir sind auf den Stuhl gestellt worden. Dabei wollen wir eigentlich auf der Erde stehen, auf gleicher Höhe mit B., gleichwertig neben dir. Wir möchten eine partnerschaftliche Beziehung eng neben dir. Wir wollen mit deinen

Füßen auf ein gemeinsames Ziel hin gehen. Hole uns vom Stuhl herunter!"

A.'s rechte Hand sagt: „Ich möchte einfach frei sein und mag dein misstrauisches Klammern nicht. Wenn du so klammerst, dann ist mir deine Nähe zuwider. Vertraue doch! Ich möchte dir vertrauen, dich streicheln und mit dir durchs Leben gehen in Freiheit."

A.'s Unterleib fragt B.: „Warum hast du nicht mehr Vertrauen und verweigerst dich meinen sexuellen Wünschen. Ich bin nicht dein Vater und missbrauche dich nicht. Erzähle mir mehr über deine Verletzungen und deine Ängste. Ich möchte dich besser verstehen."

Als A. dann seine Position in der ersten Beziehungsskulptur wieder einnahm, in der er eng neben B. stand, erkannte er, dass er seine Wunschbeziehung mit A. dargestellt hatte. Als A. seine linke Hand, die er frei nach außen streckte, sprechen ließ, erinnerte er sich durch die Hand an Träume, in denen er mit einer anderen Frau eine intime Beziehung hatte, die mit B. wegen ihrer Frigidität nicht möglich war. Jetzt fiel ihm auch auf, dass seine Füße in die Richtung der linken Hand, weg von B. zeigten. Als A. der Richtung seiner Füße folgte, musste er B. in der Skulptur verlassen. Darauf begann B. zu zittern. Sie drückte ihr Zittern in Worten aus und dabei kamen ihre großen Ängste vor einer Trennung und dem Verlust von A. zum Vorschein. Diese Ängste waren auch eine Ursache für ihr Klammern, das A. wiederum nicht ertragen konnte. Die Skulptur machte deutlich, wie wenig *herz*lich seine Beziehung zu B. war. Ihm wurde bewusst, dass die von ihm gestaltete Wunschbeziehung letztlich eine Selbsttäuschung war, die auch aus seiner Angst vor einer Trennung entstanden war. A. wünschte sich dennoch eine Intensivierung der Beziehung zu B., er wünschte sich mehr Intimität und Herzlichkeit.

Es folgte die Aufgabe, die nächsten Schritte zu einer innigeren Beziehung in der Skulptur darzustellen. Beide standen sich gegenüber, A. seitlich ein wenig von B. abgewandt. Sein erster Impuls war, zunächst seine Herzhand auf B. hin zu bewegen. Diese Bewegung drückte A. in Worten aus: „Ich habe ein Herz für dich, ich möchte dich lieben." Dabei schaute er sie an und die Augen sagten: „Ich schenke dir mein Ansehen, ich sehe dich gerne an. Du gefällst mir und ich möchte dich näher und tiefer kennenlernen." Im nächsten Schritt überbrückte A. die Distanz und näherte sich seitlich B., sodass sich ihre Hüften leicht berührten. Damit wollte er ihr sagen: „Ich will meine sexuellen Wünsche nicht mehr so zwingend durchsetzen, mehr Rücksicht auf dich nehmen und ich will zärtlich zu dir sein." Dann legte er seinen rechten Arm um ihre Schultern: „Ich möchte dich stützen und beschützen. Ich wünsche mir, dass du dich bei mir geborgen fühlst und dich mir anvertrauen kannst." Inzwischen hatte A. seine Füße geradeaus gerichtet. Darauf angesprochen, sagte er zu B.: „Ich möchte an deiner Seite einen Weg gehen, der uns zu einem gemeinsamen Ziel führt. Ich vertraue dir. Du hast genügend Lebensenergie, um deine Talente zu entfalten. Ich bin sicher, dass du deinen Standpunkt im Leben findest. Habe Geduld mit dir und mit mir. Ich warte auf dich. Ich liebe dich."

Nach dieser Szene war B. wie befreit und weinte Freudentränen, die sich in der Umarmung mit den Tränen von A. vermischten. In der Fortführung der Beziehungsübung konnte sich B. aus der Klammerhaltung an A. Schritt für Schritt lösen, sorgsam auf sich und ihre verborgenen Ängste achtend. Danach war es ihr möglich, sich langsam neben A. zu stellen, den Arm um seine Taille zu legen und den Kopf an seine Schulter anzulehnen.

In der Auswertung sagte B., dass die zielgerichtete Bewegung der Herzhand ihres Mannes von „irgendwohin" auf sie zu die Wende von der Angst zu mehr Sicherheit und Klarheit, zur Entschiedenheit für A. herbeiführte. Deshalb konnte sie den Klammergriff lösen und sich auf die eigenen Füße neben A. stellen. Dabei spürte sie ihre Lebensenergie und fühlte sich in der Beziehung zum erstenmal gleichwertig. B. erkannte, dass sie viele Energien nutzlos in das Klammern und Festhalten investiert hatte, ohne dass die Angst vor der Trennung gewichen war. Sie habe vergeblich versucht, in der Paarbeziehung ihre eigene Identität zu finden. Gleichzeitig habe sie nie einen Selbstand erreicht. „Im Klammern und Festhalten an A. habe ich die Ablehnung und das Fallenlassen, die ich in meiner Kindheit so schmerzlich erlebt habe, vermeiden wollen. Dabei war ich drauf und dran, gerade durch das Klammern die Ablehnung von A. zu inszenieren. Dabei wusste ich genau, dass A. auf Grund seiner eigenen engen Mutterbeziehung gegen Klammern allergisch reagierte."

In der nächsten Zeit setzten A. und B. viele Energien für die eigene Selbstwerdung und Identitätsfindung ein, Energien, die letztlich auch ihrer Paarbeziehung zugute kamen. Die schönste Frucht ihrer guten Beziehung war nach drei Jahren die Schwangerschaft von B. und die Geburt ihrer Tochter, die sie auf den Namen „Felicitas" (Glückseligkeit) tauften.

Die Diskrepanz zwischen Ideal und Wirklichkeit zeigt sich ebenso häufig in der *Religion*, wo auch der Liebes-Anspruch eine wichtige Rolle spielt.
*Unaufrichtigkeit* ist in der Bibel ein Grund für Beziehungsstörungen, wenn das äußere Verhalten nicht mit der inneren Einstellung übereinstimmt. Jesus kritisiert diese „Scheinheiligkeit" und „Heuchelei" an den Pharisiäern, die ihre frommen Handlungen verrichten, um gesehen zu werden und Ansehen zu gewinnen. Sie geben sich als „Saubermänner" aus, obwohl ihre Motive letztlich dem Eigennutz dienen und deshalb unrein und unwahrhaftig sind.
Doch nicht jeder Kommunikationsstörung liegen Heuchelei und Unaufrichtigkeit zu Grunde.
Dazu ein Beispiel: Schwester D. erlebt zum ersten Mal eine Selbsterfahrungsgruppe und ist verständlicherweise zunächst sehr unsicher. Sie fällt schon durch ihre Ordenskleidung auf, sitzt zurückhaltend und gerade auf ihrem Stuhl, schaut vor sich hin und spricht mit eintöniger Stimme. Das führt dazu, dass Herr S. am zweiten Tag des Kurses gegenüber Schwester D. unangemessen reagiert. Er nennt sie eine „Betschwester", die nicht einmal normal sprechen kann, die ihr Habit benutzt, um sich zu verstecken und die mit ihrem frömmlerischen Getue endlich aufhören soll.
Zunächst ist Sr. D. sehr betroffen und weint. Dann sagt sie, dass sie lieber zivile Kleidung statt der Ordenstracht tragen würde, doch zur Zeit sei dies in ihrem Orden nicht möglich. Die Oberin habe ihr dazu keine Erlaubnis gegeben. In ihrer Unsicherheit sei sie unbewusst beim Sprechen in den „tonus rectus" (Sprechen in einer Tonlage) des Chorgebetes gefallen, der ihr vertraut sei und wo sie sich sicher fühle. Sie nehme ja gerade an diesem Kurs teil, um als Novizenmeisterin auch andere Seiten des menschlichen Lebens neu zu entdecken und ihre Kommunikation außerhalb der Ordensgemeinschaft zu verbessern.
Jetzt war Herr S. über seine Unterstellung der Unaufrichtigkeit be-

troffen. Er erinnerte sich zudem an seine eigene streng religiöse Erziehung und seine „Meßdiener-Vergangenheit", die ihm durch die Begegnung mit Schwester D. wieder schmerzlich hoch gekommen sei.

Unaufrichtigkeit ist zu unterscheiden von der *Unechtheit*, die in einem religiösen System vorliegt, wenn Anspruch und Wirklichkeit auseinander klaffen. Die so genannte Vollkommenheit, (d.h. die hundertprozentige Erfüllung aller Gebote und geistlichen Empfehlungen), die in Gebeten und Liedern ausgedrückt und eingefordert wird, kann meist nur verbal, nicht aber tatsächlich im Alltag gelebt werden. Wer vermag beim besten Willen und in der lautersten Absicht dem Anspruchsniveau genügen, das z.B. im Gebot der Gottesliebe „Du sollst den Herrn, deinen Gott, lieben mit ganzem Herzen, mit ganzer Seele und mit all deinen Gedanken" (Mt 22,37) oder gar im Gebot der Feindesliebe – „Ich aber sage euch: Liebt eure Feinde und betet für die, die euch verfolgen" (Mt 5,44) – vorgeschrieben ist? Es sind nur kleine Zeichen, Bruchstücke der „Voll-kommen-heit" möglich, solange wir Menschen auf Erden leben und das Reich Gottes sich hier und jetzt in der Spannung des „Noch nicht" und des „Doch schon" ereignet.
Wie groß ist der Unterschied zwischen religiösem Anspruch und alltäglicher Wirklichkeit, wenn z.B. Charles des Foucauld in einem Gebet schreibt:
„Mein Vater, ich überlasse mich dir; mach mit mir, was dir gefällt. Was du auch mit mir tun magst, ich danke dir. Zu allem bin ich bereit, alles nehme ich an. Wenn nur dein Wille sich an mir erfüllt und an allen deinen Geschöpfen, so ersehne ich weiter nichts, mein Gott...weil ich dich liebe und weil diese Liebe mich treibt, mich dir hinzugeben, mich in deine Hände zu legen, ohne Maß, mit einem grenzenlosen Vertrauen" (zitiert aus: Gotteslob, Frankfurt 1975, 27).
Im Unterschied zur Unaufrichtigkeit liegt bei der Unechtheit keine bewusste Verfälschung oder Täuschung vor. Eine Störung scheint in der Diskrepanz zwischen Anspruch und Wirklichkeit zu liegen, wie sie sich z.B. in den genannten Gebeten und Liedern ausdrückt.
Die Unechtheit in der Beziehung vom Menschen zu Gott entsteht letztlich dadurch, dass der Mensch die Liebe Gottes nicht adäquat erwidern kann. Deshalb ist die religiöse Unechtheit letztlich keine Beziehungsstörung zwischen einem gläubigen Menschen und seinem

Gott, sondern in dieser ungleichen Liebes-Beziehung zu Gott drückt sich die Geschöpflichkeit und Endlichkeit des Menschen und seiner Lebens- und Liebeskräfte aus.
Der Mensch ist gehalten, seine Kräfte „voll kommen zu lassen", damit seine Beziehung zum liebenden Gott möglichst „voll kommen kann" und so vollkommen wird.

*5. Verdeckte Beziehungsstörungen im Umgang mit Behinderten: Verdeckte Beziehungstörungen im Umgang mit Behinderten* kommen häufig vor und sind oft mit zerstörerischen Aggressionen verbunden. Hier ist vor allem von Behinderung im Sinne einer körperlichen Beeinträchtigung und Verunstaltung die Rede, sei sie von Geburt an oder durch einen Unfall verursacht.
Die Beziehung zwischen den so genannten „normalen Gesunden" und „Behinderten" ist ein besonders komplexes Geflecht, weil es oft schwierig ist, die Interaktion transparent zu machen und die hintergründigen, aversiven Gefühle offen zu legen und zu äußern.
Grundsätzlich ist zunächst wieder die Ebene unseres Verhaltens und Handelns von der Ebene des Fühlens und Erlebens zu unterscheiden. Auf Grund eines physiologischen Impulses, sich Kranken, Schwachen, Kleinen, Alten, und Behinderten gegenüber schützend und helfend zu verhalten, ist es ein ungeschriebenes Gesetz, dass sich der nichtbehinderte Mensch zunächst rücksichtsvoll und hilfreich gegenüber Behinderten verhält. Wenn diese grundsätzlich positive Einstellung des Nicht-Behinderten auch klar erscheint, so können sich auf der Gefühlsebene doch feindliche Energien entwickeln, sobald die Krankheit, das Leid oder die Behinderung dem eigenen Wohlbefinden, der eigenen Lebensplanung und Selbstverwirklichung im Wege stehen. Diese Energien wirken abstoßend, abweisend und zerstörerisch, besonders dann, wenn ich in mir all das ablehne, was der „Behinderte" mir spiegelt. Diese destruktiven Gefühle äußern sich sehr verschieden, zumal sie in Spannung oder Widerspruch zu dem ungeschriebenen Gesetz des Helfens stehen. Sie bleiben deshalb meist verdeckt ohne direkten Angriff auf den Behinderten oder Kranken selbst. Ist diese Sperre der verdeckten Gefühle nicht mehr aufrecht zu erhalten, so fühlen sich manche von den Verunstaltungen abgestoßen, ekeln sich vor den verstümmelten Gliedmaßen und Narben und entwickeln Wut

und Abscheu bis hin zu sadistischen Regungen. Doch gleich darauf meldet sich das ungeschriebene Gesetz und es kann zur Selbstanklage und zu Schuldgefühlen führen: „Wie kann ich diesen benachteiligten Menschen gegenüber solche feindseligen Gefühle entwickeln? Was bin ich für ein schlechter und perverser Mensch, dass ich Behinderten gegenüber so negative Gefühle habe?“

Wenn es für *Nicht-Behinderte* schon so problematisch ist, die feindseligen Gefühle gegenüber Behinderten *wahrzunehmen und zuzulassen*, wie viel schwieriger ist es erst, diese hintergründigen Gefühle einem behinderten Menschen gegenüber *transparent* zu machen? Nicht immer ist Transparenz möglich und für beide Seiten heilsam. Hier gilt es, gut zu unterscheiden, was ich wem, wann und wie sage. Ein wichtiger Schritt in Richtung Transparenz ist, dass ich meine Gefühle ohne Bewertung zulasse. Erst dann kann ich entscheiden, wie ich mich verhalte und was für *beide* Seiten heilsam ist.

Noch größere Schwierigkeiten hat ein behinderter Mensch, seine Beziehungen transparent zu machen. Die Umwelt signalisiert ihm schon bald nach der Geburt, dass bei ihm auf Grund seines körperlichen Defektes „etwas nicht in Ordnung ist“, dass bei ihm etwas nicht „normal“ ist. Später wird dann alles versucht, damit das Kind sich möglichst „normal“ entwickelt und im Leistungsbereich mit Nicht-Behinderten mithalten kann. Dafür wenden die Eltern oft übergroße Fürsorge an, lassen dem Kind alles „erdenklich Gute“ zukommen, damit das, was „nicht in Ordnung ist“ irgendwie in Ordnung kommt. Doch das Ziel der Normalität kann nicht erreicht werden. Das wird schon deutlich im Kindergarten, wo die nicht-behinderten Kinder die Behinderten auslachen, verspotten und ausstoßen. Das findet seine Fortsetzung überall da, wo Anstoß an der Behinderung genommen wird, in der Schule, am Arbeitsplatz, im Bekanntenkreis, „auf der Straße“.

Diese grausamen Erfahrungen haben auf Grund der tiefen Verletzungen ein Urmisstrauen und eine existenzielle Verunsicherung zur Folge. Es entsteht ein Teufelskreis: „Der Behinderte spürt, dass sich die Mitwelt von ihm abgestoßen fühlt, er empfindet noch böser, wird dadurch noch abstoßender, löst noch mehr Ablehnung aus usw.“ … „Man darf die Vermutung anstellen: Nicht der körperliche Primärdefekt, sondern eher das infolge der Lebensgeschichte entstandene

Grundmisstrauen, die Selbstabwertung und der Selbsthass sowie der mehr oder weniger bewusste Hass auf die Mitwelt, schließlich die daraus entspringende Verhaltensauffälligkeit – also der Sekundäreffekt – sei es, was den Betreffenden verunstaltet und abstoßend erscheinen lässt“ (Stadter 1992, 138).
Die Angst, von der Mitwelt verstoßen zu werden, macht es für den Behinderten schwer, sich *authentisch* darzustellen und seine hintergründigen Hass- und Wutgefühle zu zeigen. Dabei kann nur die Transparenz von beiden Seiten zu einer Aufhebung der Beziehungsstörung beitragen.
Der erste Schritt zur Lösung liegt bei den Behinderten selbst, indem sie sich mit ihrer Behinderung auseinandersetzen, sie zu ihrem Leben zugehörig annehmen und sie auf diese Weise in ihr Leben integrieren. Das ist meist ein langwieriger und mühsamer Prozess, denn es gilt übernommene Wertungen zu ersetzen durch neue Orientierungen, dass z.B. in der Behinderung eine besondere Heilquelle liegen kann.

Frau M., eine 47-jährige Angestellte, ist eine so genannte „Contergan-Geschädigte“. Als die Eltern nach ihrer Geburt das missgebildete Bein und den verstümmelten Arm sahen, waren sie entsetzt. Hier erfuhr Frau M. emotional die erste Ablehnung. Danach plagten sich die Eltern mit Schuldgefühlen: „Wie konnten wir nur…“ und sie versuchten ihre „Schuld“ durch eine übergroße Fürsorge wettzumachen. Frau M. war sechs Monate vor der Heirat gezeugt worden und die gläubige Mutter betrachtete die Behinderung ihres Kindes als Strafe Gottes für ihren vorehelichen Geschlechtsverkehr.
In den ersten Lebensjahren wurde Frau M. mehrmals in Unikliniken operiert und im Hörsaal den Studenten als „ein seltener Fall vorgeführt“, was für sie ein traumatisches Erlebnis war.
Im Kindergarten und in der Schule wurde Frau M. wegen ihrer Missbildung viel gehänselt, erhielt ihren Spottnamen „Contergan-Marie“, was sie zutiefst verletzte. Sie war von vielen gemeinsamen Unternehmungen der KlassenkameradInnen ausgeschlossen, z.B. vom Sport, und führte ein Einsiedlerleben. Denn sie wollte auf keinen Fall eine Mitleid-Freundschaft haben. Frau M. entwickelte in dieser Zeit einen großen Hass und Abscheu gegen ihre Mitwelt, die hilflos zusah und

sie nicht aus ihrer Isolation herausholen konnte. Verlassen „von der ganzen Welt“ fühlte sich Frau M. sehr einsam, war gekränkt und in ihrem Selbstwertgefühl stark verunsichert.
Einmal wollte Frau M. ihrem Leben ein Ende machen, als sich beim ersten sexuellen Kontakt ihr „Freund“ voll Ekel von ihrem missgestalteten Körper abwandte. Wieder flüchtete sie in ihr Reich der Phantasie, wo sie sich als „Glücks-Marie“ fühlte. Diesen Fluchtweg trat sie immer dann an, wenn sie sich abgestoßen, entwertet und letztlich entwürdigt erlebte. Trost und tiefe Geborgenheit fand sie auch im Gebet bei Gott. Vor ihm war sie den anderen, die sie wegen ihrer Mängel verspotteten, ebenbürtig und gleichwertig.
Frau M. machte das Abitur und wurde zur Bankkauffrau ausgebildet. Da sie dieser Beruf wegen ihrer anders ausgerichteten Wertvorstellungen nicht ausfüllte, studierte sie noch Sozialpädagogik und arbeitete mit viel Engagement und Freude in einem Dorf für Behinderte in leitender Position. Dort lernte sie auch ihren jetzigen Freund N. kennen und lieben, einen nicht-behinderten Mitarbeiter. Obwohl ihr Partner sie drängte, weigerte sie sich lange Zeit, in eine Heirat einzuwilligen, aus Angst, dass sich die schlimme Erfahrung mit ihrem ersten Freund wiederholen könnte.
In dieser Situation suchte Frau M. Hilfe. Sie setzte sich mit ihrer Vergangenheit und Behinderung auseinander und fand als negatives Schlüsselwort „Missgeburt“ und als korrelativ positives Schlüsselwort „kostbare Perle“. In diesem Prozess fiel es Frau M. schwer, sich aggressiv mit den Eltern auseinanderzusetzen, „die doch alles Menschenmögliche für mich getan haben“. Nach einiger Zeit konnte Frau M. dann ihre Wut gegen die Eltern ausdrücken, ihnen schließlich vergeben und sogar für ihr Leben danken.
Noch schwieriger war für Frau M. die Auseinandersetzung mit Gott, „der immer mein letzter Halt im Leben war und ist und dem ich hier auf Erden als Einzigem ganz vertraue“. Bei der Darstellung ihrer Gottesbeziehung als Skulptur, wozu sie ein Gruppenmitglied auswählte, das die Rolle „Gottes“ übernahm, legte Frau M. beide Arme fest um den Nacken „Gottes“. Sie klammerte sich mit ihrem ganzen Körper an seinen Körper und hielt seinen Hals fest umschlungen. In dieser Übung erkannte Frau M., dass ihrem krampfhaften Festhalten an Gott letztlich ein Misstrauen zu Grunde lag, nämlich die Angst,

„dass Gott mich genauso fallen lässt, wie die anderen. Deshalb muss ich mich an ihn klammern und kann nicht loslassen".
In Positano lernte Frau M. dann im lebendigen Austausch mit der Natur, ihren Rhythmen und Energien, einen anderen Gott kennen: Einen Gott des Kommens und Gehens in den Wellen des Meeres; des Lichtes und der Dunkelheit im Wechsel von Tag und Nacht; eine Verlässlichkeit der Verheißung: „Alles ist gut so, wie es ist, denn ich habe es geschaffen." Diesem Schöpfergott konnte sie sich anvertrauen. Das geschah Schritt für Schritt, in dem Maße wie sie den „Lückenbüßergott" ihrer Kindheit verabschiedete, ihm in einem Wutbrief offen ihre Meinung gesagt und Steine des Anstoßes ins Meer, (symbolisch auf Gott) geworfen hatte. Danach konnte sie sich mehr lassen, so wie sie war, sich loslassen aus der Umklammerung und einlassen auf die unbedingte Liebe Gottes. Hierbei halfen ihr Übungen weiter, in denen sie Gott erfahren durfte, der im Wind zärtlich ihre behinderten Glieder streichelt, sie in der Sonne erwärmt und ihren missbildeten Körper im Meer trägt und liebevoll umfängt, ohne sie fallen zu lassen.
Auf diesem Hintergrund lernte Frau M. ihr behindertes Leben von Gott neu annehmen und ihre Berufung in die Arbeit mit Behinderten tiefer verstehen und gestalten: „Ab heute werde ich bezeugen, dass Behinderte keine Strafe, sondern Erwählte Gottes sind."
In diesen zwei Jahren des Aufarbeitungsprozesses war Frau M. den Weg der Freundschaft mit N. weitergegangen. Nachdem sie ihr Behindertsein angenommen und die damit verbundenen Gefühle von Wut, Misstrauen, Angst und Selbstabwertung wahrgenommen und mitgeteilt hatte, gelang es auch Herrn N., seine verborgenen Gefühle der Angst vor der körperlichen Nähe und der sexuellen Beziehung mit Frau M. zu äußern. Dies war für beide eine Befreiung und der Beginn einer neuen und tieferen Liebesbeziehung.

6. *Verdeckte Beziehungsstörungen im Umgang mit Kranken:* In Situationen von Leid und Krankheit kommen verdeckte Beziehungsstörungen zwischen Pflegenden und Kranken besonders dann vor, wenn sie sich im Leben nahe stehen. Hinter einem äußerlich gesehen korrekten und verantwortlichen Pflegeverhalten verbergen sich häufig feindselige Gefühle wie Wut, Ärger bis hin zu Ekel und Hass.
In unserer Gesellschaft besteht der moralische Anspruch, kranken

und leidenden Mitmenschen, insbesondere den Nahestehenden und Verwandten, jede mögliche Hilfe und Pflege zuteil werden zu lassen. In der christlichen Botschaft wird diese Pflicht gegenüber den Kranken noch verstärkt z.B. in Mt 25,31ff. Hier wird die Haltung einem kranken und leidenden Menschen gegenüber der Beziehung zu Jesus und damit zu Gott gleichgesetzt. Doch auch der Glaube schützt nicht vor einer Diskrepanz zwischen dem äußeren Verhalten und dem inneren Erleben. Diese kann dadurch zustande kommen, dass die hintergründige emotionale Ebene nicht genügend transparent ist, weder für die Kranken noch für die Pflegenden.

Ein Beispiel: Der helfende Ehemann erfüllt seine Pflicht gegenüber seiner kranken Frau vielleicht nach bestem Gewissen und mit gutem Willen. Er versorgt die Kranke und bemüht sich freundlich und aufmerksam zu sein. Gleichzeitig spürt er im Innersten starke Widerstände, die er sich zunächst nicht erklären kann. Als er sich in seine kranke Frau hineinversetzt und versucht, ihren Gedanken und Gefühlen nachzugehen, vermutet er, dass seine Frau ihm mit der Krankheit sagen will: „Ich bin krank geworden, damit du dich jetzt endlich um mich kümmern musst! Nie warst du für mich da! Jetzt will ich, dass du für mich da bist. Wenn ich gesund bin, gehst du ja deinen Interessen nach. Nur wenn ich krank bin, habe ich eine Chance." Sie sagt ihrem Ehemann nicht direkt, sondern indirekt durch „die Blume" der Krankheit, dass sie darüber enttäuscht ist, wie wenig er sich um sie kümmert, wie wenig sie ihm wert ist. Bei beiden Partnern sind untergründig Wut und destruktive Aggressionen am Werk.

Sie ist wütend, weil sie die Krankheit braucht, mit der sie sich auch Leid zufügt, um seine Zuwendung zu bekommen. Darüber hinaus spürt sie genau, dass diese durch die Krankheit erzwungene Aufmerksamkeit und Sorge des Partners kein Ersatz ist für seine Liebe und Zärtlichkeit, wonach sie sich im Tiefsten sehnt, die er ihr aber vorenthält. Er wiederum ist verärgert und wütend, weil sie ihn durch die Krankheit in seiner Freiheit beschneidet und ihn zwingt, ihr seine Zeit und Zuwendung zu geben. Er sagt innerlich: „Sie setzt mir die Pistole auf die Brust und erpresst mich. Deshalb erfülle ich nur meine Pflicht und bin als Helfer nur mit ‚halbem Herzen und mit Wut im Bauch' dabei".

Solche zerstörerischen Aggressionen äußern sich häufig in gegen-

seitigen Kränkungen und Verletzungen und arten manchmal in einen täglichen Kleinkrieg aus. Die Kranke wirft dem gesunden Ehemann meist unausgesprochen vor: „Du erfüllst deine Aufgabe nicht gut genug. Du tust sie nur widerwillig und nicht aus Liebe. Glaubst du, ich würde das nicht merken? Hier hättest du einmal Gelegenheit mir zu zeigen, dass du mich wirklich liebst. Doch ich spüre bei den Pflichtübungen deine Ablehnung und Wut. Ich bin eine Last für dich, die du loswerden willst. Aber das verspreche ich dir: Ich werde das zu verhindern wissen."
Die unausgesprochene Wut und der Ärger der Kranken schürt die Wut und den Ärger des helfenden Partners, da sich beide aggressiven Energien in der Begegnung treffen und sich gegenseitig verstärken. Dies führt dann zur Ablehnung des helfenden Partners. Er reagiert darauf, indem er seine zerstörerische Energie gegen sich selbst richtet. Es entstehen Schuldgefühle, und er kommt sich schlecht und „unchristlich" vor, da er einer hilflosen Kranken gegenüber solche negativen Gefühle hat. Und die Selbstquälerei treibt ihn in die Selbstbestrafung, noch mehr für die kranke Frau zu tun, noch freundlicher zu sein, vor allem dann, wenn ihm nicht danach zu Mute ist. Dafür lässt er seine Wut manchmal an anderen aus, die nichts damit zu tun haben. Kleinigkeiten können ihn dann schon aus der Fassung bringen. Er ist überzeugt, dass er seiner kranken Frau nicht seine wahren Gefühle und Gedanken mitteilen kann: Dass er wütend ist, die Nase voll hat und wünscht, dass alles bald vorbei ist. Er meint, damit würde er die Kranke ja noch mehr belasten und die Krankheit verschlimmern. Doch wie ist dieser Teufelskreis der Beziehungsstörungen zu durchbrechen?
„Der Helfende schwankt zwischen dem Zweifel, ob er den Kranken durch mutige Offenheit erreichen wird und zwischen der Furcht, dass er ihn damit umbringen würde und schließlich noch als Verursacher seines Todes dastünde. Unterlässt er es aber, deutlich zu sein, dann wird er – lernpsychologisch gesehen – eigenhändig den Kranken für sein Verhalten ‚belohnen' und so den fatalen Wechselwirkungsmechanismus in Gang halten. Seine halbherzige Zuwendung provoziert noch weitere Krankheitsappelle" (Stadter 1992, 146).

Ein anderes Beispiel: Frau W., eine 49-jährige geschiedene Frau, rief aufgeregt an: „Ich habe den Tod meines Vaters verschuldet und schreckliche Schuldgefühle, die mich bis in die Träume verfolgen!" Im Gespräch stellte sich heraus, dass Frau W. ihren Vater, der auf Grund eines Schlaganfalls bettlägerig war, drei Jahre lang betreut hatte. Ihre Mutter war an Krebs gestorben, als sie 14 Jahre alt war. Frau W. war ein Einzelkind und der Vater hatte bei ihr schon früh die Zuneigung und Nähe gesucht, die ihm seine Frau nie geben konnte. An dieser nicht gelösten Inzestbeziehung zum Vater war auch die Ehe von Frau W. gescheitert. Sie folgte der Einladung ihres wohlhabenden Vaters, in seinem Haus eine eigene Wohnung zu beziehen, als sie selbst arbeitslos war und nur einen geringen Unterhalt von ihrem geschiedenen Mann erhielt. Der Vater wachte eifersüchtig über sie und nahm sie ganz für sich in Anspruch. Er verhinderte Männerfreundschaften seiner Tochter und machte sie auch finanziell abhängig.

Gleichzeitig verwöhnte er sie, machte mit ihr Weltreisen, bis er nach einigen Jahren einen Schlaganfall erlitt. Für Frau W. war es selbstverständlich, dass sie die Pflege ihres Vaters übernahm. Doch damit musste sie praktisch rund um die Uhr für ihn da sein. Gelegentlich wurde sie von einer Krankenschwester abgelöst. Im Laufe der Jahre verspürte Frau W. eine zunehmende Abneigung gegen ihren Vater, vor allem beim Waschen und bei den körperlichen Berührungen in der Pflege. Frau W. konnte diese Abneigung nicht einordnen, da sie – wie sie sagte – ihren Vater über alles liebte und er alles für sie getan hatte. Als sie sich an die Beziehung zu ihrem Vater rückerinnerte, kam ihr auch die Wut und der Ärger in den Sinn, die sie seit der Kindheit auf den Vater in sich spürte, die sie jedoch nie zugelassen und bis jetzt verdrängt hatte. Als der Vater sie auf die für ihn ungewohnten Spannungen ansprach und ihr deswegen Vorwürfe machte, stritt Frau W. alles ab und schluckte ihren Ärger herunter. Die Spannungen wuchsen, ebenso ihre Abneigung gegenüber dem Vater, die sich in Ekel und Hass umwandelte. Gleichzeitig bemühte sich Frau W., zu ihrem gelähmten Vater aufmerksam und liebevoll zu sein.

Als es ihm eines Tages sehr schlecht ging und er in schwere Atemnot geriet, rief Frau W. unvermittelt ihre Freundin an und machte mit ihr einen ausführlichen Stadtbummel. Als sie zurückkam, fand sie ihren Vater tot im Bett. Er war erstickt und die weit aufgerissenen Augen starrten sie vorwurfsvoll an. Seit diesem Augen-Blick fühlte sich Frau W. schuldig am Tod ihres Vaters. Sie war entsetzt über ihr menschenunwürdiges Verhalten und ihren tiefen Hass im Moment seines Sterbens. Ihr Hass, in Worten ausgedrückt, hätte geheißen: „Jetzt oder nie. Soll er doch allein verrecken, ohne mich." Sie hatte, wenn auch nicht bewusst, ihren Vater elend ersticken lassen. Sie selbst deutete ihre Reaktion später als einen unbewussten Racheakt an ihrem Vater, der sie letztlich um ihr eigenes Leben betrogen hatte. In der Auseinandersetzung mit ihrer Beziehung zum Vater erkannte sie ihre Hass-Liebe ihm gegenüber und konnte bewusst ihre Wut auf ihn ausdrükken, um sich dann später mit ihm zu versöhnen. Dieser Prozess dauerte Jahre, ebenso die Auseinandersetzung mit Gott. Erst als sie ihre lebenshindernden Gottesbilder entlarvte, öffnete sie sich für den wahren Gott. Auch hier dauerte es lange Zeit, bis Frau W. an die Verzeihung ihrer Schuld durch Gott im Tiefsten glaubte und sie sich mit ihrem Leben, ihrem Selbstbetrug und ihrer Schuld versöhnen konnte.

Bei *psychosomatischen* Erkrankungen wird die Beziehungsstörung zwischen Gesunden und Kranken noch verschärft. Wenn medizinische Untersuchungen keine Befunde ergeben, die die ‚angebliche' Krankheit erklären können, wird den psychosomatisch Kranken häufig unterstellt, sie würden nicht richtig leiden, sondern nur simulieren. Alles sei eben psychosomatisch und deshalb nicht ganz ernst zu nehmen. Solche Erfahrungen vermehren und verstärken das Leiden oft erheblich und kränken zutiefst.

In den komplexen Beziehungsstörungen zwischen Kranken und Helfenden sind die Geister sorgfältig zu unterscheiden: Zwischen einer angemessenen Offenheit und Transparenz einerseits und einem richtigen Maß an Zurückhaltung und Klugheit anderseits; zwischen echten und falschen Schuldgefühlen, die die Helfenden sich selbst machen oder die von den Kranken in den Gesunden geweckt werden. Ziel der Unterscheidung ist das „Wohl" beider Seiten, der Kranken und der Helfenden. Die Leitfrage ist: „Was ermöglicht ‚mehr' Lebensqualität in dieser Situation und in dieser Beziehung?"

Kranke Menschen sind nicht immer in der Lage, sich ihre hintergründigen Gefühle bewusst zu machen und die Geister zu unterscheiden, um sich angemessen und heilsam – für beide Seiten – zu verhalten. Umso mehr ist es Aufgabe der Helfenden, sich die eigenen unbewussten Gefühle dem Kranken gegenüber *bewusst anzuschauen und zu-*

*zulassen*, mögen sie auch noch so abschreckend sein. Nur so ist es möglich zu entscheiden, was mache ich jetzt mit dieser aggressiven Energie, wohin richte ich sie und wie lebe ich sie, gerade auch in der Beziehung zum Kranken?
Bedeutsam ist weiterhin, die hintergründige, emotionale Botschaft der Krankheit zu verstehen. Wird diese deutlich, dann kann ich entscheiden, welche Antwort ich auf die hintergründige Botschaft geben will. Maßstab ist auch hier das ‚mehr' an Leben für beide Seiten.
Es ist schwierig, allein die Geister zu unterscheiden, besonders wenn ich emotional in eine Beziehung oder ein Geschehen verwickelt bin. Deshalb ist es zu empfehlen, ein offenes Gespräch mit einem vertrauten und erfahrenen Menschen zu führen, mit dem die komplexe Situation angeschaut wird.

## Übungen zum Beziehungslernen

Um mit Aggressionen – im Sinne von Aufeinanderzugehen – differenzierter und konstruktiver umgehen zu können, helfen Übungen, die zeigen, dass gelungene Beziehungen nicht in großen, sondern in kleinen und einfühlsamen Schritten entstehen. Die hier beschriebenen Übungen wurden in Gruppen entwickelt.
Die an der ersten Beziehungsübung beteiligten Gruppenmitglieder Herr A. und Frau B., die außerhalb der Gruppe keine persönliche Beziehung haben, stellen die *Entstehung und das Wachsen einer Beziehung* zwischen Mann und Frau bis hin zu einer nahen und intimen Beziehung zunächst nonverbal mithilfe der Körpersprache dar. Nach jedem dargestellten Schritt in eine größere Nähe werden die Körperhaltungen in Sprache übersetzt und in Worten ausgedrückt. Dabei ist die Aufgabe, genau auf die Signale des anderen über Nähe und Distanz zu achten, sich gegenseitig nicht zu überfordern, aber gleichzeitig auch genügend herauszufordern. Es ist eine *ganzheitliche Übung*, denn auch in der Beziehung ist der ganze Mensch mit Leib, Gefühl, Verstand und Seele beteiligt.
Zu Beginn gehen Herr A. und Frau B. langsam aneinander vorbei, schauen sich flüchtig an, gehen weiter und schauen dann zurück. Ihre Blicke treffen sich rückwärts blickend. Anschließend drücken sie ihre Blicke in Worte aus und sagen: „Ich habe Interesse an dir, ich möchte

dich näher kennen lernen, ich möchte dir begegnen.“ Eine erste Zuwendung geschieht, indem Herr A. und Frau B. stehen bleiben, ihren Blicken folgend auch ihren Körper drehen, sodass sich nun beide auf einige Meter Distanz gegenüber stehen. Die Arme hängen locker an den Seiten herunter. Der Kontakt geht über die Augen. Jetzt ist es wichtig, den Standpunkt nachzuspüren und von dieser „Grundlage“ aus und über die Signale des Blickkontaktes zu entscheiden: Will ich dem Anderen näher kommen und die begonnene Beziehung vertiefen, oder drehe ich mich um und gehe weiter?
Nachdem die beiden sich über die Augen geeinigt haben, weiter aufeinander zuzugehen, macht Herr A. mit dem rechten Fuß einen Schritt auf Frau B. zu. Sie reagiert auf dieses Zeichen der Annäherung, indem sie ihren rechten Arm und die rechte Hand leicht nach vorn bewegt und Herrn A. ein vorsichtiges Zeichen der Zustimmung gibt. Er antwortet, indem er seinen linken Fuß nachzieht und auf diese Weise Frau B. einen Schritt näher kommt. Frau B. öffnet ihre linke Hand oder streckt die rechte Hand Herrn A. etwas näher entgegen, sie bleibt aber weiterhin stehen. Damit signalisiert sie Herrn A.: „Ich tue mich schwer, einen Schritt auf dich zuzumachen. Gehe du bitte den nächsten Schritt“. Herr A. spürt bei sich nach und setzt seinen rechten Fuß vor. Damit sagt er: „Ich spüre deine Schwierigkeit und gebe dir einen Vorschuss.“ Jetzt antwortet Frau B., indem sie vorsichtig, die Augen prüfend auf ihren rechten Fuß gerichtet, diesen voransetzt. Dann blickt sie Herrn A. wieder an. Herr A. öffnet darauf hin seine beiden Hände, merkt aber, wie Frau B. zurückzuckt. Daraufhin schließt er die rechte Hand, während seine linke Hand geöffnet und Frau B. zugewandt bleibt. Jetzt kann Frau B. den linken Fuß nachziehen und sagt: „Beide Hände waren zu viel. Nur wenn die eine Hand geöffnet ist, kann ich auch einen Schritt auf Herrn B. zu machen.“
Die Annäherung wird jetzt Schritt für Schritt fortgesetzt, bis sich die Fingerspitzen einer Hand mit der anderen Hand des Partners berühren. Dann legt Herr A. seine rechte Hand in die linke, die Herzhand von Frau B.. Sie reagiert zustimmend, indem sie seine Hand hält. Daraufhin schiebt Herr A. seine linke Hand langsam bis zur Schulter von Frau B. vor. Nach weiteren vorsichtigen Schritten folgt eine Umarmung, die gleichsam eine Vergewisserung ist, dass die Nähe der Beziehung stimmig ist. Diese enge Umarmung kann – wie alle körperlichen

Schritte – in Worten differenziert ausgedrückt werden: „Die Berührung der Oberkörper sagt…; oder die Berührung der Hüften, der Unterkörper sagt:… oder die Berührung der Hände und Arme auf dem Rücken meint:… ."
In der Erkenntnis, dass eine solche Umarmung auf Dauer einengt und in der Gewissheit und dem Vertrauen auf die gestaltete Beziehung können Herr A. und Frau B. dann die enge Umarmung lösen und sie in eine freiere und doch vertrauensvolle Beziehung umwandeln. Herr A. und Frau B. stellen sich nebeneinander in die gleiche Richtung gewandt. Ihre Hüften berühren sich. Dann legen sie einen Arm um die Taille des anderen, sodass sie jeweils eine Hand frei für andere Aufgaben und Beziehungen haben. Sie schauen sich immer wieder an, aber ihr Blick geht wie die gestalteten Körper auf ein gemeinsames Ziel zu. Sie sagen: „Wir sind auf einem gemeinsamen Weg und haben ein Ziel gefunden."

Auf diese Weise kann auch die *Entstehung* einer konkreten Beziehung eines Gruppenmitglieds oder eines Ehepaares dargestellt und der aktuelle Stand der Beziehung geortet werden. Dabei ist es empfehlenswert, die beiden Partner unabhängig voneinander den Ist-Zustand der Beziehung gestalten zu lassen, weil die Einschätzungen oft sehr voneinander abweichen. Deshalb verlässt jeweils ein Partner den Raum, wenn der andere seine Beziehungsskulptur gestaltet.
In diesen Übungen ist es wichtig, bei jedem Schritt der Darstellung nachzuspüren und zu entscheiden, ob ich den nächsten Schritt in eine größere Nähe machen will, ob die Beziehung in dieser Nähe-Distanz für mich richtig ist oder ob andere Schritte stimmiger sind. Dies gilt es auszuprobieren. Dabei ist in diesen spontan gestalteten Übungen zu beachten, welche Körperteile sich berühren und welche nicht.

In einer weiteren Übung zur Beziehungsfähigkeit kann ich „meine nächste und beste und intimste Beziehung" mit einem Double, das ich in der Gruppe wähle, darstellen. Geht man davon aus, dass es verschiedene Beziehungskreise gibt, die Nähe und Intimität ausdrücken, dann befinden sich im ersten, dem innersten Beziehungskreis, vielleicht ein oder zwei Menschen, die mir am nächsten stehen. Im zweiten Kreis befinden sich einige Menschen, die mir freundschaftlich oder beruflich eng verbunden sind. Im dritten Kreis sind Menschen, die mir immer wieder begegnen, mit denen mich Verschiedenes verbindet.

In den Übungen zeigt sich, dass viele Menschen keine Beziehungen im innersten Kreis haben. Und häufig stellen Menschen mit Elternbotschaften, die Nähe und Intimität verbieten, ihre nächste Beziehung dar, indem sie sich in einiger Distanz neben oder gegenüber diesem ihnen am nächsten stehenden Menschen stellen.

Mit dieser differenzierten Beziehungsübung können sie dann gut die nächsten Schritte herausarbeiten, wie die Beziehung wachsen und intensiviert werden kann, falls sich die Betreffenden für eine nähere Beziehung entscheiden.

Eine weitere Möglichkeit der Beziehungsklärung bietet eine Körperübung an, in der z.B. der Ehemann das Nähe-Distanz-Verhältnis zu der am nächsten befreundeten Frau und umgekehrt die Ehefrau zum besten Freund darstellt. Diese Beziehungsskulptur wird dann in einem nächsten Schritt mit der Beziehungsgestalt des Ehemannes und seiner Frau oder umgekehrt der Ehefrau zu ihrem Ehemann in Verbindung gebracht.

Ähnlich lassen sich Nähe und Distanz von ehelos lebenden Männern und Frauen, bzw. Priestern und Ordensfrauen und -männern herausarbeiten.

Das In-die-Sprache-Bringen der Körperhaltungen und der einzelnen Körperteile (Augen, Hand, Arm, Füße, Hüfte, Stirn, Mund etc.) lässt die unbewussten und hintergründigen Beziehungstrukturen deutlich werden. Dadurch wird die hintergründige, meist nicht sichtbare Kommunikation transparent. Auf diese Weise können dann Beziehungsstörungen wahrgenommen und dann die nächsten Schritte auf eine bessere Beziehung hin herausgearbeitet und eingeübt werden.

## 4.3. Aggressionen stiften Beziehung zur Umwelt

### Die zerstörerischen Aggressionen gegenüber der Umwelt

Albert Einstein wurde einmal gefragt: „Was ist die wichtigste Frage, die man sich im Leben stellen kann?“ Er antwortete: „Ist das Universum ein freundlicher Ort oder nicht?“ An dieser Antwort entscheidet sich, ob der Mensch gut leben kann oder nicht (Fox 1991, 10).
Kein Mensch kann ohne Licht und Dunkel, Wasser und Erde, Pflanzen und Tiere, Luft und Gestirne leben. Die Natur hat diese Lebenselemente gut aufeinander abgestimmt, sodass ihr gegenseitiges Aufeinander-Angewiesensein zu einem fruchtbaren Austausch der lebensspendenden Energien führt. Gerät dieser Austausch der Lebenselemente aus dem Gleichgewicht und werden die wechselseitigen Beziehungen zerstört, so hat das lebensbehindernde Folgen für alle Lebewesen.
Als im Jahr 1972 das Buch des Club of Rome „Die Grenzen des Wachstums“ erschien, löste es zunächst in der auf unbegrenztes Wachstum ausgerichteten westlichen Welt einen Schock aus. Doch ein Gesinnungswandel der Menschen in ihrer Beziehung zur Umwelt ist nach dem ersten Schrecken ausgeblieben. Das zeigen die zahlreichen Katastrophenmeldungen über die Zerstörung der Umwelt, die uns Tag für Tag erreichen, z.B. vom Schwund der Artenvielfalt, von der Abholzung und Verbrennung der lebensspendenden Tropenwälder, vom immer größer werdenden Ozonloch, von der Ausrottung von Tier- und Pflanzenarten und von dem Tod der Sterne. Immer wieder berichten die Medien vom „Over-Kill“ oder sagen das Ende von Mutter Erde voraus, wenn wir das „aggressive Spiel“ der Ausbeutung der Umwelt fortsetzen wie bisher.
Nicht nur der einzelne Mensch ist von den Folgen des nicht naturgemäßen und destruktiven Umgangs mit der Umwelt betroffen, sondern ganze Völker und letztlich die ganze Menschheit. Die Zerstörung der Luftsphären durch Abgase bewirkt das Ozonloch, das ein hohes Krankheitsrisiko für viele Menschen in sich birgt. Die Vernichtung der Regenwälder verursacht einen Klimawechsel (El Niño), der immer wieder „Naturkatastrophen“ auslöst, bei denen tausende Menschen ihr Leben und ihre Lebensbedingungen verlieren, zusätzlich Tiere und Pflanzen. Die Zerstörung der Umwelt hat Folgen über das

„Hier und Jetzt" hinaus für die Zukunft der nächsten Generationen und Jahrhunderte. Denn die Natur kennt andere Zeiteinheiten als der Mensch in seinem kurzen Lebensalter.
Inzwischen finden Klimaschutzkonferenzen statt, es werden halbherzige Umweltabkommen abgeschlossen, die letztlich ohne große Wirkung bleiben. Obwohl alle die drohende Gefahr sehen, drücken sich viele vor den Konsequenzen. Was bewegt die Menschen, ihre aggressive Energie zerstörerisch auszuleben, sodass sie Gefahr laufen, sich selbst und die Welt zu vernichten?
Hinter diesen destruktiven Aggressionen gegen die Umwelt steht eine *absolute Anthropozentrik*, die von einem unbedingten Egoismus bestimmt ist. Der Mensch sieht sich als *den* Herrscher der Welt, den Herrn der Natur, dem schlechthin alles in dieser Welt zur Verfügung steht. Der Wert der Dinge wird jeweils nach der Nützlichkeit für den Menschen bestimmt. Aus diesem Verständnis heraus ist es dem Menschen erlaubt, die Natur zu seinem eigenen Nutzen zerstörerisch auszubeuten, ohne an nachfolgende Generationen zu denken.
Hier ist nichts mehr vom biblischen Schöpfungsglauben zu spüren, der von einer *relativen* Anthropozentrik ausgeht. Der Mensch als Geschöpf ist abhängig von Gott, ihm untergeordnet, in der Weise, dass Gott die Welt ins Sein ruft und sie dem Menschen anvertraut. Er ist eingeladen, wie der Schöpfer die Natur fürsorglich und liebevoll zu behandeln und den Lebensraum für die Mitgeschöpfe zu fördern und zu erhalten.
Gleichzeitig ist der Mensch in ein Beziehungsgeflecht mit allen Geschöpfen eingebunden. „Gott hat alle Dinge der Welt so eingerichtet, dass eins auf das andere Rücksicht nehme" (Hildegard von Bingen, 181). Ob wir es wahrhaben wollen oder nicht: Wir sind abhängig von der gesamten Natur und den Mitmenschen, letztlich auf sie angewiesen. Wenn der Mensch dieses ökologische Beziehungsnetz missachtet und die Umwelt egoistisch ausbeutet, dann zerstört er letztlich seine eigenen Lebensgrundlagen. Denn in der Natur gilt das Gesetz der Beziehung und der gegenseitigen Abhängigkeit: Alle Lebewesen existieren miteinander, füreinander und ineinander (Vgl. G. Altner 1989; M. Fox 1994; H. Kessler, 1990). P. Kaspar sieht in der *Unverbindlichkeit* einen Grund für das zerstörerische Verhalten des heutigen Menschen gegenüber seiner Umwelt. Er schreibt in einem Gedicht:

„Wir leben auf Distanz,
zu den Dingen, zu den Menschen, zu uns selbst.
Wir pflegen die Unverbindlichkeit.

Der Baum ist Holz, Blätter, Früchte.
Holz für Papier,
Blätter für Sauerstoff,
Früchte zum Essen.

Irrtum: Der Baum sind wir.
Sein Werden und Vergehen,
seine Fruchtbarkeit, seine Biegsamkeit.
Seine Wunden und sein morscher Tod
– sind wir.

Menschen sind uns Kollegen,
Freunde und Feinde,
wichtige und wertvolle,
und welche zum Vergessen.

Irrtum: Die Menschen sind wir.
Ihr Lachen ist unseres,
ihr Weinen gilt mir.
Menschen kann ich nicht
wie alte Akten ablegen,
wie leere Flaschen wegwerfen,
wie eine Telefonnummer
im Abfalleimer Hinterkopf
verlieren.

Unverbindlichkeit kann töten:
Wir existieren noch
– ohne zu leben."

*(Kaspar, 6)*

In dieser Haltung der Unverbindlichkeit bilden wir uns ein, auf Distanz zur Umwelt leben zu können. Wir bewerten Menschen, Tiere, Pflanzen oder Gestein je nach ihrer Nützlichkeit für uns. Wir gebrauchen, werfen weg und schneidern sie zurecht, so wie wir es gerade brauchen. Wir behandeln die Natur, als würde sie uns wie ein Spiel-

ball zur Verfügung stehen: Wir bestimmen die Zeit, das Maß und die Rhythmen. Wir legen die Ordnungen entsprechend unseren egoistischen Plänen und Bedürfnissen fest. Wir setzen uns selbst als „Herrscher über die Dinge“ ein und steigen aus der Solidarität und Verbindlichkeit aus. Auf diese Weise setzen wir die an sich beziehungsstiftende Energie zerstörerisch ein. Wir beuten die Erde aus, plündern ihre Schätze, schädigen und verwüsten sie.
Ein belgischer Ökologe sieht den Grund dieser destruktiven Haltung darin, dass wir „den natürlichen Menschen in uns nicht achten. Von dort kommt nämlich das Gleichgewicht. Unsere Gier, Aggressivität und Korruption durch die Macht stammt daher, dass wir jenen ersten Menschen in uns um sein natürliches Erbe betrogen haben“ (Post, 6).
Was ist dieses „natürliche Erbe“? Die christliche *Schöpfungstheologie* und die *relative Anthropozentrik* geben uns auf diese Frage eine Antwort. Sie können uns in der verfahrenen Situation der Ökologie zu einer neuen Geisteshaltung und Wertschätzung gegenüber der Umwelt führen und einen notwendigen Paradigmenwechsel einleiten, der die aggressiven Lebensenergien lebensfördernd und beziehungsstiftend einsetzt.

## Die Schöpfungstheologie als Basis einer lebensfördernden Beziehung zur Umwelt

Ausgangsbasis für die Schöpfungstheologie ist die Überzeugung, dass der Schöpfergott in der gesamten Schöpfung gegenwärtig ist. Der Schöpfungsglaube stützt sich auf das biblische Beziehungsmodell, das in die Gottes- und Nächstenbeziehung auch die Beziehung zur Schöpfung mit hineinnimmt. Hans Kessler entwickelt aus der Schöpfungstheologie die Notwendigkeit einer Schöpfungsspiritualität und Schöpfungsethik (Kessler 1990).
Diese gründen in der Urquelle des Schöpfungsglaubens, *dem Schöpfungsbericht.* Im Buch Genesis heißt es: „Im Anfang schuf Gott Himmel und Erde“ … „Dann sprach Gott: Das Land bringe alle Arten von lebendigen Wesen hervor, von Vieh, von Kriechtieren und von Tieren des Feldes. So geschah es. Gott machte alle Arten von Tieren des Feldes, alle Arten von Kriechtieren auf dem Erdboden. Gott sah, dass es gut war. Dann sprach Gott: Lasst uns Menschen machen als unser Abbild, uns ähnlich. Sie sollen herrschen über die Fische des Meeres,

über die Vögel des Himmels, über das Vieh, über die ganze Erde und über alle Kriechtiere auf dem Land.
Gott schuf also den Menschen als sein Abbild; als Abbild Gottes schuf er ihn. Als Mann und Frau schuf er sie. Gott segnete sie, und Gott sprach zu ihnen: Seid fruchtbar und vermehrt euch, und herrscht über die Fische des Meeres, über die Vögel des Himmels und über alle Tiere, die sich auf dem Land regen. Dann sprach Gott: Hiermit übergebe ich euch alle Pflanzen auf der ganzen Erde, die Samen tragen, und alle Bäume mit samenhaltigen Früchten. Euch sollen sie zur Nahrung dienen. Allen Tieren des Feldes, allen Vögeln des Himmels und allem, was sich auf der Erde regt, was Lebensatem in sich hat, gebe ich alle grünen Pflanzen zur Nahrung. So geschah es. Gott sah alles an, was er gemacht hatte: Es war sehr gut." (Gen 1,24ff.)
Hiernach sind alle Wesen der Natur, einschließlich des Menschen, nicht aus sich selbst da, sondern Gott hat sie geschaffen. Gott gibt sie nicht aus der Hand und doch legt er gleichzeitig die Schöpfung in unsere Hand mit dem Auftrag: „Beherrschet die Erde und macht sie euch untertan."
Was heißt das in Bezug auf den Menschen und seine Beziehung zur Umwelt?
Auf Grund seines Bewusstseins und des freien Willens hat der Mensch eine Sonderstellung in dieser Welt. Trotz dieser Sonderstellung bleibt der Mensch ein Geschöpf wie alle anderen Lebewesen auch. Der Mensch ist Mitgeschöpf und aus diesem Bewusstsein heraus erwächst die Achtung vor der Würde der anderen Geschöpfe. Sie haben einen je eigenen Wert, der zählt. Auf diesem Hintergrund ist nicht ihr Nutzwert, sondern ihr *Seins*wert entscheidend. Wer die Einzigartigkeit der Geschöpfe in der Tiefe erkennt und mit ihnen in Beziehung tritt, kommt zum Staunen über die Fülle der Arten, der Formen und Farben, die sich in Tieren und Pflanzen, in der anorganischen Welt der Mineralien zeigen, er wundert sich über die Schönheit des nächtlichen Sternenhimmels und die Weite des Meeres.
Aus dem Bewusstsein der Mitgeschöpflichkeit heraus – das Beziehung stiftet – weiß sich der Mensch auch verantwortlich und solidarisch mit den anderen Geschöpfen. Fällt der Mensch aus der Haltung der Mitgeschöpflichkeit heraus und stellt sich über die anderen Wesen der Natur, indem er auf Grund ihres Nutzwertes über ihr Wohl und Wehe

entscheidet, so „sündigt“ er, denn er macht sich selbst zu Gott, zum Herrscher über die Welt.
Wenn ich weiß, woher ich bin, woher ich komme und wohin ich gehe, was meine Möglichkeiten und Grenzen sind, entwickle ich auch ein Gespür für die Nöte, die Sehnsucht und die Wünsche der Mitgeschöpfe. Hieraus erwächst eine unbeirrbare Sensibilität für die *leidenden* Mitgeschöpfe, für Krankheit, Schmerz und Tod, für Katastrophen und Zerstörung in der Natur. Wer in Beziehung lebt, leidet mit: „Wenn ein Glied leidet“, sind alle anderen in Mitleidenschaft gezogen (Röm 12). Paulus spricht auch vom Seufzen und den Geburtswehen der Natur (Röm 8,22) und von der Sehnsucht der Schöpfung nach Befreiung und Erlösung. Dieses Mitfühlen und Mitleiden führen in die mitgeschöpfliche Solidarität, in ein Zusammengehörigkeitsbewusstsein mit den leidenden Mitgeschöpfen, das zum Engagement drängt, „um die behebbaren Leiden und vor allem um die ökologischen Ursachen der Leiden zu beseitigen“ (Kraus, 497).
Als *Abbild Gottes* und geistbegabtes Wesen gestaltet und prägt der Mensch auf einzigartige Weise die fortwährende Schöpfung mit. Er ist frei zu entscheiden, wie er an diesem Prozess teilnimmt, wie er seine Fähigkeiten kreativ zu sein, zu denken, zu planen, zu erfinden, zu fühlen, zu leiden, zu lieben und geliebt zu werden einsetzt. Wichtig ist hierbei sein Selbstverständnis, ob und wie er erkennt, dass alles in der Natur einen Zusammenhang hat, miteinander vernetzt ist und er selbst Teil dieses Ganzen ist.
Hier stützt sich der Schöpfungsglaube auf wichtige Ergebnisse der *ökologischen Forschung*: Sie besagen, „dass in der Natur als Grundprinzipien herrschen: der Holismus (holon = das Ganze), die Ganzheitlichkeit; die Relationalität (relatio = die Beziehung), die Beziehungshaftigkeit; der Dynamismus (dynamis = die Kraft), die kraftvolle Bewegtheit; das organische Fließgleichgewicht. Demnach gilt näherhin: Die Natur ist ein Ganzes aus vielfältigen Teilen; sie ist eine Einheit in Vielfalt. Dabei stehen die Teile nicht unverbunden nebeneinander, sondern sie haben alle eine Beziehung untereinander. Die Natur ist ein Geflecht von Beziehungen … Zwischen allen Teilen des Ganzen der Natur herrscht eine Interdependenz, eine gegenseitige Abhängigkeit … Zwischen allen Teilen des Ganzen der Natur herrscht eine Interaktion, eine wechselseitige Einwirkung und Beeinflussung.

So ist die Natur letztlich ein riesiger Organismus, d.h. ein einheitliches, gegliedertes, prozesshaftes Ganzes. Sie ist ein einziges komplexes System, bei dem zwischen den verschiedensten, eigengesetzlichen und zugleich offenen Untersystemen ein Gleichgewicht, genauer ein dynamisches Fließgleichgewicht herrscht" (Kraus, 495).

Als *Schöpfer* und als *Erhaltungskraft* alles Geschaffenen lebt Gott *im Herzen des Universums und unserer Welt.* „Bin nicht ich es, der Himmel und Erde erfüllt?" (Jer 23,24), spricht Gott im Alten Testament. Thomas von Aquin vergleicht es in einem Bild: „Wie die Seele ganz in jedem Teil des Körpers ist, so ist auch der ganze Gott in allem und in jedem Einzelnen" (Thomas von Aquin, S. th. I q 8, a2, ad 3).

Und gleichzeitig sind alle Geschöpfe in Gott, der alles Geschaffene umschließt. Paulus drückt dies in seiner Rede auf dem Areopag so aus: „Gott, der die Welt erschaffen hat und alles in ihr…, er ist keinem von uns fern. Denn in ihm leben wir, bewegen wir uns und sind wir" (Apg 17,24; 27f.). Ähnlich wie die Luft Menschen, Tiere und Pflanzen umgibt, sie atmen und existieren lässt, so ist Gott gleichsam die Ursphäre, der Lebensodem für alles Sein auf dieser Welt. Daraus folgt eine *ethische* Einstellung gegenüber der Umwelt: Die gesamte Natur, alle Lebewesen sind wertvoll und kostbar, weil Gott in ihnen gegenwärtig ist, weil sie eine Spur des göttlichen Geistes in sich tragen. (Boff 1994).

Die Erkenntnis, dass wir ein Teil der Natur sind und nicht das Ganze, dass wir sterblich sind wie alle Geschöpfe und nicht ewig; dass wir teilhaben und nicht herrschen; dieses Bewusstsein führt zu einer Relativierung des Menschen als „Krone der Schöpfung". Der indianische Häuptling Seattle drückt diese Tatsache in einem Brief an den amerikanischen Präsidenten im Jahr 1855 so aus:

> „Wir sind ein Teil dieser Erde.
> Jeder Teil dieser Erde ist meinem Volk heilig.
> Jede glitzernde Tannennadel, jeder sandige Strand,
> jeder Nebel in dunklen Wäldern, jede Lichtung,
> jedes summende Insekt ist heilig
> in den Gedanken und Erfahrungen meines Volkes…
> Die duftenden Blumen sind unsere Schwestern,
> die Rehe, das Pferd, der große Adler,

sie sind unsere Brüder.
Die felsigen Höhen, die saftigen Wiesen,
die Körperwärme der Ponys und der Menschen,
sie alle gehören zur großen Familie."

*(Seattle, 20f.)*

Ähnlich lobt Franziskus in seinem *Sonnengesang* den Schöpfer für die große Schöpfungsfamilie, die Schwester Sonne, den Bruder Mond und die Sterne, für die Elemente Wasser, Wind und Feuer bis hin zur Mutter Erde und zum Bruder Tod. Hier drückt sich eine Ehrfurcht und Verbundenheit im gleichen „Blut" aus, die eine Beziehung stiftet, in der Ehrfurcht und Achtung, Solidarität und Liebe unumstößliche Grundpfeiler sind. In diesem ganzheitlichen Verständnis wird auch die Größe Gottes deutlich, der sich in seiner gesamten Schöpfung offenbart.

Nach der Schöpfungstheologie spiegelt sich auch die *trinitarische* Struktur der Dreieinigkeit Gottes in der Schöpfung wider: Sie ist wie Gott Einheit in Verschiedenheit, Leben im Beziehungsfluss wechselseitiger Teilhabe.

Die kosmische Mystik, wie sie Teilhard de Chardin in unserem Jahrhundert gelehrt und gelebt hat, beschreibt die unterschiedlichen Erscheinungsweisen des *kosmischen Christus* in der Schöpfung. Christus ist Anfang und Ende der Schöpfung. Durch seine Inkarnation hat er die kosmische Materie in sich aufgenommen. So durchdringt er die Materie und ist er in der Materie gegenwärtig. Durch die Auferstehung seines Leibes hat er die Materie pneumatisch verwandelt. Und so haben auch die materiellen Dinge durch ihren Bezug zu dem kosmischen Christus ihre besondere Würde (Teilhard de Chardin 1990).

## Ethische Folgerungen für eine heilsame Beziehung zur Umwelt

1985 haben die Deutsche Bischofskonferenz und der Rat der Evangelischen Kirche in Deutschland eine gemeinsame Erklärung zur ökologischen Herausforderung in unserer Zeit herausgegeben: „Verantwortung wahrnehmen für die Schöpfung". Darin wird zunächst an die Verantwortung des Einzelnen und der Gesellschaft für die Bewahrung der Schöpfung appelliert. Wir müssen unterscheiden lernen, wo

die Technik und der Fortschritt – bei aller Bewunderung der großartigen Leistungen – nicht nur für den Menschen, sondern für die gesamte Schöpfung ein „Mehr an Schaden“ oder ein „Mehr an Leben“ bringen.
Ähnlich hat sich die ökumenische Bewegung „Gerechtigkeit, Friede, Bewahrung der Schöpfung“ zum Ziel gesetzt, ausgehend von der Schöpfungstheologie konkrete Handlungsimpulse für einen konstruktiven Umgang mit der Schöpfung zu erarbeiten und umzusetzen.
Die Erklärung der Kirchen weist konkret auf das *„ökologische Loslassen“* hin, durch das die Menschen ihre geschöpfliche Begrenztheit als Mitgeschöpf anerkennen. Die technische Industriegesellschaft unterstützt immer noch den Traum, dass alles machbar ist, dass eine grenzenlose Steigerung der Produktion und des Wachstums möglich sind. Das wiederum führt zu ungebremster Konsumsucht, zu „immer mehr haben“ und „immer mehr sein“ müssen. Das geht aber nur, wenn ich mir meine „Pfründe“ sichere auf Kosten anderer und rücksichtslos meine Ziele verfolge. Allein das „Ich“ und der Erfolg zählen. Ich nehme einfach, soviel ich brauche, und ich brauche immer mehr. Schonungslose Ausbeutung der Rohstoffe und der natürlichen Ressourcen sind die Folge.
Die grenzenlosen Ansprüche: „Ich will alles haben und möglichst schnell“ ziehen eine zerstörerische Aggressivität nach sich und sind in einem rigorosen Egoismus begründet, der nur „Ich“ sagt und die eigenen Bedürfnisse – meist auf Kosten der anderen und der Umwelt – rücksichtslos befriedigt.
Die zerstörerische Energie des rigorosen Egoismus untergräbt jedes Beziehungsbewusstsein zu anderen Menschen und zur gesamten Schöpfung. Er denkt nicht an Morgen, sondern nur an das „Hier und Jetzt“ und wie die eigene Zukunft gesichert werden kann.
Die positive Umwandlung der aggressiven lebens- und beziehungshindernden Energie kann erst dann gelingen, wenn wir erkennen, dass wir letztlich aufeinander angewiesen sind und gemeinsam die Verantwortung tragen für die Bewahrung der Umwelt, die unser aller Lebensgrundlage ist. Hierzu gehört die Überprüfung des Gebrauchs z.B. von technischen Geräten, von Verkehrsmitteln und Verpackungsmaterial auf ihren Beitrag zu den Umweltschäden, zur Müllanhäufung und zum Schadstoffausstoß. Im Maße wachsender Bewusst-

seinsbildung könnten dann z.B. Flug- und Autoreisen eingeschränkt werden, um Energie einzusparen und den Schadstoffausstoß zu verringern. Auch dient ein Umstieg auf weniger schädliche Energiespender, wie z.B. Solarenergie, der Bewahrung der Schöpfung ebenso wie die Achtung vor der Materie, die ein sorgsames Haushalten beinhalten. Das kommt allerdings in der Wegwerfmentalität abhanden. Im Ganzen braucht es einen Verzicht auf jeden Profit, der der Umwelt schadet.
Wenn wir Menschen unseren Auftrag als Nutznießer, Verwalter und Erhalter der Schöpfung in mitgeschöpflicher Verbundenheit ernstnehmen, ergibt sich ein verantwortliches und konstruktives Handeln gegenüber der gesamten Umwelt. Dann werden der weithin verbreitete Utilitarismus und der Egoismus, die die Umwelt nur nach ihrem Nutzwert einschätzen, in ihre Grenzen gewiesen. Wer sich selbst als Mitgeschöpf in Beziehung zu den anderen Geschöpfen sieht, entwickelt eine liebevolle Fürsorge und versucht – entsprechend seinen Möglichkeiten –, die Entfaltung der Mitgeschöpfe zu fördern und für die Erhaltung des Lebensraumes samt der Reinhaltung der Lebenselemente zu sorgen.
Nur mit Entschiedenheit können wir die Verantwortung für unsere Welt hier und jetzt übernehmen, damit sie auch für zukünftige Generationen lebenswert bleibt, damit neue Schöpfung gelingen kann gemäß dem Auftrag: „Füllet die Erde, macht sie euch untertan und herrschet" im Geiste und in der Weisheit Gottes, der Beziehung stiftet (Sölle 1996, 56ff.).

Das folgende Gedicht von Franz Fassbind drückt die augenblickliche Beziehung vieler Menschen zur Umwelt aus der Sicht „des erschöpften Planeten" treffend aus.

„Spruch des erschöpften Planeten

Wie der Mann bin ich,
welcher von Jerusalem hinabzog nach Jericho
und unter die Räuber fiel.

Sie teilten meine Kleider unter sich
und warfen das Los um mein Gewand.

Wie reißende Wölfe sind sie über mich gekommen.
Sie haben meine Hände und Füße durchbohrt.
Alle meine Gebeine haben sie gezählt.

Mit Grausen sehe ich meinen Körper,
die Haut meines Körpers und die Farbe meiner Haut.
Der Pesthauch der Verzweiflung steigt aus meinen Wunden.

Sie haben meine Meere vergiftet
und meine Länder zur Wüste gemacht.

Meine Speicher sind leer.
Dahin ist meine Kraft.
Zum Mond meines Mondes bin ich geworden.

Sie haben die Endlösung angeordnet
und diesmal auch verwirklicht:
Mein unfreiwilliges Striptease
im globalen Varietee des kosmischen Theaters.

Sie entschieden, bevor sie begriffen hatten.
Nun begreifen sie und können nicht mehr entscheiden.

Aber da ist noch ein reisender Samariter,
zwischen dem Äon des Hasses und dem Äon der Liebe,
der uns Erlösung versprochen hat
und der sein Wort halten wird,
wenn er wiederkommt als Richter und Retter wie in der Sixtina:
Siegreich und Nackt,
weil er nur mit der Ehre der Armut bekleidet.

Nichts, was wir denken können, ist unmöglich.
Ich will Hoffnung tragen,
die einzige Hülle,
welche sie mir gelassen."

*(Fassbind, 9)*

## 4.4. Aggressionen stiften Beziehung zu Gott

### Einführung

Im Beziehungsverständnis des Alten und Neuen Testamentes gewinnt der Mensch sein Selbstverständnis vor allem aus der *Gottesbeziehung*. „Gott wird vorwiegend in Beziehungsmetaphern angesprochen und erfahren, die Nähe und Distanz, Vertrauen und Furcht, Intimität und Ehrfurcht beinhalten. In vertrauter Gemeinschaft mit Gott zu leben, ist Inbegriff des Heils" (Außerleitner, 410ff.). Aus dieser Erfahrung heraus vermag der Mensch seine mitmenschlichen Beziehungen, seine Beziehung zur Welt und zum Leben zu gestalten.
In der Gemeinschaft mit *Jesus Christus* wird die Beziehung zu Gott noch inniger und vertrauter, weil diejenigen, die sich mit ihrem ganzen Sein auf Jesus Christus einlassen, durch ihn in die trinitarische Gemeinschaft von Vater, Sohn und Geist mit hineingenommen werden. Nach christlichem Verständnis übergab Jesus in seinem Tod und seiner Auferstehung seinen Geist, in dem er mit Gott (Vater) verbunden war, an die Menschen weiter, damit sie im gleichen Geiste mit Gott verbunden sind wie er es war und ist (Jo 19,30). Auf diese Weise will der dreieinige Gott in uns Wohnung nehmen (Jo 14,23). Die intime, persönliche Beziehung mit Gott wird mit Begriffen wie „Gotteskindschaft", „Freundschaft", „Liebe" oder „Neue Schöpfung" beschrieben oder in den Metaphern vom Weinstock und den Reben (Jo 15,1ff.) und vom Leib Christi (1Kor 12,13ff.) ausgedrückt.
Nach christlichem Glauben lebt Gott – im Unterschied zu monotheistischen Religionen – seine Lebensenergien „aggressiv" in der Liebesgemeinschaft der drei Personen aus: nicht in einem monologischen Selbstbezug, sondern in einem dynamischen, interpersonalen Beziehungsfluss von Geben und Nehmen, Wort und Antwort, der nie zu Ende geht, sondern stets erneuert wird.
Diese trinitarische, göttliche Gemeinschaft ist nicht in sich abgeschlossen, sondern offen für die Menschen, die sich auf diese Beziehung zu Gott einlassen und von seiner Liebe beschenkt werden und sie dann weitergeben. Gott sucht Menschen, die mit ihm zusammen lieben (Duns Scotus: Deus vult condiligentes). Trotz einer innigen und persönlichen Beziehung zu Gott, der uns näher ist als jeder

Mensch und wir selbst uns nahe sein können, bleibt auch die Erfahrung: In dieser Welt haben wir keine unmittelbare Erfahrung Gottes (Augustinus). Wir begegnen ihm in „vermittelter Unmittelbarkeit". „So lässt er sich von uns in allen Wirklichkeiten der Welt, der Geschichte und des eigenen Daseins als deren tiefstes Geheimnis entdekken" (Greshake, 34).
In diesem Verständnis der *symbolischen Existenz* ist auch der Mensch ein lebendiges, reales Symbol Gottes in dieser Welt, wo der dreieinige Gott in jedem Menschen gegenwärtig und lebendig ist und durch den Menschen in diese Welt hinein wirkt. Deshalb ist es möglich, „in der Begegnung mit Menschen Gott zu begegnen, in der Liebe zu Menschen Gott zu lieben" (Vorgrimler, 24f.). So wird die Beziehung zu Gott in der Beziehung zu den Mitmenschen und zur Mitwelt gleichsam geerdet und fruchtbar. Sie schwingt ein in die Beziehung der drei Personen in dem einen Gott, durch die lebens- und beziehungsstiftende „Ruach", der Heilige Geist, der gerade „keine Dichotomie von Welt und Gott, Materie und Geist, sondern die Verleiblichung göttlichen Heils in der menschlichen Gesellschaft" bewirken will. (Außerleitner, 412). Die „Ruach" ist die dynamische Wirkkraft in diesem Prozess, die Gottes Liebe immer neu zum Fließen bringt und im Fluss hält und so den Menschen und die Welt erneuert. Deshalb die Bitte: „Komm Heiliger Geist und die Erde wird neu."
Wenn wir diese Gedanken aus der *Sicht der Aggressivität* betrachten, so ist zu sagen: Gott hat den ersten Schritt auf uns zu getan, indem er uns ins Leben gerufen und seine persönliche Liebe geschenkt hat. Wir können unser Leben als freie Antwort auf das lebensstiftende Wort Gottes in der Taufe verstehen und gestalten, sodass wir im Laufe unserer Selbstwerdung immer mehr in eine lebendige und liebende Beziehung zu Gott heranwachsen. Die uns gegebene Freiheit ermöglicht es uns aber auch, das von Gott geschenkte Leben ohne Rückbindung an ihn zu verstehen. Das geschieht, indem wir uns Gottes lebensstiftenden Verheißungen verweigern. Wird die Beziehung zu Gott zerstört, so hat das Auswirkungen auf das ganzheitliche Wohlergehen, denn damit vernichten wir eine elementare Grunddimension menschlichen Lebens.
Grundlage dieses Kapitels, in dem es um die notwendige Auseinandersetzung mit Gott geht, sind die Erfahrungen von mehr als 700

Frauen und Männern, die sich bewusst mit Gott und ihrer Beziehung zu Gott auseinandergesetzt haben. Sie sind im weiteren Sinne religiös zu nennen und waren bereit, ihr Leben einschließlich ihrer Vergangenheit mit Gott in Berührung zu bringen und mit ihm darüber zu kommunizieren (Frielingsdorf 1993). Sie gingen davon aus, dass „Gott dort wohnt, wo man ihn einlässt". Dazu erzählt M. Buber folgende Geschichte:
„Rabbi Mendel von Kozk überraschte einst einige gelehrte Männer, die bei ihm zu Gast waren, mit der Frage: ‚Wo wohnt Gott?' Sie lachten über ihn: ‚Wie redet ihr? Ist doch die Welt seiner Herrlichkeit voll!' Er aber beantwortete die eigene Frage: ‚Gott wohnt da, wo man ihn einlässt.'"
Und Buber fährt fort: „Man kann ihn aber nur da einlassen, wo man steht, wo man wirklich steht, da wo man lebt, wo man ein wahres Leben lebt. Pflegen wir heiligen Umgang mit der uns anvertrauten kleinen Welt, helfen wir in dem Bezirk der Schöpfung, mit der wir leben, der heiligen Seelensubstanz zur Vollendung zu gelangen, dann stiften wir an diesem unserem Ort eine Stätte für Gottes Einwohnung, dann lassen wir Gott ein" (Buber, 159).

## Hindernisse bei der Auseinandersetzung mit Gott

Die Erfahrung in der Auseinandersetzung mit Gott zeigt, dass es nicht leicht ist, seine aggressiven Energien in die Beziehung zu Gott mit hineinzunehmen. So werden wir zuerst einige Hindernisse auf diesem Weg der Auseinandersetzung aufspüren, die eine Beziehungsklärung erschweren oder gar verunmöglichen können.

1. Zunächst wirken sich die negativen Elternbotschaften, die Gefühle und speziell Wut und Aggressionen verbieten, auch auf die Auseinandersetzung mit Gott hemmend aus. Dieses allgemeine Aggressionsverbot wird durch die noch weit verbreitete Drohung verstärkt, „dass derjenige, der gegen Gott die Faust erhebt, schwer sündigt und verdammt wird". Deshalb besteht die Gefahr, die Wutgefühle gegen Gott zu unterdrücken und sie destruktiv gegen sich selbst zu richten, um der drohenden Bestrafung durch Gott zu entgehen.
Dahinter steht meist ein unbewusstes *angstmachendes, strafendes Got-*

*tesbild*. Es ist sehr verbreitet, obwohl es dem Gottesverständnis der Bibel widerspricht (Frielingsdorf 1997, 109ff.).

Besonders in Übungen, wo die Auseinandersetzung mit Gott über den Körper ausgedrückt werden sollte, z.B. „Gott die Faust zeigen", wurde deutlich, dass die TeilnehmerInnen erst garnicht Fäuste gegen Gott ballen konnten, sie schnell wieder öffneten oder die geballten Fäuste hinter dem Rücken bzw. in den Taschen versteckten. Auf die Frage nach ihrem Widerstand antworteten sie: „Ich erlebe die Faust gegen Gott als Todsünde" oder „Ich habe Angst, dass Gottes Strafe mich wie ein Blitz treffen wird." Zum einen wurden hierbei die übernommenen Elternbotschaften erkannt, zum anderen wurde deutlich, dass die negativen Erfahrungen in den Situationen der Auseinandersetzung mit den Eltern auf Gott übertragen wurden.

Doch dieses negative Gottesbild widerspricht der biblischen Botschaft. Der wahre Gott nimmt uns auch mit unseren Gefühlen, unseren Zweifeln ernst, einschließlich der Wut, selbst des Hasses. Diese Gefühle sind da, sie gehören zu uns. Der wahre Gott will uns und nimmt uns so an, wie wir sind. Deshalb lädt Gott uns ein, auch unsere unangenehmen Dinge und fehlerhaften Verhaltensweisen in die Beziehung mit hineinzunehmen. Im Glauben gehen wir davon aus, dass Gott unsere geheimsten Gedanken und Gefühle schon kennt, bevor wir sie ausdrücken.

Dieser Glaube festigt und vertieft die Beziehung zu Gott: Wer Gottes Licht in seine tiefste Dunkelheit, in alle Abgründe seiner Seele eindringen lässt, kann unbeschwert und ohne Angst leben. Die Geschichte des Ijob, der Jakobskampf mit Gott oder das Gleichnis vom verlorenen Sohn können hier Anregung und Ermutigung geben.

2. Das Bild vom strafenden und angstmachenden „Gott" ist mit dem Bild vom dämonischen *Leistungsgott* verwandt, der die Menschen dazu bringt, ihre aggressiven Lebensenergien in einer maßlosen Nächstenliebe zu verschleudern. Die Anhänger dieses Leistungsgötzen glauben, dass sie ihr Glück und Seelenheil nur durch Leistungen verdienen können. Zu diesen Leistungen der Nächstenliebe gehören: Zu Menschen immer freundlich sein, sich beherrschen, Wut und Ärger kontrollieren, und erst recht keinen Hass verspüren. All das ist verwerflich. Darüber hinaus enthält der Glaube an diesen Leistungsdä-

mon „Gott“ auch die Leistung, keine Wut, keinen Ärger, keine Auseinandersetzung mit diesem Gott zu haben. Die vermeintliche Erlösung besteht in einem immer größeren Aktivismus, der keinerlei Rücksicht auf die eigene Befindlichkeit und somit auf die Gefühle nimmt. Am Ende führt dies dazu, dass die Menschen entkräftet und ihrer Lebensenergie beraubt am Boden liegen (burn out).

Die *magische Version* dieses Leistungsglaubens besagt, dass selbst Gott an dieses Leistungsprinzip gebunden ist. D.h. wenn ich eine Leistung bringe, muss er mir eine entsprechende Belohnung zukommen lassen.

Ein Beispiel für die Erlösung vom Leistungsdämon zeigt das Gleichnis vom barmherzigen Vater, der den verlorenen Sohn liebend umarmt, auch wenn dieser weder Leistung noch Erfolg vorweist und sein ganzes Erbe durchgebracht hat. Wohl aber hat der Sohn seine aggressiven Impulse gelebt, geäußert und mit dem Vater in Beziehung gebracht. Er kam „heim“, so wie er war.

3. Menschen mit einem geringen Selbstwertgefühl versuchen häufig den unerbittlichen *Richtergott,* den sie für den wahren Gott halten, durch *Selbstbestrafung*, also durch autoaggressives Verhalten, gnädig zu stimmen und so der Verurteilung zu entgehen. Der in ihnen angestaute Ärger und die Wut, nicht so sein zu können, wie sie sind und nicht so leben zu dürfen, wie sie es sich vorstellen, richten sie nicht nach außen auf Gott oder auf Mitmenschen, sondern zerstörerisch gegen sich selbst: „Weil die anderen und auch Gott mich nicht lebens- und liebenswert finden, bestrafe und zerstöre ich mich selbst. Wenn ich mein Leben schon verfehlt habe, warum soll ich es dann weiterführen?“

Dabei übertragen sie die negativen Schlüsselerfahrungen der Kindheit mit den entsprechenden Minderwertigkeitsgefühlen auf das Glaubensleben; denn unbewusst meinen sie, Gott verhalte sich nicht anders als Mutter und Vater in der Kindheit, die ihnen deutlich gemacht haben, dass sie, so wie sie sind, nicht lebens- und liebenswert sind. Diese Botschaft haben sie zu ihrem Selbstbild gemacht. So arrangieren sie auch im religiösen Bereich ihr Leben in der Weise, dass sie letztlich wieder in der ihnen vertrauten Schlüsselposition landen: „Ich bin nicht lebens- und liebenswert. Selbst Gott sieht mich so. Deshalb duldet er mich nur." Hiermit zimmern sie sich ihr „Kreuz" letztlich selbst und leiden um des Leidens willen, ohne die Möglichkeit, zur Quelle der Heilkraft durchzustoßen. Durch ständige Wiederholung und „Drehen im Kreis des Nicht-wert-Seins" verschlimmern sie ihr Leiden und richten die ihm innewohnende Energie zerstörerisch gegen sich selbst.

Diese „masochistischen", destruktiven Aggressionen können sich auch im *Perfektionismus* zeigen, wenn der moralische Anspruch an das Leben oder die Ziele so hoch angesetzt wird, dass sie niemals zu erreichen sind. Das perfektionistische Ich-Ideal wird auf diese Weise zur Quelle von Schuldgefühlen („Ich schaffe es nicht"). Diese liefern wiederum eine Berechtigung zur Selbstbestrafung („Eigentlich müsste ich besser sein!") und bewirken damit die Rückversetzung in die negative Schlüsselposition („Ich bin nichts wert").

Schwierig ist es, wenn Menschen mit dem dämonischen Richtergott im Nacken in die so genannte *negative Aszese* flüchten, sich Entbehrungen auferlegen, die ihre Lebensenergien sinnlos aufbrauchen und ihnen schaden. Oft wird dieses destruktive Verhalten auch noch positiv als gottgewollte Selbstverleugnung und Demut gedeutet. In ihrem Urmisstrauen gegen das Bild vom unerbittlichen Richtergott, der keine „Gnade" kennt und den „Sünder" klein machen und büßen lassen will, züchtigen und kasteien sie sich selbst und zahlen dem Aber-Gott so im Voraus den Preis für ihr Weiterleben. Sie meinen, wenn sie sich selbst bestrafen, könnten sie die zu erwartenden schmerzhaften Schläge und Züchtigungen durch Gott vermeiden. Doch damit verfestigt sich die Einstellung: „Bleibe in deinen Ängsten und Depressionen, verharre in ihnen, frage nicht nach den Ursachen. Sie werden sich vor dem Richterstuhl Gottes auszahlen als bereits abgebüßte Strafe."

Den Tribut für diesen Glauben an den unerbittlichen Richtergott zahlen die Menschen mit ihrem als „wertlos" empfundenen Dasein in der Fortsetzung der Schlüsselposition. Auch gehen sie davon aus, für dieses „miese Leben" ebenso wenig verantwortlich zu sein wie für die schlimme Kindheit. Denn beides hat Gott ihnen letzlich „eingebrockt".

Gott sei Dank sind die Exzesse einer negativen Aszese, wie sie vor dem Zweiten Vatikanischen Konzil in einigen Ordensnoviziaten noch üblich

waren, heute verschwunden. Damals standen Geißelungen mit Stricken, das Tragen von eisernen Bußgürteln und Bußhemden und verschiedene Abhärtungsmethoden auf der „geistlichen Tagesordnung". Allerdings leben manche dieser zerstörerischen, masochistischen Übungen in fundamentalistischen Gruppen und Sekten heute wieder auf.
Es ist ein langer und gleichzeitig lohnender Weg für diese Menschen, die oft nur „in Angst und Zittern" glauben, bis es ihnen gelingt, die fatalen Wiederholungen und Übertragungen in ihrem religiösen Leben zu erkennen und den dämonischen Aber-Gott zu entlarven, der sie zu einem selbstzerstörerischen, aggressiven Verhalten verführen will. Erst im Rahmen eines solchen Klärungsprozesses können sie eine lebensspendende und beziehungsstiftende Beziehung zum wahren Gott entwickeln.

4. *In der narzisstischen Gottesbeziehung* wird die „gott-menschliche Beziehungswirklichkeit" durch eigene religiöse Fehldeutungen geleugnet und behindert. Die Betroffenen entwickeln eine symbiotische Beziehung zu ihrem Gott, von der andere ausgeschlossen sind.
Frau B. hatte in der Kindheit eine starke Ablehnung durch die Mutter und eine verhängnisvolle Nähe in der Inzestbeziehung zu ihrem Vater erlebt. Daraus entstand in ihr ein tiefes Misstrauen gegen ihre Umwelt und gegen jede Art von näherer Beziehung. Äußerlich wirkte Frau B. selbstbewusst, mit großem Erfolg im Beruf, um den sie andere beneideten. Frau B. hatte zwar mit vielen Menschen Kontakt, fühlte sich aber innerlich einsam und unglücklich. Sie wohnte bei ihren Eltern, bis sie im Alter von dreißig Jahren ihre starken Wut- und Hassgefühle gegen ihre Mutter und ihren Vater zum ersten Mal wahrnahm, sie jedoch sofort wieder unterdrückte. Frau B. „löste ihr Problem", indem sie ihre Wut und ihren Schmerz religiös rationalisierte: Sie baute für sich eine intime, einzigartige Beziehung zu Gott auf, von der außer ihrem Beichtvater keiner wusste und von der alle anderen ausgeschlossen waren. In dieser Beziehung lebte sie mit Gott allein. Hier kam niemand anders vor. Alle anderen Beziehungen und die damit verbundenen Gefühle waren vergessen, auch die Wut- und Hassgefühle gegenüber den Eltern.
Jesus beruft sie dann, so glaubte Frau B., in einen kontemplativen Orden, wo sie diese enge Beziehung zu Gott noch intensiver und

ausschließlicher leben könnte. Doch die Selbsttäuschung wurde schon im Noviziat aufgedeckt. Frau B. musste den Orden verlassen, weil sie letztlich noch nicht beziehungsfähig war. Die für sie scheinbar unmöglichen, tieferen Beziehungen zu anderen Menschen, vermisste sie zwar im Innersten schmerzlich. Doch sie waren der Preis, den Frau B. für ihre „mystische Beziehung" zu Jesus bezahlte.

Frau B. hatte ihr Beziehungsproblem mit den Eltern und die Angst vor einer bevorstehenden aggressiven Auseinandersetzung durch „Spiritualisieren" (mit dem Ruf in eine ausschließliche Beziehung zu Gott) gelöst. Dabei bemerkte sie nicht, dass sie ihr angelerntes Beziehungsverhalten auf Gott übertrug, dem sie letztlich auch misstraute. Das wurde deutlich, als sie im Noviziat die Geister unterscheiden lernte und ihre Grundproblematik erkannte.

Ähnliche Beispiele sind immer wieder bei jungen Erwachsenen zu finden, die zwischen Abhängigkeit und Gegenabhängkeit hin und her gerissen, eine ambivalente Hass-Liebe-Beziehung zu ihren Eltern haben. Die Ablösungsversuche scheitern, weil sie in dieser Übergangsphase noch keine autonome Identität entwickeln können. Die jungen Menschen wenden sich dann in ihren Ohnmachtsgefühlen z.B. östlichen Meditationsformen zu, wo sie lernen, in ihrem Innern für sich allein das „eigentliche Leben" zu führen, das sie im Alltag in der Abhängigkeit von ihren Eltern und anderen Menschen nicht leben können. Sie existieren abgeschlossen von der Außenwelt, die sie als bedrohlich erleben, weil sie das innere Leben gefährdet. Die Betroffenen merken nicht, dass sie letztlich vor der Auseinandersetzung mit den Eltern und der Eigenverantwortung in ein „frommes Innenleben" fliehen, durch das sie sich immer mehr isolieren und vom eigentlichen Leben mit Beziehungen entfernen. Obwohl sie ihr Augenmerk und ihre Energien immer wieder auf sich selbst richten, werden sie nicht selbstständig, da sie an die Eltern gebunden bleiben. Solange sie sich nicht mit ihnen auseinandergesetzt und eigene, neue Beziehungen gefunden haben, in denen sie sich behaupten können, bleibt diese Abhängigkeit bestehen. Dabei lassen sie wesentliche Lebensmöglichkeiten brach liegen, die aus der Auseinandersetzung und der Entwicklung des Selbststandes erwachsen. Sie leben in zwei Welten, und die Grenzen zwischen Fantasie und Wirklichkeit verwischen sich immer weiter.

5. Ebenso hinderlich auf dem Weg zum wahren Gott ist das Bild vom *Lückenbüßergott.* Misshandelte und abgelehnte Kinder erfinden diesen „Wunschgott", auf den sie alle positiven Eigenschaften und Verhaltensweisen wie Nähe, Geborgenheit, Anerkennung, Liebe etc. übertragen, die ihnen die Eltern nicht geben. Auch Erwachsene flüchten häufig zu diesem „lieben Gott", wenn sie den schweren und belastenden Alltag nicht mehr ertragen können.
Grundsätzlich bietet gerade der Glaube die Möglichkeit, in der Not Zuflucht bei Gott zu suchen. Zu unterscheiden ist nur, ob dies nicht eine Flucht aus der Wirklichkeit in Fantasien, Bücher, Träume oder andere Beziehungen ist, ein im Kindesalter vielfach entwickelter Mechanismus, der das Überleben sichert. Ist es eine Flucht, dann schafft sie allerdings eine Kluft zwischen der irrealen, heilen Fantasie- und Wunschwelt einerseits und der grausamen und bösen Alltagswelt anderseits. Diese schizoide Weltanschauung führt im Erwachsenenalter notwendigerweise zu Spannungen und Krisen, weil keine Möglichkeiten entwickelt werden, beide Erlebniswelten miteinander in Berührung zu bringen. Das gilt auch für die Beziehung zum wahren Gott. Es fehlt die Fähigkeit, die Erfahrungen in der „bösen Alltagswelt" mit Gott in Berührung zu bringen, weil der bis dahin geglaubte „Lückenbüßergott" nur für die guten und angenehmen Erfahrungen infrage kam.
Dies wird deutlich, wenn die Betreffenden ihre Beziehung zu diesem „Lückenbüßergott" wie folgt beschreiben: „Ich halte mich an Gott fest", „In der Not klammere ich mich an Gott", „Gott ist der Halt meines Lebens", „Ich lasse Gott nicht los", „ich hänge an Gott". Wenn sie dann in einer Beziehungsskulptur diese Sätze mit dem Körper gestalten, krallen sie sich an der Person, die Gott darstellt, fest, hängen sich an ihren Hals, halten sich an ihrer Schulter, an ihrem Arm fest, umklammern ihre Beine oder ihren Leib. Gott steht in dieser Beziehungsskulptur meist teilnahmslos mit herunterhängenden Armen da und schaut über die Betroffenen hinweg. Kommt dann die Einladung „Los-zu-Lassen", folgt meist die schmerzliche Erkenntnis, dass sie sich an Gott festhalten, und wenn sie wirklich loslassen, dass Gott sie nicht auffängt, sondern über sie hinwegschaut und sie fallen lässt.
In dieser Übung der Enttäuschung entpuppt sich das scheinbare

Gottvertrauen als Urmisstrauen. Denn das wahre Gottvertrauen besteht darin, dass ich loslasse in der Hoffnung, dass Gott mich auffängt und ich nicht ins Bodenlose falle. Hinter diesem scheinbar „lieben Gott" wird ein „dämonisches Gottesbild" in positiv anmutender Gestalt sichtbar.
Die nachfolgende Auseinandersetzung mit dem wahren Gott kann zu einer heilsamen Krise führen, in der das Gottesbild der Kindheit jetzt ergänzt wird durch neue Erfahrungen mit dem wahren Gott, dem sie sowohl in den frohen und angenehmen als auch in den schweren und leidvollen Erfahrungen ihrer Alltagswelt vertrauen können.

*6. Die stellvertretende Auseinandersetzung* mit den Eltern über Gott stellt ein weiteres Hindernis auf dem Weg dar, die Beziehung mit Gott zu klären. Die aggressive, in die Distanz und Selbstständigkeit führende Konfrontation mit den Eltern wird in diesem Fall vermieden, weil die Abhängigkeit und die Ängste so groß sind und keinen Raum für Veränderung bieten. Das trifft besonders dann zu, wenn sich die Eltern ihren Kindern als schwach und hilfsbedürftig darstellen und sie die Kinder mit dem Hinweis auf das 4. Gebot und die Pflicht zur Dankbarkeit noch fester an sich binden wollen.
Herr D., ein 48-jähriger Priester, will sich laisieren lassen. Er hat bereits um Entlassung aus seinem Priesterdienst gebeten, lebt jetzt seit geraumer Zeit mit seiner Freundin zusammen und möchte heiraten. Herr D. hat die Rolle des Hausmannes übernommen, bis seine Umschulung zum Computerfachmann beendet ist. Er möchte gerne kirchlich getraut werden. Bis zum Ausscheiden aus dem Priesteramt hatte seine Mutter, die seit zwanzig Jahren Witwe ist, seinen Pfarrhaushalt geführt und sein Leben bis ins Detail bestimmt. Herr D. sagte: „Sie machte sich im Haushalt unentbehrlich, verwöhnte mich maßlos, kontrollierte mich bis in die Kleinigkeiten des Alltags hinein. Wenn ich mich beschwerte, wurde sie krank und machte mir Vorwürfe. Sie bestimmte durch Einladung oder Ausladung von Bekannten und Freunden, meinen Umgang mit ihnen. Fortwährend warnte sie mich vor „den bösen Weibern, die Priester verführen wollen". Kurzum: Sie behandelte mich wie einen kleinen Jungen.
Alles wäre vermutlich so weiter gelaufen, hätte Herr D. nicht auf einem Katholikentag seine jetzige Freundin kennen gelernt und sich in

sie verliebt. Sie zeugten ungewollt ihren jetzigen Sohn R. Wegen R. gab Herr D. sein Priesteramt auf und gründete eine eigene Familie. Daraufhin enterbte ihn seine vermögende Mutter, weil sie mit „diesem Weib und dem Bankert“ nichts zu tun haben wollte. Herr D. war überzeugt, mit diesen Schritten endgültig von seiner Mutter befreit zu sein. Er hatte sie an ihrer empfindlichsten Stelle verletzt, Schande über sie gebracht, denn er war der Kirche und seiner Berufung untreu geworden. Als Herr D. an seiner Lebensgeschichte arbeitete, entdeckte er, dass er seine lange angestaute „Mordswut“ an seiner Mutter auf diese Weise ausgelassen und sich so an ihr gerächt hatte. Das führte wiederum zu Schwierigkeiten in der Beziehung zu seiner Lebensgefährtin, die sich von Herrn D. als „Mittel zum Zweck“ benutzt fühlte, um von der Mutter loszukommen.
Es gibt viele Beispiele dafür, wie sich Söhne und Töchter – ohne es zunächst zu ahnen –, über die „religiöse Schiene“ indirekt von ihren Eltern zu trennen versuchen. Indem sie gegenabhängig die Gebote der Eltern übertreten und deren Wertvorstellungen mißachten, „treten sie die Eltern mit Füßen“ – wie viele sagen – : Durch Kirchenaustritt, bewusst nicht-religiöse Erziehung der Kinder, Austritt aus dem Orden oder Priesteramt, Scheidung, Eintritt in eine Sekte etc. lassen sie ihre bisher unterdrückte Wut an ihnen aus. Zusätzlich werfen sie den Eltern vor, was sie alles in der Erziehung falsch gemacht haben und provozieren so bei ihnen Schuldgefühle.
Doch meist erweist sich diese destruktive Aggressionsäußerung als ein Bumerang, der die Betroffenen durch schwere Schuldgefühle oder durch das Scheitern in der neuen Lebenssituation wieder einholt und in neue Abhängigkeiten bringt.
Ein Beispiel für die stellvertretende Auseinandersetzung mit Gott zeigt das Gedicht einer jungen Frau, die sich über den leidenden Jesus am Kreuz mit ihrem schwachen Vater auseinandersetzt, indem sie den schwächlichen Jesus von ihrem starken Gott Wotan besiegen lässt.

„Wenn der Andere
der Blasse,
der sanfte Gott
aus Nazareth

ausgelitten,
ausgeröchelt,
sich sterbend
in die Grube legt, traun, Starker,
dann kommt deine Zeit....
Die trächtige Welt von Golgatha,
versengt mit Todeshauch,
lodert wieder
Furchtbringender dir auf.
Wie schwillt die Flur in deinem Morgenstrahl,
und tosend tönt das Meer
von deinem Widerhall,
darin der letzte Schrei
am Kreuzesstamm erstickt,
und tosend jauchzt dir meine Seele mit.
Befreit vom Himmel darf ich wieder hassen,
berauschten Muts zum Schwerte fassen,
schon singt das Eisen
schwirrend durch die Luft,
und schaudernd atme
ich den Duft des warmen Bluts..."

*(Jacobi, 220)*

Über den Kampf der Götter rechnet die junge Frau mit ihrem Vater ab und bringt ihn symbolisch durch das Schwert des Wotan um.
Da die Angst vor der Auseinandersetzung mit Gott so groß ist, besteht die Gefahr, resignierend mit der „Wut im Bauch" weiter dahin zu leben und die vorhandenen Aggressionen autoaggressiv gegen sich selbst oder gegen andere Menschen zu richten. Eine erste Hilfe auf dem Weg in eine Auseinandersetzung mit Gott ist die Erinnerung an die ursprüngliche Bedeutung des Wortes „Aggression", die hier meint: „Auf Gott zugehen, sich Gott zuwenden und Schritte auf ihn hin machen". Die aggressive Auseinandersetzung mit Gott ist dann heilsam und kann auch zu einer tieferen Gottesbeziehung führen.

### Hinweise für die Auseinandersetzung mit Gott

Wie kann ich mich mit Gott konstruktiv auseinandersetzen? Die folgenden Hinweise und Übungen können eine erste Antwort geben.

1. In einem ersten Schritt frage ich mich, welche religiöse Einstellung meine Mutter/Vater hatten. Was haben sie mir von ihrem Glauben an Gott vermittelt, wie haben sie ihren Glauben gelebt?
In welchem Leitsatz kann ich den Glauben von Mutter/Vater ausdrücken?
Welche bewussten und unbewussten Gottesbilder haben meine Mutter/mein Vater mir vermittelt? Welche Auswirkungen haben sie noch heute auf mein Alltagsleben? Gibt es in der Familientradition von Mutter/Vater ein durchgehend prägendes Gottesbild?
Schreiben Sie die jeweils zu den Gottesbildern gehörenden wichtigsten Botschaften auf. Wie haben Mutter/Vater darauf geantwortet?

2. Im nächsten Schritt schaue ich meinen eigenen Glaubensweg an.
Ich zeichne zunächst meine *Lebenslinie* mit den Höhen und Tiefen in ein Koordinatensystem von der Zeugung bis heute.
Dann markiere ich darauf wichtige Ereignisse und Erfahrungen. Anschließend male ich zu diesen Lebens-Erfahrungen die *entsprechende Glaubenslinie* mit ihren Höhen und Tiefen.
Ich spreche über meine Entdeckungen und Erfahrungen anhand der Lebens- und Glaubenslinie mit einer Person oder einer Gruppe meines Vertrauens.

Diese Übung kann helfen, noch einmal die eigene Vergangenheit differenzierter wahrzunehmen. Viele denken zum ersten Mal über ihre Zeugung und die Zeit im Mutterschoß genauer nach und sind erstaunt über die Erfahrungen und Botschaften dieser prägenden Lebensphase, die sich oft bis in die Gegenwart auswirken.
Die Glaubenslinie läuft in den Zeichnungen oft nicht parallel zur Lebenslinie. Gerade in Lebenskrisen wird der Glaube an Gott tragend und stark erlebt, d.h. die Lebenslinie liegt im Minusbereich der Kurve und die Glaubenslinie im Plusbereich. Die Lebens- und Glaubenslinie enden in der Hier- und Jetzt-Situation.

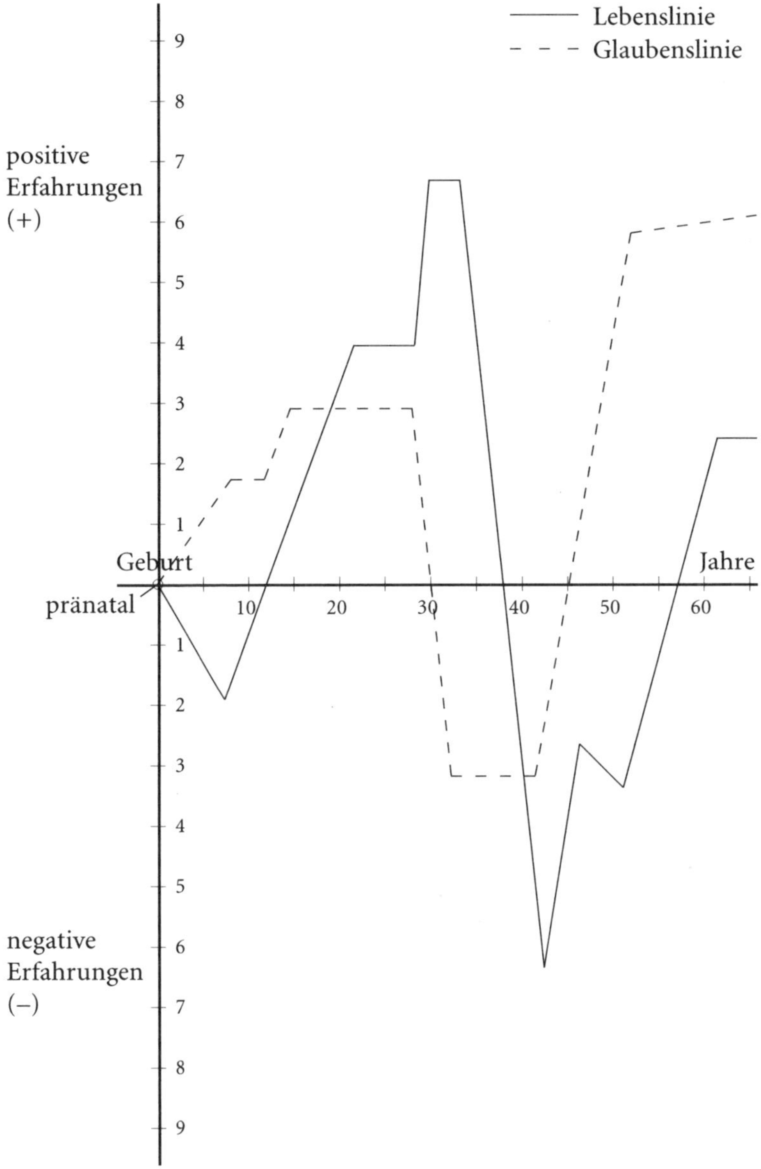


*Lebens- und Glaubenslinie*

Daraus ergibt sich die Frage nach der aktuellen Gottesbeziehung, die in der folgenden Aufgabe verdeutlicht wird:
„Malen Sie Ihr *eigenes Gottesbild.*“ Hier kann es nützlich sein, die Gottesbilder in den verschiedenen Lebensphasen anzuschauen: z.B. frühe Kindheit, Pubertät, Jugend, Erwachsenenalter.
„Finden Sie eine *Körperhaltung* (stehend, kniend, sitzend, liegend), die Ihre Beziehung zu diesem Gottesbild ausdrückt. Unterstreichen sie Ihre Beziehung durch eine entsprechende Haltung der Hände: Offen, abwehrend, fordernd, sehnsüchtig, wütend etc.
Wenn danach das Bild besprochen wird, kann es hilfreich sein, zunächst zu fragen, was auf dem Bild zu sehen ist, ohne zu deuten. Hier kann eine Gruppe eine große Hilfe sein.
In einem zweiten Schritt ergeht die Einladung an den Maler oder die Malerin, sich mit einzelnen Teilen auf dem Bild zu identifizieren und in der Ichform zu erzählen, wie sie sich hier auf dem Bild erlebt. Dabei werden wichtige Elemente aus dem Glaubens- und Lebenshintergrund der Malenden deutlich.
Wird die Beziehung zu dem gemalten Gottesbild durch eine Körperhaltung ergänzend ausgedrückt, dann ist es eine Hilfe, wenn die Gruppe schon vorab in einer anderen Übung die Beziehung zu Gott in verschiedenen Körper- und Handhaltungen ausprobiert hat. Diese Übung ist so durchzuführen, dass immer genügend Zeit für die Einzelnen bleibt, nachzuspüren, was diese Körperhaltung über die Beziehung zu Gott aussagt, z.B. die geöffnete Hand, die geballte Faust oder das gebeugte Knie.
Hierbei empfiehlt es sich, nach einer kurzen Sammlung zunächst einmal das „Stehen vor Gott“ mit unterschiedlichen Haltungen der Hände (hängen lassen, geschlossen, offen, ausgestreckt, ablehnend, Fäuste etc.) auszuprobieren. Dann folgt das Knien mit den entsprechenden Haltungen der Hände, ähnlich das Sitzen auf den Fersen. Nach dem Sitz auf den Fersen beuge ich meinen Rücken, gehe mit dem Kopf so tief auf den Boden, dass ich ihn mit meiner Stirn berühre und gehe dann in die Haltung der „Prostatio“ über. Dabei lege ich mich auf den Bauch sowie den Kopf auf den Boden und probiere eine unterschiedliche Haltung der Hände aus. Wenn ich nachgespürt habe, was die einzelnen Haltungen mir sagen, drehe ich mich um auf den Rücken und führe dieselbe Übung auf dem Rücken liegend durch.

Anschließend suche ich aus den ausprobierten Gestalten die Körperhaltung aus, die meiner aktuellen Gottesbeziehung am meisten entspricht. Die für mich stimmige Haltung finde ich nicht über das Nachdenken mit dem Kopf. Vielmehr erspüre ich sie über und aus dem Körper heraus.
Wenn ich die mir entsprechende Haltung Gott gegenüber gefunden habe, verharre ich einige Zeit darin und komme über diese Körperhaltung mit Gott ins Gespräch: Was sagen meine Hände, meine Füße, mein Gesicht, mein Körper auf Gott hin? Wie lautet die Antwort Gottes? Wie verändere ich meine Körperhaltung, um ihm näher zu kommen?
An dieser Stelle kann ich den nächsten Schritt auf meinem Weg im geistlichen Wachstum durch kleine „Schritte" in der Veränderung meiner Gesten erkennen: z.B. durch eine leichte Drehung der Hand, durch das Öffnen der Faust, durch das Heben oder Wenden des Kopfes, das Öffnen oder Erheben der Augen.

3. In einem nächsten Schritt kann ich fragen:
Welche Gottesbilder habe ich von meinen Eltern übernommen? Welche Einstellungen und Verhaltensweisen meiner Eltern habe ich auf Gott übertragen? Welche Elternbotschaften meiner Kindheit habe ich Gott in den Mund gelegt? Welche Überlebensstrategien aus der Kindheit habe ich unbewusst auf meine Gottesbeziehung übertragen, im Glauben, so seine Anerkennung und Zuwendung zu bekommen? Welche dieser überkommenen Gottesbilder sind heilsam für mich, welche will ich ergänzen?
Die aggressive Auseinandersetzung mit Gott schafft Distanz zwischen „Gott" und Mensch. Hier geht es darum, in der Distanz das vorgestellte Bild von Gott genauer anzuschauen und die Geister zu unterscheiden. Die zentralen Fragen lauten: Welche Anteile an diesem Gottesbild sind für mich lebenshindernd und welche lebensfördernd und beziehungsstiftend? Und wie hat sich diese Gottesvorstellung auf dem Hintergrund meiner Erfahrungen entwickelt?

4. Hilfreich in diesem Prozess ist folgende zweiteilige *Übung zur „Entlarvung des dämonischen Gottesbildes und die heilsame Begegnung mit Jesus"*.

Diese Übung beginnt bei der persönlichen, negativen Schlüsselposition, die zur Entdeckung des unbewußt-dämonischen Gottesbildes führt.
Wir gehen davon aus, dass sich entsprechend den negativen Schlüsselbotschaften der Eltern in den ersten Lebensjahren *unbewusst* ein „dämonisches Bild" von Gott entwickelt, das für das wahre Gottesbild gehalten wird. Als dämonisches Gottesbild kann es dann verborgen seine Macht bis ins Erwachsenenalter ausüben. Dieses lebenshindernde Gottesbild übernimmt meist die lebensvernichtenden oder -behindernden Schlüsselbotschaften der Mutter und des Vaters und kann so unbemerkt die Einstellung und das Grundgefühl zum Leben weiter beeinflussen, wenn es nicht entlarvt und ergänzt wird (Frielingsdorf 1993, 94ff.).
Die Übung fängt mit einer Zeit der Entspannung und Sammlung und der Wahrnehmung des eigenen Atemrhythmus´ an. Wenn ich bei mir angekommen bin, erinnere ich mich an meine negative Schlüsselposition, die dazugehörigen Schlüsselbotschaften und an das zusammenfassende Schlüsselwort, z.B. „wertlos, nicht-gewollt, abgelehnt" (Frielingsdorf 1993, 16ff.). Dann stelle ich meine negative Schlüsselposition mit dem Körper dar. Ich spüre in diese Haltung hinein und mache mir bewusst, dass der Boden (ein Bild für die Hand Gottes) auch diese, ehemals lebensbedrohende Situation trägt.
Ein Beispiel: Frau C., eine 46-jährige Ärztin, kehrte vorzeitig aus einem ursprünglich für drei Jahre geplanten freiwilligen Einsatz in Afrika zurück. Sie fühlte sich leer und ausgebrannt. Die anfängliche Begeisterung und hohe Motivation für andere da zu sein und den Ärmsten zu helfen, war wie weggeblasen. In den folgenden Gesprächen ging Frau C. ihrer Lebensgeschichte nach und entdeckte darin ihr negatives Schlüsselwort „verdammt". Sie erkannte, dass die eigentlichen Beweggründe für ihren Einsatz in Afrika Sühnegedanken waren. Sie wollte ihre Zeugung in einer Vergewaltigung und den daraus folgenden Status als „Kind der Sünde" durch gute Taten vor Gott wieder gutmachen. Frau C. hatte unbewusst die Schuld der Eltern übernommen: Die Schuld des Vaters, der die Mutter vergewaltigt hatte und sie mit dem Kind „sitzen ließ". Und die Schuld der Mutter, die sie zu einem „Kind der Sünde" gemacht hatte und ihr den Makel eines „Hurenkindes" ins Leben mit gab. Frau C. wertete diese Taten als Sünde

und Schuld, die sie sühnen musste und diese Sühne erlebte sie als ihre innere Existenzberechtigung. Dazu fühlte sie sich als „Kind der Sünde" von Gott verdammt.
Auf einem Kurs stellte Frau C. ihr Schlüsselwort „verdammt" dar, indem sie sich zusammengekauert auf den Boden in eine Ecke legte, mit dem Gesicht zur Wand, „weil ich mich schäme". Sie spürte noch einmal ihrer Schlüsselposition „verdammt und verstoßen" nach. Dann sprach ein Gruppenmitglied die negativen Schlüsselbotschaften der Eltern, die zu dieser krankmachenden Lebenseinstellung geführt hatten. Frau C. verband diese lebensbehindernden Botschaften vor allem mit der Mutter, die das in einer Vergewaltigung gezeugte Kind nicht haben wollte. Sie wünschte es nicht nur tot, sondern versuchte es auch mehrmals abzutreiben, allerdings ohne Erfolg. Die Mutter erzählte überall, wie es zur Zeugung von C. gekommen war, und dass sie dieses Kind in ihrem Leib lieber tot als lebendig sehen würde. Doch die Umgebung glaubte ihr die Vergewaltigung nicht und nannte die Mutter eine Hure. In den folgenden Jahren nach der Geburt von C. wurde die Mutter mit ihrem „Balg" von ihren Bekannten gemieden und verdammt. Hier lag der eigentliche Grund für das Schlüsselwort: Frau C. fühlte sich im Tiefsten wie ihre Mutter „verdammt und verstoßen". Es wurde zu ihrem Selbstwertgefühl. So lebte sie in ihrer Kindheit und in der Schule als Außenseiterin, als nicht dazugehörig, weil sie keinen Vater und eine „unmoralische" Mutter hatte. Frau C. war eigentlich das Opfer, und doch nahm sie als Kind der Sünde unbewusst die Schuld der Mutter und des Vaters auf sich.
Frau C. wiederholte die mit dem Schlüsselwort „verdammt" verbundenen Gefühle und Verhaltensweisen auch später im Beruf und im Privatleben. Sie fühlte sich in vielen Situationen ihres Lebens immer wieder schuldig und ausgestoßen, von den anderen verdammt, obwohl die Realität ganz anders war. Wenn sie ihre „Schuldgefühle" mit der Wahrnehmung der anderen, von denen sie sich schuldig gesprochen und verdammt fühlte, verglich, erfuhr sie meist das Gegenteil. Sie wurde von den anderen geschätzt und angenommen. Sie litt unter diesem starken Widerspruch und der Diskrepanz in der Selbst- und Fremdwahrnehmung. Um dem Schmerz des Verdammt- und Verstoßenseins zu entgehen, zog sich Frau C. schließlich immer mehr in sich zurück und vermied Begegnungen mit anderen Menschen. Frau

C. erlebte sich immer häufiger wie in der Hölle und wünschte sich den Tod, „dann wäre endlich alles vorbei". Gleichzeitig spürte sie in sich eine große Sehnsucht nach Gott.
In der Arbeit mit ihrer Lebensgeschichte lernte Frau C., sich mit ihrer Mutter und ihrem Vater auseinanderzusetzen. In den „Kämpfen" mit den Eltern spürte sie ihrer eigenen Lebensenergie und Kraft nach. Dabei erlebte sie, dass sie nicht hilflos den Todesbotschaften der Eltern ausgeliefert war, sondern ihr eigenes Leben trotz und mit der „verdammten" Vergangenheit führen konnte. Frau C. gab in einem Brief die übernommene Schuld an die eigentlichen Urheber dieser Schuld, an Vater und Mutter ab. Nachdem sie diese Last an die Eltern zurückgegeben hatte, konnte sie beide klar und deutlich als ihre Eltern sehen und ansprechen. Und sie spürte neues Leben und neue Kraft in sich, um dem Verdammt- und Verstoßensein in ihrem Leben zu widersagen.
Grundlage ihrer eindeutigen Absage war ihre Zuwendung zu ihrem positiven Schlüsselwort „erlöst". In der Auseinandersetzung mit ihrem Gottesbild war Frau C. auf ihre Taufe gestoßen, die für sie immer wichtiger wurde: Denn hier wurde die Todesbotschaft ihrer Eltern durch die Lebensverheißung Gottes aufgehoben. In dem Maße wie Frau C. sich den lebensfördernden Botschaften zuwandte und sagen konnte: „Ich bin erlöst und von Gott angenommen", verloren die hindernden Botschaften an Gewicht und sie entschied sich: „Ich will mein Leben annehmen, so wie es war und ist und ich werde es mit der Hilfe Gottes fruchtbar gestalten."
Im *zweiten Teil* der Übung zur Entlarvung des dämonischen Gottesbildes nahm ein Gruppenmitglied als Double die Schlüsselposition „verdammt" von Frau C. am Boden liegend ein. Frau C. hatte die Aufgabe, mit ihrem Körper ein Gottesbild zu gestalten, das in ihrer Vorstellung die am Boden liegende Gestalt „verdammt" verursacht haben könnte. Nach einigen Versuchen fand sie die zu dieser am Boden liegenden „Verdammten" passende dämonische Gottesgestalt. Diese trat mit dem linken Fuß die am Boden liegende Person weg, streckt den rechten Arm nach oben und erhob den Zeigefinger. Die linke Hand war abweisend und verdammend auf die Gestalt am Boden gerichtet. Der Blick des dämonischen Gottes ging über die Person hinweg in die Weite. Anschließend legte Frau C. diesem Dämon die

entsprechenden Botschaften in den Mund und sagte: „Du bist schuldig! Ich verdamme dich!“
Als Frau C. die dämonische Gottesgestalt als „stimmig“ erfuhr, identifizierte sie sich mit den einzelnen Teilen der Gestalt und ließ sie sprechen: „Meine Augen verachten dich!“ „Mit dem Fuß trete ich dich weg und verstoße dich! Mein Zeigefinger droht dir die Hölle an. Meine linke Hand verdammt dich. Ich zertrete dich, wenn ich es will!“
Die in Sprache übersetzten Körperhaltungen machten Frau C. deutlich, welcher „Aber-Gott“ hier am Werk war, und wie er sie bisher auf den „Irrweg des Todes“ geführt hatte.
Anschließend nahm Frau C. wieder ihre Schlüsselposition „verdammt“ ein, um aus dieser Lage das jetzt vom Double dargestellte Gottesbild auf seine Stimmigkeit hin zu überprüfen. Nach mehrmaliger Wiederholung der Positionen war sich Frau C. sicher: „Letztlich fühle ich mich auch von Gott verdammt und verstoßen wie von meiner Mutter und verlassen wie von meinem Vater. Dieser dämonische Gott ist genauso gewaltätig wie mein vergewaltigender Vater.“
Erst nach der Entlarvung dieses dämonischen Götzen konnte Frau C. den wahren Gott als das Gottesbild des gütigen und barmherzigen Vater neu entdecken, der ihr trotz allem Unheil immer nahe gewesen war.

In einem nächsten Schritt wird das entlarvte dämonische Gottesbild durch ein entsprechendes positives Gottesbild ergänzt. Auch dieses Gottesbild sieht für jeden Menschen anders aus, denn es dient der Heilung der je persönlichen negativen Schlüsselposition mit ihren Verletzungen.
Zu Beginn dieses zweiten Teiles der Übung nimmt der oder die Betreffende die eigene Schlüsselposition ein, verweilt eine Zeit lang darin, und spürt dieser emotionalen Grundposition nach. Dann übernimmt ein anderes Gruppenmitglied als Double diese Haltung der Schlüsselposition, und der Betreffende hat die Aufgabe, die Rolle und Haltung *Jesu* zu übernehmen. In unserem Beispiel lautete die Frage an Frau C.: „Denken und fühlen Sie sich in die Person *Jesu* hinein und gestalten Sie nach Ihrem Empfinden mit Ihrem Körper die Begegnung Jesu mit dieser ‚Verdammten‘. Wie wäre Jesus nach Ihrer Vorstellung mit dieser ‚Verdammten‘ heilsam umgegangen?“
Voraussetzungen für diesen Teil der Übung sind eine meditative und

vertrauensvolle Atmosphäre und genügend Zeit und Muße, um sich in die Person Jesu hineinversetzen zu können.
Nachdem Frau C. ein inneres Gespür für die Haltung Jesu hatte, legte sie sich als Jesus auf den Boden, spiegelbildlich zu dem Double, das ihr Verdammt- und Ausgestoßensein in der Schlüsselposition darstellte. Frau C., in der Gestalt Jesu, schaute die „Verdammte" liebevoll an und berührte sie leicht mit der Hand. Dann folgte ein Zwiegespräch.
Anschließend nahm Frau C. ihre eigene Schlüsselposition auf dem Boden ein, und ein Gruppenmitglied stellte Jesus dar, wie ihn Frau C. heilsam für ihre Erlösung aus dem Verdammtsein erlebt und gestaltet hatte.
Besonders betroffen war Frau C. von dem intensiven und liebevollen Blickkontakt mit Jesus am Boden. Daraus entwickelte sich zunächst über die Augen eine Beziehung, später ein intensives Zwiegespräch mit Jesus, von Tränen begleitet, was Frau C. als Befreiung erlebte.
Manche brauchten einige Zeit, bis sie sich in der Gestalt Jesu zunächst stehend, dann von oben herabbeugend, knieend in die Schlüsselposition des anderen am Boden hineinwagten. Sie fragten: „Kann Gott in seiner Liebe zu mir so weit herunter kommen? Muss nicht doch eine letzte Distanz zwischen Gott und mir bleiben?" Es fiel auch Frau C. schwer zu glauben, dass sie für Gott so wertvoll ist, dass Jesus um ihretwillen freiwillig zu ihr auf den Boden herunter kommt, ihr „Verdammt- und Verstoßensein" teilt, indem er ihr in Schmerz und Todesangst in der Gestalt gleichförmig wird und sie gerade auf diese Weise befreit und erlöst.
Die am Boden gemachte befreiende Erfahrung wiederholte Frau C. in den nächsten Tagen alleine und vertiefte sie auf diese Weise. Sie stellte Jesus, dem heruntergekommenen Gott, ihre Fragen im Zwiegespräch und äußerte ihre Zweifel. Jesus antwortete geduldig, Schritt für Schritt. In ihrer immer wieder neuen Beziehungsaufnahme zu Jesus geschah für Frau C. die Verwandlung ihres dämonischen Gottesbildes in das des gütigen Vaters, der sie umarmt. Sie sagte: „Gott ereignet sich hier." Gerade am Boden vollziehen sich Erlösung und Befreiung, indem der menschgewordene Gott so weit zu mir herunterkommt, dass er mir in meiner schlimmsten und bedrohlichsten Lebenssituation nicht nur nahe ist, sondern darin gleichförmig wird, in sie hineingeht, sie durchleidet und dadurch erlöst.
Dies an sich geschehen zu lassen, setzt die Bereitschaft voraus, sich be-

schenken zu lassen, sich letztlich selbst lebens- und liebenswert zu finden. Das fällt vielen Menschen mit negativen Kindheitserfahrungen sehr schwer.

In diesen geistlichen Übungen werden Erlösung und Auferstehung nicht nur diskutiert, sondern hier und jetzt und ganzheitlich erlebt. Am eigenen Leib wird spürbar, dass der Weg der Erlösung durch Leid und Kreuz, durch das leere Grab hin zur Auferstehung führt, dass selbst der auferstandene Jesus, der dem Thomas begegnet, die Wundmale sichtbar an seinem Leib trägt. Sie scheinen verklärt auf Gott hin durch, dem Leiden und Tod nichts anhaben können. Und es wird spürbar, wie Gott uns aus Liebe in allem gleich wird.
Anschließend halfen immer wieder Texte aus dem Neuen Testament, die z.B. die Begegnung Jesu mit Ausgestoßenen, Blinden, Lahmen und Aussätzigen schildern, das Erlebte zu vertiefen und zu verinnerlichen. Sie führten zur Weiterentwicklung dieser persönlichen Begegnung des Einzelnen mit Jesus in der Schlüsselposition und waren der Beginn einer neuen, lebensfördernden Gottesbeziehung.

5. In dem Prozess der Auseinandersetzung mit der eigenen Schlüsselposition und den entsprechenden dämonischen Gottesbildern ist es notwendig, die *Lebensverheißungen und -zusagen* Gottes – wie sie z.B. in der *Taufe* gegeben sind – den todbringenden und lebensverneinenden Botschaften der Eltern und des „Widersachers" bewusst immer wieder neu entgegenzusetzen. Dieser aggressive Akt führt in die Distanz zum lebenshindernden Dämon. Es ist heilsam, dies so detailliert wie möglich zu tun. Denn jede Botschaft braucht eine Gegenbotschaft, sozusagen ein „Gegengift", um das Krankmachende zu heilen. Gerade in der Taufe wird die Lebenszusage von Gott her ausdrücklich gemacht, Wort für Wort. Indem der wahre Gott jeden Menschen bei seinem je eigenen Namen ruft, setzt er ihn in sein konkretes Leben ein und verheißt ihm das Leben in Fülle. Gleichzeitig widerspricht er dem dämonischen Widersacher und seinen Todesbotschaften. Hier können wir Gott beim Wort nehmen. Allerdings bleibt jeder Mensch frei, selbst zu entscheiden, ob er den Lebensverheißungen Gottes mehr Glauben schenkt als den lebensverneinenden Botschaften der Eltern und des dämonischen Todesgottes.

6. Nach der Phase des *Wahrnehmens und der Unterscheidung der Geister* geht der Prozess der aggressiven Auseinandersetzung mit Gott weiter und vertieft sich.
Zunächst sammle ich im Rückblick auf mein Leben alles, was Gott an Leid und Verletzungen in meinem Leben zugelassen hat und was er mir, vor allem in der Kindheit, durch meine Eltern zugemutet hat. Hier ist es wichtig, die einzelnen Verwundungen und „Grausamkeiten" möglichst konkret zu benennen. Dann frage ich mich: „Was hat Gott dabei bewegt? Warum hat er mich so oft allein gelassen und warum hat er mir so wenig spürbar Zuwendung und Liebe geschenkt? Wo war er in Zeiten der Not und Verzweiflung?"
Die Liste der Anklagen und Vorwürfe kann dann gezielt in einem *Wutbrief* an diesen Gott, sei es ein „Betrügergott" oder ein „sadistischer Willkürgott" zusammengefasst werden, in dem all das, was sich in mir an Ärger, an Enttäuschung und Wut gegen Gott angestaut hat, deutlich ausgedrückt wird. Mit zu berücksichtigen sind auch die Defizite und Mängel aus der Kindheit, die noch heute das Leben beeinträchtigen. Psalmen sind eine gute Grundlage, sie in persönliche Fluchpsalmen umzuschreiben, z.B. Ps 55, 69, 74, 79, 88, 89, 139 oder Klagelied 3.
Die Wirkung wird verstärkt, wenn der Brief anschließend in einer vertrauten Gruppe vorgelesen und damit „öffentlich" wird. Dann können die Vorwürfe emotional tiefer „sacken", sodass schließlich die unterdrückten Gefühle von Wut und Ärger ihren Weg nach „draußen" finden.
Leibliche Übungen wie z.B. die Fäuste ballen und damit auf eine Dekke schlagen, gegen Gott anschreien, Steine ins Meer (symbolisch auf Gott) werfen, mit einem Stock aufs Meer schlagen, können die aggressive Auseinandersetzung mit Gott unterstützen.
So schreit eine 43-jährige behinderte Frau ihre Wut gegen Gott vor einigen Zeugen aufs Meer hinaus:
„Du falscher Betrügergott.
Du umgibst mich von allen Seiten und behütest mich wie deinen Augapfel? Ich soll teuer und kostbar sein in deinen Augen?
Dass ich nicht lache. Schämst du dich nicht dieser Worte, wenn du mich, deine Missgeburt anschaust. Oder hast du etwa Spaß daran? Verkrüppelt hast du mich geschaffen, sodass die Menschen sich voller

Abscheu von mir abwenden. Wann wirst du mich endlich heilen, wie du es versprochen hast? Ich lasse mich nicht mehr mit faulen Ausreden abspeisen und auf das Jenseits vertrösten. Ich verlange jetzt meine Heilung, einen schönen, ansehnlichen Leib und Entschädigung für alles, was ich an körperlichen und seelischen Qualen durchlitten habe. Welches Schmerzensgeld zahlst du mir, du Unhold und Leuteschinder? Warum spürt man so wenig von Erlösung und Auferstehung in dieser Welt voller Leid? Gib mir gefälligst Antwort auf meine Fragen, sonst suche ich mir andere Götter, die mich trösten"...

Beim Schreiben und Vorlesen des Wutbriefes kommt meist schon die Frage auf: Ist das der wahre Gott, an den ich meinen Wutbrief schreibe? Ist es nicht ein dämonischer Götze, an den ich bis jetzt geglaubt und dem ich mich anvertraut habe?

Wenn die bisher unterdrückten Aggressionen Gott gegenüber ausgedrückt werden, tritt zunächst ein Gefühl der Befreiung ein. Wenn dann der Wutbrief nach einiger Zeit nochmals gelesen wird, lässt die Energie nach und schon bald stellt sich ein Gefühl der Trauer und Sehnsucht ein. Sie löst die Wut ab, die in die Trennung will und sehnt sich nach Beziehung, nach mehr Nähe. Etwas Neues wird spürbar. Die Suche nach dem wahren Gott in neuen, positiven Gottesbildern beginnt.

Nach einiger Zeit entsteht dann der Wunsch, sich diesem „Neuen" zuzuwenden und aus dieser Perspektive auf Gott zu schauen. Hier wird dann deutlich, dass der wahre Gott „in der Tat" Leben für mich will und es immer gewollt hat. Jetzt ist dann der rechte Zeitpunkt, der Kairos gekommen, einen *Antwortbrief* Gottes auf meinen Wutbrief zu schreiben. Ich versetze mich gleichsam in Gottes Fühlen und Denken hinein und betrachte mein Leben mit seinen Augen. So entsteht eine neue Gottesbeziehung, eine Herzensbeziehung, die meist als sehr vertraut erfahren wird, weil ich ganz bei mir sein kann und gleichzeitig ganz bei Gott. Diese Beziehung unterscheidet sich deutlich von der angstbesetzten und unfreien Beziehung zum dämonischen Gott.

Nach der Verabschiedung des dämonischen Gottes schreibt eine Ordensschwester mit dem Schlüsselwort „totgewünscht": „Das Bild meines Gottes ist zerbrochen... In der Tiefe meines Herzens war immer die ahnende Gewissheit, dass du ein Gott des Lebens bist, dass du mich zum Leben und Lieben berufen hast. Lass mich dich in Zukunft auch in Stunden der Todesnot als meinen Gott des Lebens spürbar erfahren."

*7. Die Auferstehungsübung* kann diese positive Entfaltung der Gottesbeziehung unterstützen und verstärken.

Die Übung beginnt im Stehen: Ich nehme meinen Körper, meine Lebensenergie, meinen Atem wahr. Ich spüre meinem Selbststand und Standpunkt im Leben nach, indem ich von den Füßen bis zum Scheitel durch meinen Körper gehe. Ich mache mir die Gegenwart Gottes bewusst, der als Lebensodem in jedem Atemzug zu mir kommt und in mir bleibt und bitte, dass er die Übung fruchtbar macht. Als Zeichen meiner Bereitschaft halte ich meine offenen Hände hin.

Dann lege ich mich auf den Boden und nehme die körperlich verkrampfte Haltung meiner negativen Schlüsselposition der Kindheit ein: „nicht-gewollt", „abgelehnt", „totgewünscht", „vergessen", „weggegeben", „weggetreten", „wertlos", „verworfen" etc. Dabei ist wichtig, dass ich trotz der körperlich eingeengten, schmerzlichen Haltung spüre, dass der Boden (die Hand Gottes) diese verzweifelte Situation trägt, dass ich nicht ins Bodenlose falle. Ich kann mich also dem Boden auch in dieser verzweifelten und schmerzlichen Haltung vertrauensvoll überlassen.

Dann gehe ich über die körperlich schmerzende Haltung der Schlüsselposition in den Lebensschmerz, in die Lebenswunde hinein. Ich spüre nach, welche Ängste, welchen Schmerz, welches Leid ich als Kind in dieser negativen Schlüsselposition des „wertlos, verdammt, abgelehnt, mißbraucht, totgewünscht" durchlitten habe. Sie sind im Körper gespeichert, und er erinnert sich daran. Ich verliere mich aber nicht in diesem Schmerz, sondern richte meine Aufmerksamkeit durch allen Schmerz hindurch auf die Sehnsucht nach Befreiung und Erlösung in meinen Gliedern. Ich erinnere mich an die Taufe, in der mir Gott auf meinen Namen unverwechselbar im Symbol des Lichtes, des Wassers und des Öls das Leben in Fülle verheißen hat. Auf diese Weise bringe ich meine „Notlage" mit Gott in Berührung. Ich höre Gottes Verheißung: „Du sollst leben; ich habe dich erlöst und zum Aufstehen, zur Auferstehung berufen. Ich sage dir, stehe auf, denn deine Kraft ist meine Kraft. Ich habe dich erlöst aus dem Teufelskreis des „Bösen" zu einem neuen Leben. Wage es und du wirst leben. Denn ich bin die Auferstehung und das Leben."

Bei der Taufe haben meine Paten stellvertretend dem Bösen, dem Todesdämon, widersagt. Jetzt widersage ich bewusst dem dämonischen Götzen und spüre im Körper nach, was die Zusagen Gottes und das dem Bösen-Widersagen in mir an Energie und Kraft freisetzen. Dabei erinnere ich mich an mein positives Schlüsselwort (z.B. bei wertlos-kostbar).

Im Glauben an die Verheißungen Gottes antworte ich mit dem Körper auf die Einladung zur Auferstehung, indem ich bei meditativer Musik langsam Glied für Glied aus dem Gefangensein und der Verkrampfung der negativen Schlüsselposition löse. So stehe ich „Schritt für Schritt" auf und spüre nach, wie „neues Leben" in diesen Bewegungen geweckt wird. Wenn ich nach 5–10 Minuten stehe, sozusagen „auferstanden" bin, stelle ich mich auf meinen Platz ein, beziehe so meinen Standpunkt und spüre meiner Lebensenergie nach, wie sie meinen Körper durchfließt und belebt. Ich atme bewusst ein und aus, spüre von den Füßen bis zum Kopf in meinem Körper das Leben pulsieren und lege die Hände auf meine Mitte.

In dieser stehenden Haltung verweile ich einige Minuten, bringe die Hier- und Jetzt-Situation bewusst mit Gott in Berührung und spüre, wie Gott z.B. in meinem Atem in mir lebt und mich durchströmt.

Als Dank für die Erlösung und Befreiung kann ich diese Übung in einer freien Bewegung, in einem Auferstehungstanz ausklingen lassen, die Gott loben und preisen aus Freude am Leben.

Es ist hilfreich, diese „Auferstehungsübung" über einen längeren Zeitraum täglich zu wiederholen, bis der Körper immer mehr die Aufwärtsbewegung und die ständig neue Erfahrung der eigenen Lebenskraft erinnert. Auf diese Weise ist es möglich, dass ich langsam an meine Auferstehung zum Leben auf der Körper-, Gefühls- und Verstandesebene zu glauben beginne und dass dieser Auferstehungsglaube sich in meinem Erleben verwurzeln kann. Dabei bleibt die Schlüsselposition zwar als Grundmelodie unterschwellig im Alltagsleben weiter wirksam. Sie spielt sich auch immer wieder ein, wird aber in dem Maße ihren „Todesstachel" verlieren, in dem die eigene „Lebensmelodie" zum Klingen kommt: „Ich darf, ich will leben und ich lebe!"

8. Nachdem ich mich über meine Unheilsgeschichte mit Gott aggressiv auseinandergesetzt habe, ist es an der Zeit, meine *Heilsgeschichte* mit Gott aufzuschreiben. Dabei werden auch die vielen posi-

tiven Gotteserfahrungen wieder erinnert und lebendig, die bisher von den negativen Botschaften des dämonischen Gottesbildes überdeckt waren.
Beim Nachspüren der Geschichte mit Gott kann die Erzählung von den „Fußspuren“ eine Hilfe sein.
„Ich träumte eines Nachts, ich ging am Meer entlang mit meinem Herrn. Und am Sternenhimmel über mir erschienen Szenen aus meinem Leben, Streiflichtern gleich. In jeder Szene meines Lebens bemerkte ich zwei Paar Fußabdrücke im Sand. Eines gehörte mir, das andere meinem Herrn. Nach der letzten Szene schaute ich zurück zu den Fußabdrücken und sah, dass oft auf dem Weg nur ein paar Fußabdrücke im Sand zu sehen waren, und zwar genau zu den Zeiten, wo es mir am schlechtesten ging.
Dies wunderte mich und ich fragte: ‚Herr, du sagtest mir einst, als ich mich entschied dir nachzufolgen, du würdest jeden Weg mit mir gehen, du würdest immer bei mir sein. Jetzt muss ich feststellen, dass ich dann, wenn ich dich am meisten brauchte, zu den schwierigsten Zeiten meines Lebens, nur ein Paar Fußabdrücke sehe. Warum hast du gerade in diesen schweren Situationen meines Lebens mich allein gelassen?‘ Der Herr antwortete: ‚Mein Freund, niemals ließ ich dich allein, schon gar nicht in den Zeiten, wo du gelitten hast und angefochten warst. Wo du nur ein Paar Fußspuren siehst, da habe ich dich getragen‘“ (Quelle unbekannt).
Diese Geschichte lädt ein, den eigenen Lebensweg zu malen und darauf die Stellen zu markieren, wo Gott für mich spürbar war, Sternstunden, wo ich ihm begegnet bin, wo er mich getragen hat. Ich erinnere mich an Zeiten, wo Gott für mein Leben Wegweiser war und mir Impulse auf dem Weg der Nachfolge gegeben hat. Diese Erfahrungen mit Gott können in kurzen Sätzen aufgeschrieben und/oder in einem Dankgebet erneut mit Gott in Berührung gebracht werden.

# 5. Aggressionen stiften Liebe

Das Wort „Liebe“ ist eines der am meisten gebrauchten, aber auch eines der am meisten missbrauchten Worte. Es bezeichnet ein Beziehungsgeschehen in der tiefsten und dichtesten Gestalt. Wann immer es benutzt wird, entspringt es dem persönlichen Empfinden und der eigenen Einschätzung dieses Geschehens. Das macht das Wort so anfällig für Zustimmung und Hochgefühle und für Missverständnisse und Ablehnung.
Die Liebe wird in vielen Liedern, Gedichten und Hymnen besungen und gepriesen. Sie drücken meist die tiefe Sehnsucht der Menschen nach Nähe und Geborgenheit aus, nach einer Beziehung, in der ich mein „Ich“ erkenne und als die Person gesehen und geachtet werde, die ich bin. In der Liebe werden die drei Urwünsche des Menschen erfüllt: einen Namen und Ansehen zu haben, gut zu sein; tun zu können, was ich will und frei zu sein; und Heimat zu haben, verwurzelt zu sein in einem tragenden Beziehungsgeschehen.
Die Liebe umfasst den Menschen in seiner Ganzheit mit Leib, Geist und Seele. In der Liebe werden die Gefühle ebenso aktiviert wie der Geist, die Seele, der Verstand und nicht zuletzt das Herz, als Sitz des unverwechselbaren, einmaligen Lebens im Hier und Jetzt. Erst das ganzheitliche Zusammenspiel im konkreten Leben der Liebenden macht die Liebe zur Liebe. Überwiegt der Verstand im Liebesgeschehen, dann entstehen vor allem Liebes*erklärungen*. Sind die Gefühle am stärksten beteiligt, dann wird von Liebes*ergüssen* und von Liebeswallungen gesprochen. Dominiert das Herz, in dem Leib, Geist und Seele zusammentreffen, dann wird die Liebesbeziehung zu einer *Herzensliebe*. Am reifsten und lebensfähigsten ist eine Liebe dann, wenn das Herz, die Gefühle und der Verstand gleichermaßen an dem dynamischen Spiel der Liebeskräfte beteiligt sind.
Was nun haben *Aggressionen und Liebe* miteinander zu tun?
Wir haben gesehen, dass Aggression im Sinne von „Auf-einander-Zugehen“, selbst nach vorangegangener Distanz oder Trennung, menschliche Beziehungen möglich macht und gestaltet. Unter dieser Rücksicht ist die Aggression ein wesentliches Element, das überhaupt erst

Liebe ermöglicht und wachsen lässt. Im aggressiven Aufeinanderzugehen entsteht durch „Liebe auf den ersten Blick“ oder in einem langsamen Prozess des Kennenlernens und Liebgewinnens eine wachsende Liebesbeziehung zwischen zwei Menschen. In diesem Prozess gehen die beiden mithilfe ihrer aggressiven Lebensenergien Schritt für Schritt aufeinander zu, bis eine tiefe Wesensbeziehung entsteht, die im Innersten der beiden Menschen wurzelt und ihren Grund findet.
In diesem eher „leisen“ Geschehen, das ein Wachsen-Lassen beinhaltet, schwingt sich die aggressive Lebensenergie auf die Lebensenergie des Partners, der Partnerin ein, sodass sie zusammen „stimmen“. Auch dieser Prozess kommt ohne die Aggressionen nicht aus, weil er immer wieder von Unstimmigkeiten begleitet ist. Hier hilft ein Auf–Distanz-Gehen, damit beide neu aufeinander zu gehen können und so die Beziehung vertieft werden kann. Dies ist nur möglich in dem Beziehungsgeschehen „Liebe“ mit seinen unverwechselbaren Eigenschaften, die sehr eindrucksvoll im ersten Korintherbrief des Neuen Testamentes beschrieben sind.
Hier wird die Liebe als eigentliches Lebenselexier gepriesen, das alle übrigen Lebenselemente durchdringt und übersteigt, ohne das alles andere unbedeutend und nichtig ist.
„Ich zeige euch jetzt noch einen anderen Weg, einen, der alles übersteigt.
Wenn ich in den Sprachen der Menschen und Engel redete, hätte aber die Liebe nicht, wäre ich dröhnendes Erz oder eine lärmende Pauke.
Und wenn ich prophetisch reden könnte und alle Geheimnisse wüsste und alle Erkenntnis hätte; wenn ich alle Glaubenskraft besäße und Berge damit versetzen könnte, hätte aber die Liebe nicht, wäre ich nichts.
Und wenn ich meine ganze Habe verschenkte, und wenn ich meinen Leib dem Feuer übergäbe, hätte aber die Liebe nicht, wäre ich nichts“ (1Kor 13,1–3).
Erst die Liebe fördert Leben und stiftet Beziehung. Die in der Liebe gestaltete aggressive Lebensenergie macht fruchtbar und lässt Neues entstehen. In ihrer aggressiven Lebens- und Beziehungsstiftung ist sie unvergleichbar und stellt alle Vorstellungen von „Aggression“ auf den Kopf, wie Paulus schreibt:
„Die Liebe ist langmütig, die Liebe ist gütig.

Sie ereifert sich nicht, sie bläht sich nicht auf.
Sie handelt nicht ungehörig, sucht nicht ihren Vorteil,
lässt sich nicht zum Zorn reizen, trägt das Böse nicht nach.
Sie freut sich nicht über das Unrecht,
sondern freut sich über die Wahrheit.
Sie erträgt alles, glaubt alles, hofft alles, hält allem stand.
Die Liebe hört niemals auf" (1Kor 13,4ff.).

Werden die Eigenschaften der Liebe einseitig auf „Harmonie und Einverständnis" reduziert, ohne die aggressive Komponente der Auseinandersetzung zu berücksichtigen, dann wird diese Betrachtungsweise dem ganzheitlichen Verständnis von Liebe nicht gerecht. Denn die Liebe ist nicht nur ein Zustand der Zufriedenheit und Harmonie zwischen zwei Menschen. Neben Freundlichkeit, Geduld, Ertragen und Sanftmut steht gleichwertig die aggressive Auseinandersetzung, die in die notwendige Distanz führt, wenn die Nähe in der Beziehung nicht mehr genügend lebensfördernd und fruchtbar ist. Erst in der Distanz kann ich die Beziehungssituation genauer sehen und beurteilen und dann aufs Neue in die Nähe zum anderen gehen, die jetzt stimmig ist. Erst nach dieser aggressiven Ausseinandersetzung kann Freundlichkeit, Geduld und Sanftmut und letztlich Liebe neu lebendig werden. Sie sind sozusagen die Früchte der aggressiven Auseinandersetzung, ohne die nichts Neues wachsen kann.

So versteht P. Tillich die Liebe als „Drang nach der Vereinigung dessen, was getrennt ist" (Tillich 1954, 25). Wenn ich von diesem Verständnis der Liebe ausgehe, dann gibt es keine „notwendige Spannung zwischen Liebe und Macht, weil Liebe Macht und Kraft braucht, um das, was der Realisierung der Liebe, also der Vereinigung des Getrennten, im Wege steht, wegzuräumen" (Klessmann 1992, 169). In diesem Zusammenhang sei an die Geschichte vom Kugelmenschen erinnert, der von Zeus in zwei selbstständige Hälften getrennt wurde. Seitdem suchen sich die beiden getrennten Teile des ursprünglich einen Menschen in Sehnsucht und Liebe, bis sie wieder vereint sind.

Wie ist Liebe unter den gegebenen Umständen in dieser Welt überhaupt zu leben? Oder bleiben wir Menschen uns bei allem Bemühen um Liebe nicht letztlich doch fremd?

Menschliche Liebe wird auf Erden nie ganz verwirklicht werden. So sehr sich auch Menschen in der Gottesliebe, in der Selbstliebe und in der Nächstenliebe mühen und üben, es bleibt immer ein Rest der Fremdheit, der Distanz und des Verborgenen übrig. Wir Menschen sind und bleiben bei aller Nähe, Übereinstimmung und gegenseitiger Kenntnis immer auch für einander ein Geheimnis.
Auch wenn sich unsere Liebessehnsucht in dieser Welt letztlich nicht erfüllt, besteht die Dynamik der menschlichen Liebe gerade darin, diesen „endlichen Spielraum der Liebe" auszufüllen und zu gestalten. Liebe ist und bleibt ein dynamisches Geschehen, in dem die Liebenden neugierig im anderen das immer noch Fremde zu erkennen und zu ergründen suchen. Dieser Prozess des immer neuen Kennenlernens ist niemals zu Ende, weil das Element der Fremdheit in jeder noch so intensiven Liebesbeziehung bleibt und so das Interesse am anderen erhalten bleibt. „Die konstruktive Aggression in der Liebe ist Zeichen dafür, dass die beiden ihre Fremdheit noch wahrnehmen, sich daran reiben, sich dadurch herausgefordert fühlen. Gerade dadurch bleibt ihre Liebe lebendig" (Klessmann 1992, 171).
Dieses Verständnis von Aggression und Liebe wird deutlich in der *„Leitbildspiegelung"*. Nach Schellenbaum ist sie die vollkommenste Form der Gefühlsbeziehung. „Der Mensch, den ich liebe, wird mir zum Leitbild, das eigene, mir bisher unbekannte Lebensmöglichkeiten spiegelt: meine Entwicklungsdynamik. Die Leitbildspiegelung ist die realistische Wahrnehmung sowohl des Partners, der in seiner Persönlichkeit bereits solche Wesenszüge lebt und darstellt, die mir noch fehlen, als auch meiner selbst in einem mir bisher unbewussten Persönlichkeitsanteil… Nur in einem starken gemeinsamen Gefühl können sich zwei Menschen gegenseitig so tief spiegeln, dass sie einander zu Leitbildern werden – nicht zu bloß äußerlichen, vielleicht unpassenden Vor-Bildern. Im Menschen, den ich liebe, leuchtet bei jeder neuen Begegnung ein neues Bild auf, das die Beschränktheit meiner gewohnten Erlebnis- und Sehweise sprengt und zur Botschaft über einen bisher unentdeckten Aspekt meines Wesens wird" (Schellenbaum 1986, 17).
Entscheidend *gestört* wird die Liebe immer wieder durch Mißverständnisse und Kränkungen, die meist durch Kommunikationsstörungen entstehen. Hier ist dieselbe Dynamik am Werke wie in den all-

gemeinen Beziehungsstörungen: Vordergründig teilt der oder die Liebende dem oder der Geliebten eine Botschaft mit, die nicht mit den oft unbewußten, hintergründigen Gedanken und Gefühlen übereinstimmt. Vordergründig spricht er oder sie von Liebe und Zuneigung. Hintergründig lauert vielleicht die Angst: „Wenn die mich kennen würden, wie ich wirklich bin, dann würden sie mich verachten und nicht mehr lieben." Also zeige ich mein Idealbild von mir selbst, von dem ich annehme, dass es beim Partner ankommt.

Ein junger Mann lernt eine Frau kennen und verliebt sich in sie. Er unternimmt viele Anstrengungen vor dem ersten Rendez-vous, um bei der Geliebten im besten Licht zu erscheinen. Alles soll tadellos sein, angefangen bei der Kleidung und dem Geschenk für sie bis zum Inhalt der Konversation und dem äußeren Verhalten. Er zeigt sich ebenso wie sie von der „Schokoladenseite", nach dem Motto: „Alles richtig machen, ja keine Schwäche zeigen oder sich ein Blöße geben, sonst bin ich der Verlierer und die Beziehung ist zu Ende." In der Phase der Verliebtheit wird die Wirklichkeit noch zusätzlich durch die so genannte „rosa-rote Brille" verfälscht, mit deren Hilfe die Schwächen geflissentlich übersehen werden. Eine Enttäuschung dieses Idealbildes erfolgt spätestens im alltäglichen Miteinander, wo sich die Partner nicht mehr viel „vormachen" können und die jeweilige Fassade durchschaut wird.
Echte Liebe ist transparent füreinander. Hier kommt es zu einem kongruenten Verhalten zwischen äußerer Darstellung und innerer Haltung. Wahre Liebe ermöglicht beiden das „So-sein, wie ich hier und jetzt bin". Liebende gehen wahrhaftig miteinander um, d.h. sie teilen sich ihre inneren und äußeren Wahrnehmungen und ihre hintergründigen Gedanken und Gefühle mit. Auch ängstlich versteckte Fehler und Schwächen können Liebende offen aussprechen. Sie benötigen keine Fassaden mehr und brauchen sich nichts mehr vorzumachen, weil sie sich bei dem oder der Geliebten ganz aufgehoben erfahren. Aus dem Erleben des gegenseitigen „So-sein-Dürfens wie ich bin" idealisieren sie sich nicht mehr gegenseitig, sondern sie sehen sich „ganz" mit ihren Stärken und Schwächen, mit ihren Licht- und Schattenseiten, mit ihrem Außen und Innen. Sie trennen diese Pole nicht mehr voneinander, sondern sagen: „So wie du bist, bist du gut und

schön." Liebende sehen in dem Zusammenwirken der beiden Pole, z.B. von Stärken und Schwächen, Chancen neuen Lebens und entdekken in jedem Pol den jeweils anderen, so in der Schwäche die Stärke, in der Stärke die Schwäche. Daher können Liebende den eigenen Schwächen und denen des anderen sogenannte „positive Seiten" abgewinnen und gelegentlich mit einem Schmunzeln darüber hinwegsehen oder sie bereits lächelnd erwarten.

Unsere Gesellschaft bewertet nach wie vor Stärke höher als Schwäche und Fehler, d.h. man darf sich keine Blöße geben und möglichst keine Schwäche zeigen. Dabei bleibt häufig das „wahrhaft Menschliche" auf der Strecke, wo die Grenzen auch Orte der Fruchtbarkeit sein können. So geht jeder und jede ein Risiko ein, wenn er oder sie die eigenen Schwachstellen anderen mitteilt. Wer hat nicht schon schmerzlich erfahren müssen, dass die eigene offenbarte Schwäche ausgenutzt und später als Waffe beziehungsstörend oder gar -tötend missbraucht wurde?

Für Liebende ist es möglich, hier einen neuen Weg zu bahnen. Indem sie einander das Gutsein in Stärke und Schwäche, in Fehler und Schuld zusprechen, können sie einander verzeihen. Liebende vermögen die destruktiven Aggressionen in einer guten und fairen Auseinandersetzung zu entschärfen und umzuwandeln in beziehungsstiftende Energien, mit denen sie sich in der Vergebung wieder näher kommen und ihre Liebesbeziehung noch vertiefen. Dies geschieht in Umkehr und Besinnung auf die Grundlagen, die beiden gemeinsam sind. Die verzeihende Liebe lässt die spitzen Pfeile der Ironie und des verletzenden Sarkasmus im Köcher. Sie kann wieder liebevoll auf den anderen zugehen, verständnisvoll lächeln und zärtlich streicheln, die Energie der gewachsenen Liebe erneut ganzheitlich zum Ausdruck bringen.

Liebende Hände schlagen nicht und Worte der Liebe verletzen nicht. Liebende Augen sehen zärtlich den geliebten Menschen an, geben ihm Ansehen und Würde. Gleichzeitig sind sie das „Fenster der Seele", durch das sie die eigene Liebe offenbaren und im anderen entdecken.

„Liebesgeschädigte" Menschen können sich nur schwer einem anderen Menschen in Liebe hingeben. Sie äußern Vorbehalte, stellen Bedingungen, fordern immer wieder neue Liebesbeweise, so wie sie es von Kindheit an gelernt haben. In ihrem Urmisstrauen wollen sie

letztlich alles im Griff behalten, um nicht wieder enttäuscht zu werden. Sie haben gelernt, mehr auf die Kraft der Macht zu setzen als auf die Kraft der Liebe und leben nach dem Motto: „Am besten alles selbst machen; sich bloß nichts schenken lassen; alles unter Kontrolle haben; keine Schwäche zeigen; keine Fehler machen." Liebe hingegen empfängt, lässt zu, vertraut, lässt frei, geht Risiken ein.
Doch wie verhalten sich *Macht und Liebe* zueinander? Gerade im Bereich der Sexualität finden oft so genannte Machtkämpfe statt, sei es durch Gewaltanwendung oder durch Verweigerung. In diesem Verständnis von Macht als einer Spielart von destruktiver Aggression spielen das „Oben und Unten" eine wichtige Rolle. Hier geht es darum, den anderen oder die andere zu beherrschen, größer, stärker, überlegen zu sein. Und doch ist die Macht in der Liebe verwurzelt.
Die *Geschichte „Als die Macht und die Liebe sich trennten"* schildert treffend das spannungsreiche Verhältnis von Macht und Liebe.

„Im Anfang der Zeiten war es so:
Die Macht und die Liebe wurden als Zwillinge geboren. Ihre Mutter war die Weisheit, ihr Vater der Mut. Die Geschwister waren unzertrennlich, und überall, wo sie hinkamen, schenkten sie Leben in Fülle. Wo es Streit und Krieg gab, konnten sie schlichten. Sie stifteten Frieden zwischen Parteien und Völkern, sie verteilten die Güter dieser Welt gerecht, sie machten Arme reich und Reiche glücklich. Die Macht und die Liebe waren ein Herz und eine Seele, und wo sie in den Häusern der Menschen Platz fanden, da veränderte sich alles zum Guten. So wanderten sie durch die Welt.
Eines Tages begegneten sie auf ihrem Weg dem Neid. Der Neid hatte sich fein herausgeputzt und sah stattlich aus. Sein Gewand glitzerte in der Sonne, und sein Geschmeide funkelte im Licht.
‚Ich sehe dich stets im Schatten der Liebe gehen', sagte der Neid zu der Macht. ‚So kannst du nie etwas werden. Geh mit mir! Da wirst du größer und stärker. Du sollst sehen: Die Menschen werden dir die Hände und Füße küssen, sie werden dir schmeicheln und Opfer bringen, sie werden dir ihre Seele verkaufen, nur um dich zu besitzen.'
Die Macht war wie geblendet. Sie dachte eine Weile nach. Dann sagte sie leise zur Liebe: ‚Der Neid hat Recht. Lass uns für eine Zeit

auseinander gehen. Wenn wir uns trennen, kann sich jede von uns selbstständig entwickeln. Keine ist mehr von der anderen abhängig, keine braucht mehr auf die andere Rücksicht zu nehmen. Ich werde derweil beim Neid in die Lehre gehen. Vielleicht treffen wir uns später einmal wieder.‘

Ehe die Liebe antworten konnte, waren die Macht und der Neid schon hinter der nächsten Ecke verschwunden. Die Liebe sah noch, wie der Neid der Macht den Vortritt ließ. Ohnmächtig stand nun die Liebe am Wegrand und weinte. Sie erlebte sich schwach und kraftlos ohne die Macht. Sie spürte, wie sie allein nicht leben konnte. Wie ein Schatten legte sich die Angst auf sie, die Angst, sich zu verirren, zu verletzen und nicht verstanden zu werden.

Die Macht fühlte sich unterdessen frei und ungebunden. Der Neid störte sie nicht, weil er immer einen Schritt zurückblieb und ihr den Vortritt ließ. Die Macht merkte, wie sie dabei größer und größer wurde. Aber mit ihrer Größe wuchs auch ihre Kälte. Es gefiel ihr, wenn sich Menschen vor ihr verkrochen oder ihr alles opferten, um sich mit ihr zu verbünden.

Sie bestieg einen großen Thron und ließ sich über die Köpfe der Menschen tragen. Sie genoss es, umjubelt zu werden. Die Macht hatte die Liebe bald vergessen. Sie umgab sich mit Waffen und Soldaten. Sie raubte den Menschen den Frieden und vertrieb sie aus ihrer Heimat. Nur wer ihr seine Seele verkaufte, durfte sich in ihrer Nähe aufhalten und sicher fühlen. Hinter ihr aber folgte stets der Neid.

In der Welt wurde nun alles anders. Die Kriege unter den Menschen nahmen an Heftigkeit zu. Die Liebe war zu ohnmächtig, um sie zu verhindern. Viele erkannten sie nicht wieder und verwechselten sie mit Egoismus oder mit Schwäche. Sie hatte nicht mehr die Kraft, das Böse in die Schranken zu weisen. Habgier, Gleichgültigkeit wuchsen. Die Natur wurde ausgeplündert und zertreten. Es wurde dunkel und kalt in der Welt. Menschen und Tiere begannen zu frieren. Sie wurden krank und starben einsam dahin.

Da beschloss die Liebe, die Macht zu suchen, und sie machte sich auf, auch wenn der Weg weit war.

Eines Tages begegneten sie sich auf einer Kreuzung. Die Macht kam groß und gewaltig daher. Vor ihr und hinter ihr standen

Wächter, bis an die Zähne bewaffnet, die sie beschützen mussten. Die Macht sah dunkel aus. Sie war eingehüllt in einen dicken, schwarzen Mantel. Ihr Gesicht war kaum noch zu sehen. Der Mantel aber war über und über mit Orden behangen. Rechts und links trug man ihre Titel, damit die Menschen vor ihr in die Knie gingen. Die Liebe nahm ihren ganzen Mut und ihre Weisheit zusammen, die sie von ihren Eltern ererbt hatte, und stellte sich der Macht in den Weg.

‚Du siehst unglücklich aus', sagte die Liebe und blickte der Macht gerade ins Gesicht. ‚Deine Augen sind finster. Früher hast du gestrahlt und warst schön.'

‚Geh mir aus dem Weg', sagte die Macht, ‚ich kenne dich nicht.' ‚Erinnerst du dich nicht', sagte die Liebe, ‚wie wir miteinander durch die Welt zogen? Du trugst ein leichtes Kleid; du konntest tanzen und springen; du liefst mit mir zu den Menschen, und alle nahmen uns mit offenen Armen auf. Wir konnten Frieden stiften. Und alle hatten alles gemeinsam. Du warst mit mir mächtig ohne Waffen. Du brauchtest dich nicht zu schützen, und der Neid zog nicht hinter dir her. Lass uns wieder miteinander gehen. Schicke sie alle weg, die dich jetzt umgeben und von den Menschen und von mir fern halten. Ich brauche dich, denn ohne dich bin ich schwach und ohnmächtig. Ohne dich glauben mir die Menschen nicht. Sie lachen mich aus, verletzen und missbrauchen mich.'

Während die Liebe diese und andere Worte sprach, wurde der Macht immer wärmer. Und weil auch die Macht ein Kind der Weisheit und des Mutes war, taute sie langsam auf und wurde kleiner und kleiner, bis sie wieder so groß war wie die Liebe. Da glitt der Mantel von ihrer Schulter, und die Orden zersprangen am Boden. Die Wächter fielen wie tot um, und die Titel flogen im Wind davon.

Ehe sich die Liebe und die Macht versahen, standen sie sich allein gegenüber. Da lachten sie einander an und fielen sich in die Arme. Der Neid, der die Macht begleitet hatte, war gewichen, und von der Liebe war der Schatten der Angst geflohen.

Seither gehen sie wieder miteinander, die Liebe und die Macht. Sie sind stark geworden, die beiden. Und wenn du sie triffst, dann ruf mich, damit ich mit euch ziehen kann" (Bruners, 92f.).

Die Liebe ist und bleibt ein dynamischer Prozess zwischen einem Ich und einem Du, zu dem die Macht im Sinne des Machen-Könnens und Initiierens für das Wohl der Schöpfung und die Förderung des Lebens ebenso gehört wie die Aggression als Lebensenergie, die in die Trennung oder die Nähe führt. Fehlen beide oder auch nur eine Komponente im Beziehungsgeschehen, dann besteht die Gefahr, dass die Liebe sich in Harmonie „erschöpft" und an die Stelle der ersten lebendigen Liebe eine lauwarme und langweilige Liebe der Gewöhnung tritt (Schellenbaum 1986, 86).
Schellenbaum weist darauf hin, dass eine Liebe, die am Einschlafen ist, selbst durch das Umschlagen in Hass zu einem heilsamen Erwachen führen kann. Denn hierbei kommen die Energien wieder in Fluss und können sich neu aufeinander zu bewegen. Im Hass wenden sich die Liebenden – wenn auch zunächst destruktiv in Kränkungen und Verletzungen – einander zu, weil sie im tiefsten eine Anziehungskraft spüren, die sie zueinander führt und Energien freisetzt, die sie in Beziehung bringt. Die Anziehungskraft ist tief im Innern verwurzelt und lässt sie nicht los. Es ist die Liebeskraft, die den beiden ermöglicht, durch den Hass hindurch die Liebesbeziehung neu zu gestalten (Schellenbaum 1986, 88).
Dieser Vorgang wird auch in der Deutung des Wortes „Begegnung" sichtbar: In der Begegnung begegnen sich „Gegner" (Dörner, 426), die im ersten Moment ihre Energien noch für sich behalten und erst später, wenn ein „Funke" geflogen ist, aufeinander beziehen, sodass ein Miteinander entstehen kann.
Diese schrittweise Entwicklung von der Begegnung bis hin zur Feindesliebe ist wohl das Schwierigste im Beziehungsgeschehen. Hier gilt es zunächst den anderen als Gegner wahrzunehmen, wie er oder sie gegen mich und mein Leben steht. Allein dieser Prozess verändert schon meine Haltung und meinen Energiefluss ihm gegenüber. Ich sehe ihn an, und das schafft Beziehung und damit Ansehen. Ich achte ihn, wenn auch noch als Feind. In der Fortführung dieses Prozesses entsteht die Anerkennung seiner Würde und die Wandlung meiner aggressiven Energien von der „Zerstörung des Feindes" hin zu einem Ihn-Lassen, ihn leben lassen. Dieser Wandlungsprozess kommt der tiefsten Dynamik der Liebe gleich, den anderen so sein zu lassen, wie er ist, hier den Feind.

Im Volksmund wird die Liebe eine „*Himmelsmacht*" genannt. Was ist damit gemeint?
1. Die menschliche Liebesbeziehung ist verwurzelt in der Liebesgeschichte Gottes mit den Menschen. Gott hat den Menschen geschaffen als Mann und als Frau, aus Liebe und in Liebe. Zu jedem Geschöpf hat Gott eine einzigartige Beziehung. Indem Gott den Menschen seinen göttlichen Lebens- und Liebesatem gab, initiierte er zwischen ihnen die Liebesbeziehung nach seinem Bild.
Im jüdisch-christlichen Glauben wählt Gott sich das Volk Israel aus und offenbart in dem Bund mit diesem Volk seine Treue und verlässliche Liebe, auch wenn das Volk ihn verlässt. Dies ist Gottes Gerechtigkeit: In guten und in schlechten Zeiten bleibt er in seiner Liebe den Menschen und der gesamten Schöpfung verbunden.
Der christliche Glaube versteht die Liebe Gottes zu den Menschen noch einmal tiefer durch *Jesus*. In Jesus kommt Gott „herunter" zu den Menschen, ganz Mensch mit Leib und Blut, Haut und Haar und ganz Gott. In Jesus verwurzelt sich Gott im Menschsein, in jedem Mann und in jeder Frau. So sehr hält Gott an seiner Liebe fest, dass die Menschen dies nicht glauben können. Und Jesus bleibt fest in seiner Überzeugung von der Liebe Gottes. Deshalb geht er den Weg des Leidens und Sterbens. Aus Liebe zu uns Menschen nimmt Gott in Jesus den Tod auf sich, um uns zum Leben zu erlösen. So wurde Jesus uns in allem gleich, außer der Sünde. D.h. Jesus hat sein Leben immer an der Liebe Gottes orientiert und ist davon nicht abgewichen, auch nicht in Not und Verzweiflung oder angesichts des Todes.
2. Jeder Mensch – ob Jude, Christ oder Andersgläubiger – sehnt sich nach einer Liebe, die über die menschlichen Möglichkeiten hinausgeht und sie gleichzeitig ganz durchdringt. Diese ersehnte Liebe soll ein unbedingtes und unerschütterliches Ja zu uns sagen und diese Bejahung absolut verbürgen. „Dazu gehört, dass diese Liebe auch Grund, Sinn und Vollendung des Daseins umgreifen und garantieren kann; dazu gehört, dass sie selbst angesichts von schwerer Schuld und drohendem Tod ihr Ja nicht zurückzieht, sondern einzulösen vermag" (Greshake 1987, 49). Gabriel Marcel schreibt: „Jemanden lieben, heißt, ihm sagen: Du wirst nicht sterben!" (Marcel, 79).
3. Damit wird deutlich: Liebe kann sich letztlich nicht in einer Zweierbeziehung zwischen Ich und Du vollenden. Liebe erreicht ihre Vollge-

stalt erst dann, wenn sie sich in Freiheit öffnet zu einer gemeinsamen Liebe auf ein sie Umfassendes und Übersteigendes hin, das ihnen dennoch gleichzeitig innewohnt. Liebende, die sich ausschließlich aneinander binden, blockieren ihr Eigenleben. In einer solchen paarbezogenen Liebe umarmen und erdrücken sich die Partner zugleich, ohne dass die Beziehung fruchtbar wird.

Die *Liebe des Gottes in drei Personen* erreicht nach Richard von St. Viktor ihre Vollgestalt erst in der Öffnung Gottes auf die Schöpfung hin: „Deus vult condiligentes" (Gott will mitliebende Menschen). Gott genügt es nicht, allein zu lieben. Gott sehnt sich nach Mitliebenden. Dasselbe gilt für liebende Menschen. In der Erfahrung und Erkenntnis, dass menschliche Liebe und Beziehung die unendliche Sehnsucht nicht stillen kann, wendet sich der Mensch dem grenzenlos liebenden Gott zu. Wenn er sich in freier Entscheidung dieser uneingeschränkten Liebe Gottes öffnet, sie in sich einlässt und aus ihr lebt, erhält er einen Vorgeschmack auf die grenzenlose Liebe Gottes, die auch schon in der Liebesbeziehung zu Menschen spürbar wird.

Der christliche Glaube bezeugt, dass Gott seine Liebe mitteilt im doppelten Sinn des Wortes *Mitteilung*: „Gott offenbart sie, macht sie kund (angefangen von der in die Tiefe des menschlichen Herzens hineingesenkten Gewissheit bis hin zu den Ereignissen der Offenbarungsgeschichte, die in Jesus Christus ihren Höhepunkt erreichen) und: Gott gibt sie, indem er teilgibt an jener Liebe und Communio, die er selbst ist; er gibt sie, indem er sich den Menschen gibt" (Greshake 1987, 52). Sünde ist dann die Weigerung, sich dem Angebot der Liebe Gottes zu öffnen.

Aus dieser Sicht ist die Liebe die Krönung des Verhältnisses von Aggression und Beziehung, jener Lebenskraft, die Gott uns in der Schöpfung eingehaucht hat und die in die Liebesbeziehung einfließt und sich darin erneuert. Die Liebe ist eine Himmelsmacht, in der die Aggression ihrem höchsten Ziel der Lebensförderung und Beziehungsstiftung zustrebt. Die Liebe ist die innigste und intimste Verbindung zwischen einem Ich und einem Du. Weil der Mensch in seiner Begrenztheit und Endlichkeit die grenzenlose und unendliche Liebe nicht leben kann, bleibt immer im geliebten Partner – sei es Gott oder ein Mensch – auch Fremdheit, Unbekanntes, ein einzigartiges Mysterium.

Abschließen möchte ich dieses Kapitel mit einem persönlichen Wort. Wenn ich mich ehrlich frage, ob ich an die „Macht der Liebe in dieser Welt" glaube, dann antworte ich mit einem zögernden Ja. In der persönlichen Begegnung mit Menschen und in der Beratungsarbeit erlebe ich, wie anfällig und verletzlich die Liebe ist. Blicke ich auf das Weltgeschehen, wo die Nachrichten über neue Kriege, über Feindschaften, Unterdrückung und Gewalt den Vorrang haben gegenüber lebensfördernden und positiven Meldungen über gelungene Beziehungen, Versöhnung und friedliches Miteinander, dann werden meine Zweifel und meine Skepsis eher verstärkt, ob sich die Liebe jemals im privaten wie im öffentlichen Leben durchsetzen kann und ob sie den Hass besiegen wird.

Wenn ich dann in einer ruhigen Stunde die Bibel zur Hand nehme und besonders im 1. Johannesbrief die Verheißungen Gottes zum Thema Liebe nachlese und meditiere, dann verwandelt sich plötzlich meine Sicht: In der Finsternis sehe ich Licht, in der Zerstörung Aufbau und Versöhnung, im Hass Liebe. Der Blick auf die Welt mit den Augen Gottes führt dazu, weiter und tiefer zu schauen, durchzuschauen auf den Grund, wo die Liebe Gottes allem Seienden innewohnt. Er lädt mich ein, an die Liebe zu glauben, weil „Gott uns zuerst geliebt hat". „Gott ist größer als unser Herz" und wir sind eingeladen, „einander zu lieben, denn die Liebe ist aus Gott". Und weiter heißt es: „Furcht gibt es in der Liebe nicht, sondern die vollkommene Liebe vertreibt die Furcht" (1Jo 4, 7; 18ff.).

Wenn das die wesentliche Botschaft des Evangeliums ist, dann dürfen und können wir uns auf die Liebe verlassen, weil Gott uns zuerst geliebt hat. „Gott hat die Welt so sehr geliebt, dass er seinen einzigen Sohn hingab, damit jeder, der an ihn glaubt, nicht zu Grunde geht, sondern das ewige Leben hat" (Jo 3, 16). In Jesus ist Gottes Liebe konkret geworden. Jesus hat Hass, Gewalt, Feindschaft und andere zerstörerische Aggressionen am eigenen Leib und in der Seele erlitten. So ist er uns in allem gleich geworden, außer der Sünde. Er hat auch unsere Ängste vor der Liebe durchlitten und erlöst. Jesus hat die Fragwürdigkeit menschlicher Liebe und die Schwäche seiner Freunde in seinen schwersten Stunden erlebt und durchlitten, bis in die Stunde seines Todes am Kreuz. Er hat gezweifelt und ist nicht verzweifelt. Immer wieder neu hat er sich an Gott, an die Macht der Liebe in der Bezie-

hung zu Gott gewandt. Das hat ihm Kraft, Hoffnung und neues Leben geschenkt. Er starb und stand auf für das Leben, die Liebe.
So gibt mir der Glaube, dass Gott die Welt und mich ganz persönlich liebt und in mir lebt, *den Mut und die Kraft, trotz vieler gegenteiliger Erfahrungen an die Liebe in dieser Welt zu glauben.* Der Glaube an die Liebe gibt eine *neue Sichtweise* in meiner kleinen Welt. Plötzlich kann ich mit den Augen der Liebe in anderen Menschen das Gute entdekken, ihren guten Willen sehen, ihre Ohnmacht und Verzweiflung hinter ihrer Wut erkennen, ihre Sehnsucht nach Liebe spüren. Ich halte mich an den Engel der Liebe, der mich überall dorthin führt, wo die Liebe zu Hause ist und wohnt.
Anselm Grün schreibt über diesen Engel der Liebe: „Halte deinem Engel der Liebe alles hin, was in dir ist, auch die Wut und den Ärger, auch die Eifersucht und die Angst, auch die Unlust und Enttäuschung. Denn alles in dir möchte von der Liebe verwandelt werden. Lass dich vom Engel der Liebe überallhin begleiten. Nimm ihn mit in deine Konflikte am Arbeitsplatz, in deine Auseinandersetzung in der Familie, in der Ehe oder Freundschaft"… Der Engel der Liebe „möchte dein Leben verwandeln…Er verbietet dir deinen Ärger nicht…Er möchte nur, dass du alles, was du erlebst, von ihm durchleuchten lässt. Dann wirst du deine Konflikte" und dein Leben in einem anderen Licht sehen (Grün, 13ff.).
Ich wünsche Ihnen, liebe Leserinnen und Leser, dass wir uns vom Engel der Liebe immer mehr in das Geheimnis der Liebe Gottes einführen lassen, die wie eine Quelle in uns sprudelt, die nie versiegt. Wir brauchen nur daraus zu schöpfen.

„Es ist Unsinn
sagt die Vernunft
Es ist was es ist
sagt die Liebe

Es ist Unglück
sagt die Berechnung
Es ist nichts als Schmerz
sagt die Angst
Es ist aussichtslos
sagt die Einsicht
Es ist was es ist
sagt die Liebe
Es ist lächerlich
sagt der Stolz
Es ist leichtsinnig
sagt die Vorsicht
Es ist unmöglich
sagt die Erfahrung
Es ist was es ist
sagt die Liebe"

*(Fried, 1983)*

# Literaturverzeichnis


Altner, G., (Hg.), Ökologische Theologie, Zürich 1989

Augsburger, D.W., Anger and Assertiveness in Pastoral Care, Philadelphia 1979

Außerleitner, W., In Ihm leben wir. Eine beziehungstheologische und beziehungsdynamische Sicht religiöser Entwicklung, Bern 1994

Bach, G., Wyden, P., Streiten verbindet, Gütersloh 1970

Bach, G., Goldberg, H., Keine Angst vor Aggression, Hamburg 1989

Bandura, A., Aggression. A social learning analysis, Englewood Cliffs 1973

Baumgartner, I., Seelsorgliche Kompetenz als pastoralpsychologisches Bildungsziel, Passau 1982

Baumgartner, I. (Hg.), Handbuch der Pastoralpsychologie, Regensburg 1990

Bauriedl, Th., Wege aus der Gewalt, Freiburg 1992

Bell, K., Höhfeld, K. (Hg.), Aggression und seelische Krankheit, Gießen 1996

Berkowitz, L., Aggression, New York 1962

Bertine, E., Menschliche Beziehungen: eine psychologische Studie, Zürich 1957

Besems, T., Vuyt, G. van, Wo Worte nicht reichen, München 1980

Bierhoff, H., Wanger, U. (Hg.), Aggression und Gewalt, Stuttgart 1998

Blank, R., Jenseits der Ich-Psychologie. Eine Objektbeziehungstheorie auf der Grundlage der Entwicklung, Stuttgart 1989

Boff, L., Von der Würde der Erde. Ökologie, Politik, Mystik, Düsseldorf 1994

Boros, L., Phasen des Lebens, Freiburg 1980

Breemen, Piet van, Erfüllt von Gottes Licht, Würzburg 1995

Brekke, M.L., Strommen, M.P.,Williams, D.L., Ten Faces of Ministry, Minneapolis 1979

Bruners, W., Schatten-Hymnus. Biblische Meditationen, Düsseldorf 1989

Buber, M., Das Wort, das gesprochen wird. Ges. Werke 1. Bd., München 1962

Buber, M., Urdistanz und Beziehung, Heidelberg 1951
Buber, M., Der Weg des Menschen, Heidelberg 1967. Zit. aus: Das Thema, 26 (1984)
Bucher, A.A., Reich, K.H. (Hg.), Entwicklung von Religiösität, Fribourg 1989

Camara, H., Mach aus mir einen Regenbogen, Zürich 1989
Ceh, J., Konflikte und Aggressionen bewältigen, Landsberg 1985

Denker, R., Aufklärung über Aggression, Stuttgart 1968
Deutsch, M., Konfliktregelung, München 1976
Dörner, K., Thesen zu „Aggression im Krankenhaus". In: WzM 38 (1986), 422ff.
Dollard, J., Miller, u.a., Frustration and Aggression, New Haven 1939
Drewermann, E., Kleriker, München 1991

Eid, V., Art. „Leib", in: LThK, Bd. 6, Freiburg 1997, 766ff
Erikson, E., Identität und Lebenszyklus, Frankfurt 1973
Erikson, E., Gandhis Wahrheit, Frankfurt 1971
Esser, W.G., Gott reift in uns. Lebensphasen und religiöse Entwicklung, München 1991

Fassbind, F., Die Werke der Barmherzigkeit, Schwyz 1975. Zit. aus: Welt in Christus, 2 (1989)
Flammer, A., Entwicklungstheorien. Psychologische Theorien der menschlichen Entwicklung, Bern 1988
Fraas, H.J., Religiöse Erziehung und Glaubensentwicklung, Göttingen 1984
Fraas, H.J., Die Religiösität des Menschen, Göttingen 1990 (UTB 1578)
Frankemölle, H., Art. „Gewalt". In: C. Schütz (Hg.), Praktisches Lexikon der Spiritualität, Freiburg 1992, 515f
Freud, A., Comments on Aggression. In: The Writings of Anna Freud, Vol. VIII, New York 1981
Fox, M., Vision vom kosmischen Christus, Stuttgart 1991
Fox, M., Geist und Kosmos, Gräfing 1994
Fried, E., Gedichte, Berlin 1983

Frielingsdorf, K., Dämonische Gottesbilder, Mainz [3]1996
Frielingsdorf, K., Vom Überleben zum Leben, Mainz [5]1996
Frielingsdorf, K., Der wahre Gott ist anders, Mainz 1997
Fromm, E., Psychoanalyse und Ethik, Zürich 1954
Fromm, E., Wege aus einer kranken Gesellschaft, Frankfurt 1981
Funke, D., Im Glauben erwachsen werden, München 1986
Funke, D., Der halbierte Gott, München 1993

Garz, D. Stufentheorien der Entwicklung, München 1987
Girard, R., Hiob – ein Weg aus der Gewalt, Zürich 1990
Görres, A., Kennt die Religion den Menschen? München 1978
Goldbrunner, J., Realisation. Anthropologie in Seelsorge und Erziehung, Freiburg 1966
Greshake, G., Erlöst in einer unerlösten Welt, Mainz 1987
Grom, B., Religionspädagogische Psychologie, Düsseldorf [8]1991
Grün, A., 50 Engel für das Jahr, Freiburg 1997
Guardini, R., Christliches Bewußtsein. Versuche über Pascal, München 1935 (Neuauflage Mainz 1991)

Haag, H., Elliger K., Stört nicht die Liebe, Freiburg 1986
Hacker, F., Aggression, Düsseldorf 1985
Heider, F., Psychologie der interpersonalen Beziehungen, Stuttgart 1977
Heinemann, E., Aggression. Verstehen und Bewältigen, Berlin 1996
Hildegard von Bingen, Der Mensch in Verantwortung, Salzburg 1972
Huth, A., Psychologie in der Seelsorge, Paderborn 1971
Hunter, R. (Hg.), Dictionary of Pastoral Care and Counceling, Nashville 1990

Jacobi, J., Vom Bilderreich der Seele, Zürich 1969
Jaschke, H., Psychotherapie aus dem Neuen Testament (TB 1347), Freiburg 1987
Jung, C.G., Erinnerungen, Träume, Gedanken, Zürich 1963
Jung, C.G., Gesammelte Werke, hg. von M. Niehus-Jung, u.a., Zürich 1958–1971, Olten 1971f.

Kaspar, P.P., Du hörst mich, Wien 1981. Zit. aus: Welt in Christus, 3 (1986)

Kaufmann, P., Art. „Gefühl", in: LThK Bd., 4, Freiburg 1997, 344f.
Kegan, R., Die Entwicklungsstufen des Selbst, München 1986
Kessler, H., Das Stöhnen der Natur, Düsseldorf 1990
Kiener, F., Das Wort als Waffe, Göttingen 1983
King, M.L., Briefe, zitiert aus: Schottmeßbuch für die Wochentage, Teil 1, Freiburg 1984, 1095
Klessmann, M., Ärger und Aggression in der Kirche, Göttingen 1992
Klessmann, M., Aggression in der Seelsorge, in: WzM 38 (1986), 410–421
Klessmann, M., Identität und Glaube, München 1980
Kohlberg, L., Eine Neuinterpretation der Zusammenhänge zwischen der Moralentwicklung in der Kindheit und im Erwachsenenalter. In: R. Dobert, J. Habermas u.a., Entwicklung des Ichs, 225–252
Kohut, H., Die Heilung des Selbst, Frankfurt 1979
Kolbe, Chr., Heilung oder Hindernis. Religion bei Freud, Adler, Fromm, Jung und Frankl, Stuttgart 1986
Korff, W., Art. „Aggression", in: LThK Bd. 1, Freiburg 1996, 232f
Kornadt, H.J. (Hg.), Aggression und Frustration als psychologisches Problem, Darmstadt 1992
Kraus, G., Bewahrung der Schöpfung, in: Anzeiger für die Seelsorge, 10 / 1997
Kretschmann, I., Distanz und Nähe. Grundkategorie menschlicher Beziehungen und christlichen Glaubens, Erlangen 1977
Kutter, P., Psychologie der zwischenmenschlichen Beziehungen, Darmstadt 1982

Lambert, W., Leben aus der Fülle. In: Artikeldienst der Gemeinschaft christlichen Lebens, Augsburg o.J.
Langenmayer, A., Lebenslaufanalyse, Göttingen 1987
Lemke, H., Theologie und Praxis annehmender Seelsorge, Stuttgart 1978
Lersch, Ph., Aufbau der Person, München [11]1970
Lidz, Th., Das menschliche Leben. Die Entwicklung der Persönlichkeit im Lebenszyklus, Frankfurt 1987

Mahler, M.S., Pine, F., Bergmann, A., Die psychische Geburt des Menschen, Frankfurt 1980

Marcel, G., Das ontologische Geheimnis, Stuttgart 1961
Maurer, A., Art. „Gefühle“, in: LThK Bd. 4, Freiburg 1997, 344
Mayhew, P., Theology of Force and Violence, London 1989
Mello, A. de, Warum der Vogel singt, Freiburg 1984
Menninger, K., Liebe und Haß, Stuttgart 1985
Mieth, D., Art. „Leiblichkeit“, in: Praktisches Wörterbuch der Pastoralanthropologie, Göttingen 1975, 642ff
Miller, A., Das Drama des begabten Kindes und die Suche nach dem wahren Selbst, Frankfurt 1979
Miller, A., Am Anfang war Erziehung, Frankfurt 1980
Mitscherlich, A., Aggression und Anpassung in der Industriegesellschaft, Frankfurt 1968
Mitscherlich, A. Die Idee des Friedens und die menschliche Aggressivität, Frankfurt 1969
Mitscherlich, A. und M., Die Unfähigkeit zu trauern, München 1967
Moser, M., Aggression und Mitmenschlichkeit, Frankfurt 1977

Nissen, G. (Hg.), Aggressivität und Gewalt, Bern 1995
Nolting, H.P., Lernfall Aggression, Hamburg 1978

Oerter, R., Moderne Entwicklungspsychologie, Donauwörth 1982
Overbeck, G., Krankheit als Anpassung, Frankfurt 1984

Petri, H., Angst und Frieden, Frankfurt 1987
Petzold, H., Scharfe, H. (Hg.), Kreative Aggression, Paderborn 1985
Piaget, J., Das moralische Urteil beim Kinde, Stuttgart 1982
Pfürtner, St.H., Fundamentalismus. Die Flucht ins Radikale, Freiburg 1991
Platon, Sämtliche Werke, Bd. 2. Hg. von W.F. Otto, E. Grassi, G. Plambick, Hamburg o.J.
Pompey, H., Theologisch-psychologische Grundbedingungen der seelsorglichen Beratung. In: E. Lade (Hg.), Christliches ABC heute und morgen, Bad Homburg 1986, Bd. 8, 179–209
Pompey, H., Beziehungstheologische Gesichtspunkte des Gelingens ehelicher Partnerschaft. In: Lebendige Katechese, 3. Jg., Heft 2 (1981) 95–105
Post, L. van der, Wilderness: A Way of Truth, One Earth, Sommer 1984

Pruyser, P.W., A Dynamic Psychology of Religion, New York 1968
Pruyser, P.W., Changing Views of the Human Condition, Macon 1987

Rahner, K., Vorgrimmler H., Kleines Konzilskompendium, Freiburg [19]1986
Rahner, K., Schriften zur Theologie, Bd. 6, Einsiedeln 1968
Rattner, J., Tiefenpsychologie und Religion, München 1987
Rauchfleisch, U., Beziehungen in Seelsorge und Diakonie, Mainz 1990
Renöckl, H., Begegnung und Konflikt. In: Anzeiger für die Seelsorge, 2, 1997
Rogers, C.R. Entwicklung der Persönlichkeit, Stuttgart [7]1989
Rückert, F., Ges. Werke in 6 Bänden; hg. von L. Laistner, Bd. 1, Stuttgart 1896
Rudin, J., Psychotherapie und Religion, Olten 1964
Ruthe, R., Erziehung zur Aggressionsbewältigung, München 1973

Scharfenberg, J., Einführung in die Pastoralpsychologie, Göttingen 1985
Scharfenberg, J., Mit Symbolen leben. Soziologische, psychologische und religiöse Konfliktbearbeitung, Olten/Freiburg 1980
Scharfenberg, J., Sigmund Freud und seine Religionskritik als Herausforderung für den christlichen Glauben, Göttingen 1972
Scharfenberg, J., Art. Narzißmus, in: Praktisches Wörterbuch der Pastoralanthropologie, Wien/Göttingen 1975, 759
Schellenbaum, P., Das Nein in der Liebe, Stuttgart [9]1993
Schellenbaum, P. Aggression zwischen Liebenden, Hamburg 1994
Schmidt-Denter, U., Soziale Entwicklung. Ein Lehrbuch über soziale Beziehungen im Laufe des menschlichen Lebens, München/Weinheim 1988
Schmidt-Mummendey A., Schmidt, H.D., Aggressives Verhalten, München [2]1972
Schneider, M., Krisis, Frankfurt [2]1995
Seattle, Worte des indianischen Häuptlings Seattle. Zit. aus: Welt in Christus, 3 (1987)
Seifert, S. und H., Ich – Du – Wir. Psychologie des Zusammenlebens, Stuttgart 1979
Seiss, R., Identität und Beziehung, Neuhausen/Stuttgart 1985

Selg, H. (Hg.), Zur Aggression verdammt? Stuttgart 1971
Simon, U., Ekklesiogene Neurosen, Tübingen 1995
Singer, J.L. (Hg.), The Control of Aggression and Violence, New York 1971
Sölle, D., Leiden, Stuttgart 1973
Sölle, D., Gibt es einen schöpferischen Haß? In: Dies., Sympathie, Stuttgart 1978
Sölle, D., Phantasie und Gehorsam, Stuttgart 1983
Sölle, D., Schrottroff, L., Den Himmel erden, München 1996
Spitz, R., Aggression. In: R.M. Loewenstein (Hg.), Drives, Affects, Behavior, New York 1953, 126–138
Stadter, E.A., Wenn du wüßtest, was ich fühle. Einführung in die Beziehungstherapie, Freiburg 1992
Stadter, E.A., Ich will dir sagen, was ich fühle, Freiburg 1996
Stenger, H., Verwirklichung unter den Augen Gottes. Psyche und Gnade, Salzburg 1985
Stollberg, D., Wahrnehmen und Annehmen, Gütersloh 1978
Störig, H.J., Kleine Weltgeschichte der Philosophie. Bd. 1, Frankfurt 1985
Storr, A., Human Aggression, New York 1968
Streibel, B., Die Frau mit den steinernen Brüsten. In: H. Körner, Die Farben der Wirklichkeit, Fellbach 1983, 75ff
Studt, H.H. (Hg.), Aggression als Konfliktlösung? Leipzig 1996
Sudbrack, J., Mystik, Mainz 1988

Teilhard de Chardin, P., Das Herz der Materie, Olten 1990
Thompson, C.M., Interpersonal Analysis, New York 1964
Thomas, K., Handbuch der Selbstmordverhütung, Stuttgart 1964
Tillich, P., Love, Power and Justice, London 1954
Tisch, W., in: A. Arnold u.a. (Hg.), Lexikon der Psychologie, Freiburg 1980

Valzelli, L., Psychobiology of Aggression und Violence, New York 1981
Vergote, A., Religionspsychologie, Olten/Freiburg 1970
Vorgrimler, H., Sakramententheologie, Düsseldorf 1987

Walter, H., Oerter, R. (Hg.), Ökologie und Entwicklung, Donauwörth 1979

Watzlawick, P. u.a., Menschliche Kommunikation, Bern 1969
Watzlawick, P., Die Möglichkeit des Andersseins. Zur Technik der therapeutischen Kommunikation, Bern 1977
Watzlawick, P., Münchhausens Zopf oder Psychotherapie und „Wirklichkeit". Gesammelte Aufsätze und Vorträge, München/Zürich 1992
Wiesel, E., Den Frieden feiern, Freiburg 1991
Wiesse, J. (Hg.), Aggression am Ende des Jahrhunderts, Göttingen 1994
Willi, J., Die Zweierbeziehung, Hamburg 1975
Willi, J., Koevolution, die Kunst gemeinsamen Wachsens, Hamburg 1985
Willi, J., Des Menschen Sehnsucht nach verläßlichen Beziehungen. In: FAZ vom 27.9.1986
Winnicott, D.W., Aggression, Stuttgart 1996

# Weitere erfolgreiche Titel von Karl Frielingsdorf bei Grünewald

**Dämonische Gottesbilder**
Ihre Entstehung, Entlarvung und Überwindung
Mit 6 Farbabbildungen
1992. 3. Aufl. 1997.
188 Seiten. Kt.
ISBN 3-7867-1640-4

**Mein Leben annehmen**
Der pastoraltherapeutische Impuls der Schlüsselmethode
Mit Beiträgen von Monika van Bonn, Siegfried Esch, Christoph Kentrup, Hermann Kügler, Agnes Lanfermann und Norbert Rutschmann
1993. 244 Seiten. Kt.
ISBN 3-7867-1714-1

**Der wahre Gott ist anders**
Von krankmachenden zu heilenden Gottesbildern
Topos Taschenbuch 266
1997. 164 Seiten. Kt.
ISBN 3-7867-2008-8

**Entfaltung der Persönlichkeit im Glauben**
1996. 208 Seiten. Kt.
ISBN 3-7867-1918-7

**Glück im Unglück**
Anstiftung zum Leben
Topos Taschenbuch 240
1994. 144 Seiten. Kt.
ISBN 3-7867-1761-3

„Glücklich ist, wer will, was er hat" – unter dieser scheinbar verdrehten Glücksregel und in den Seligpreisungen der Bergpredigt zeigt Karl Frielingsdorf die Grundvoraussetzungen für wirkliches Glück.

**Vom Überleben zum Leben**
Wege zur Identitäts- und Glaubensfindung
1989. 5. Aufl. 1996.
204 Seiten. Kt.
ISBN 3-7867-1405-3

**Matthias-Grünewald-Verlag · Mainz**

## Für eine geerdete Spiritualität

Wunibald Müller
**Was uns wirklich nährt**
Für eine geerdete Spiritualität
2. Aufl. 1998. 120 S. Kt.
ISBN 3-7867-2052-5

Eine gesunde Spiritualität muss die menschliche Situation ernst nehmen, sie muss auf unseren Bedürfnissen, Sehnsüchten und Wünschen aufbauen. Aus seiner Erfahrung als Theologe und Therapeut heraus macht Wunibald Müller allen Menschen Mut, die nach einer Verankerung von Religiosität und Glauben im Alltag suchen.

**Matthias-Grünewald-Verlag · Mainz**